Fé e Liberdade
O Pensamento Econômico da Escolástica Tardia

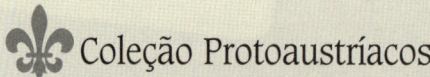 Coleção Protoaustríacos

01. *Dos Protoaustríacos a Menger: Uma Breve História das Origens da Escola Austríaca de Economia*
(Ubiratan Jorge Iorio)

02. *Tratado sobre a Alteração da Moeda e Outros Escritos*
(Juan de Mariana)

03. *Fé e Liberdade: O Pensamento Econômico da Escolástica Tardia*
(Alejandro A. Chafuen)

04. *Reflexões Sobre a Formação e a Distribuição das Riquezas e Outros Ensaios Econômicos*
(Anne Robert Jacques Turgot)

05. *Liberalismo Clássico e Escola Austríaca*
(Ralph Raico)

Alejandro A. Chafuen

Fé e Liberdade
O Pensamento Econômico da Escolástica Tardia

Nota do Editor por *Alex Catharino*
Prefácio à Edição Brasileira por *Paulo Emílio Vauthier Borges de Macedo*
Proêmio à 2ª Edição Norte-americana por *James V. Schall, S.J.*
Preâmbulo à Edição Espanhola por *Rafael Termes*
Prólogo à 1ª Edição Norte-americana por *Michael Novak*
Tradução de *Claudio A. Téllez-Zepeda*

LVM
EDITORA
São Paulo | 2019

Impresso no Brasil, 2019

Copyright © 2017 Alejandro Antonio Chafuen

Os direitos desta edição pertencem ao
Instituto Ludwig von Mises Brasil
Rua Leopoldo Couto de Magalhães Júnior, 1098, Cj. 46
04.542-001. São Paulo, SP, Brasil
Telefax: 55 (11) 3704-3782
contato@mises.org.br · www.mises.org.br

Editor Responsável | Alex Catharino
Tradução do Espanhol e do Inglês para o Português | Claudio A. Téllez-Zepeda
Copidesque | Aline Canejo / BR 75
Revisão técnica e Preparação do texto | Alex Catharino
Revisão ortográfica e gramatical | Moacyr Francisco & Márcio Scansani / Armada
Revisão final | Larissa Bernardi & Alex Catharino
Elaboração do índice remissivo e onomástico | Márcio Scansani & Larissa Bernardi
Projeto de capa | Mariangela Ghizellini
Projeto gráfico, diagramação e editoração | Adriana Oshiro
Produção editorial | Alex Catharino & Fabiano Aranda
Pré-impressão e impressão | Rettec

Dados Internacionais de Catalogação na Publicação (CIP)
Angélica Ilacqua CRB-8/7057

C423f
    Chafuen, Alejandro Antonio
        Fé e liberdade : o pensamento econômico da Escolástica Tardia / Alejandro Antonio Chafuen ; nota do editor por Alex Catharino ; prefácio à edição brasileira por Paulo Emílio Vauthier Borges de Macedo ; proêmio à 2ª edição norte-americana por James V. Schall, S.J. ; preâmbulo à edição espanhola por Rafael Termes ; prólogo à 1ª edição norte-americana por Michael Novak ; tradução de Claudio A. Téllez-Zepeda. — São Paulo : LVM Editora, 2019.
        352 p.

    Bibliografia
    ISBN: 978-85-93751-80-6
    Título original: Faith and Liberty: The Economic Thought of the Late Scholastics

1. Economia - História 2. Filosofia - Escolástica - História 3. Economia - Aspectos morais e éticos 4. Teologia - Igreja Católica 5. Economia - Livre iniciativa I. Título II. Catharino, Alex III. Macedo, Paulo Emílio Vauthier Borges de IV. Schall, James V. V. Termes, Rafael VI. Novak, Michael VII. Téllez-Zepeda, Claudio A.

19-0943
                CDD 330.1512

Índices para catálogo sistemático:
1. Economia - História - Teorias medievais

Reservados todos os direitos desta obra. Proibida toda e qualquer reprodução integral desta edição por qualquer meio ou forma, seja eletrônica ou mecânica, fotocópia, gravação ou qualquer outro meio de reprodução sem permissão expressa do editor.
A reprodução parcial é permitida, desde que citada a fonte.

Esta editora empenhou-se em contatar os responsáveis pelos direitos autorais de todas as imagens e de outros materiais utilizados neste livro. Se porventura for constatada a omissão involuntária na identificação de algum deles, dispomo-nos a efetuar, futuramente, os possíveis acertos.

Sumário

- Nota do Editor à Edição Brasileira *(Alex Catharino)* 9
- Prefácio à Edição Brasileira
  (Paulo Emílio Vauthier Borges de Macedo) 15
- Proêmio à Segunda Edição Norte-americana de 2003
  (James V. Schall, S.J.) 21
- Preâmbulo à 1ª Edição Espanhola de 1991
  (Rafael Termes) 29
- Prólogo à 1a Edição Norte-americana de 1986
  (Michael Novak) 41

Fé e Liberdade
O Pensamento Econômico da Escolástica Tardia

- Agradecimentos 51
- Introdução do Autor à Edição Brasileira 53
- Prefácio do Autor 61

CAPÍTULO I
A Escolástica Tardia 65
   1 - Origens e Influências 66
   2 - A Escolástica Hispânica 67

CAPÍTULO II
A Perspectiva Econômica dos Escolásticos..............73
1 - A Natureza da Ética 77
2 - A Natureza da Economia. Política Econômica 80
3 - A Economia como Ciência 83
4 - As Relações entre Economia e Moral 86
5 - A Importância das Doutrinas da Lei Natural 88

CAPÍTULO III
A Propriedade Privada 93
1 - A Propriedade do Subsolo 112
2 - Domínio e Uso da Propriedade 116
3 - A Necessidade Extrema 119
4 - Pensamento Escolástico e Ecologia 129

CAPÍTULO IV
Finanças 137
1 - A Natureza do Governo 138
2 - Os Gastos Públicos 141
3 - Princípios de Tributação 150

CAPÍTULO V
Teoria Monetária 153
1 - A Teoria Quantitativa 155
2 - Propriedade Privada e Degradação Monetária 164
3 - Inconvenientes Adicionais
    da Degradação Monetária..166

CAPÍTULO VI
O Comércio 171
1 - O Comércio Internacional 175

CAPÍTULO VII
Valor e Preço 179
1 - A Teoria do Preço Justo 184
2 - O Preço Legal e os Controles de Preços 192
3 - Preços e Equidade 201
4 - A Doação 205
5 - Os Preços e a Ignorância 207
6 - A Teoria do Monopólio 208

CAPÍTULO VIII
Justiça Distributiva na Escolástica Tardia 213

CAPÍTULO IX
Os salários 225
1 - O Salário Justo 226
2 - Práticas Trabalhistas Condenadas 233

CAPÍTULO X
Lucros 239

CAPÍTULO XI
Atividade Bancária e Juros 249
1 - A Condenação da Cobrança de Juros 249
2 - A Atividade Bancária 260

CAPÍTULO XII
A Economia Escolástica Tardia:
Uma Comparação com as Perspectivas
Liberais Modernas 265
1 - A Propriedade Privada 266
2 - Finanças Públicas 272
3 - A Teoria Monetária 275
4 - O Comércio 281

5 - Valor e Preço 285
6 - A Concepção Escolástica da Justiça Distributiva:
    Uma Comparação com as Perspectivas
    Liberais Modernas 296
7 - Os Salários Justos 307
8 - Lucros 313
9 - A Taxa de Juros e a Atividade Bancária 315

• **Conclusões** 321

• **Posfácio do Autor à Edição Argentina de 2017**
A Escolástica Tardia e as Raízes do Pensamento
Econômico na Argentina 325

• **Índice remissivo e onomástico** 339

Nota do Editor à Edição Brasileira

O livro *Fé e Liberdade: O Pensamento Econômico da Escolástica Tardia* do economista argentino, naturalizado norte-americano, Alejandro A. Chafuen foi publicado originalmente em 1986 pela Ignatius Press com o título *Christians for Freedom: Late Scholastic Economics* [*Cristãos pela Liberdade: Economia da Escolástica Tardia*], com um prólogo escrito pelo teólogo norte-americano Michael Novak (1933-2017), um dos mais eminentes defensores católicos da economia de livre mercado como o único sistema econômico compatível com os ensinamentos morais do cristianismo. A presente obra teve origem na pesquisa sobre as origens cristãs da moderna economia de livre-mercado, elaborada pelo autor para a tese de doutorado em Economia, defendida pelo autor no Grove City College, na Pennsylvania, sob a orientação do professor Hans F. Sennholz (1922-2007), um eminente discípulo do economista austríaco Ludwig von Mises (1881-1973), um dos mais importantes pensadores liberais de todos tempos.

Publicada no ano de 1991 pela Rialp, com o título *Economía y ética: Raíces cristianas de la economía de libre mercado* [*Economia e Ética: Raizes Cristãs da Economia de Livre-Mercado*], uma versão em espanhol revista e atualizada foi elaborada pelo próprio autor, sendo lançada neste idioma com um texto de apresentação, que não consta nas edições em outro idioma, escrito pelo engenheiro e

banqueiro espanhol Rafael Termes (1918-2005), um dos primeiros membros do *Opus Dei* e um dos responsáveis pela reestruturação do sistema bancário em seu país. Uma nova edição em inglês, novamente revista e ampliada pelo autor, foi lançada em 2003 pela Lexington Books com o título *Faith and Liberty: The Economic Thought of the Late Scholastics* [*Fé e Liberdade: O Pensamento Econômico da Escolástica Tardia*], tendo um proêmio de autoria do padre James V. Schall, S.J. (1928-2019), um dos mais renomados filósofos políticos e educadores norte-americanos de nossa época. A partir desta mais recente edição em inglês o autor elaborou uma nova versão em espanhol do trabalho, lançada em 2009 pela casa editorial El Buey Mudo como *Raíces cristianas de la economía de libre mercado* [*Raízes Cristãs da Economia de Livre-Mercado*] e reeditada em 2017 pelo Instituto Acton Argentina como *Raíces de la economía de mercado en la Escolástica católica: Reflexiones de la Escolástica tomista tardía sobre economía y ética* [*Raízes da Economia de Mercado na Escolástica Católica: Reflexões da Escolástica Tomista Tardia sobre Economia e Ética*]. Tendo como base o manuscrito em inglês de 2002 ou o manuscrito em espanhol de 2008 foram elaboradas as traduções deste estudo de Alejandro Chafuen para as edições da obra em chinês, em esloveno, em italiano, em polonês e em tcheco.

    Uma comparação da presente edição em português lançada pela LVM Editora com as versões publicadas em outros idiomas irá apresentar algumas diferenças em diversas passagens, motivo principal que nos levou a escrever esta nota editorial, com o objetivo de esclarecer o leitor brasileiro acerca das razões destas divergências no texto. Acredito que cabe aqui um breve relato autobiográfico de meu envolvimento tanto com este trabalho quanto com o autor do livro.

Somente por volta do ano de 1998 que tive acesso ao livro *Christians for Freedom,* mesmo já estando interessado na temática desde que li pela primeira vez, em 1994, a carta encíclica *Centesimus Annus* do papa São João Paulo II (1920-2005), promulgada em 1º de maio de 1991, cuja leitura me foi indicada por meu finado mestre Ubiratan Borges de Macedo (1927-2007). Não foi por coincidência que esta obra de Alejandro Chafuen, também, me foi emprestada por este preceptor, a mesma pessoa que em meados de 1996 me apresentou aos escritos de Russell Kirk (1918-1994), bem como, por mais de uma década, orientou parcela significativa de minhas pesquisas sobre liberalismo, sobre conservadorismo, sobre pensamento brasileiro e sobre catolicismo. Tive a grande honra de ler a primeira edição em inglês deste livro, tirando as minhas dúvidas com meu saudoso mentor, cujo filho, o professor Paulo Emílio Vauthier Borges de Macedo, anos depois acabou por se tornar um dos maiores especialistas brasileiros na temática, assinando o prefácio desta edição brasileira do trabalho de Alejandro Chafuen.

Durante o ano de 1999 aprofundei meus estudos sobre as raízes escolásticas do liberalismo econômico graças ao apoio do professor Ubiratan Jorge Iorio, que gentilmente me emprestou tanto um exemplar de *Economía y ética,* a edição em espanhol do livro de Alejandro Chafuen, quanto o volume *Economic Thought Before Adam Smith: An Austrian Perspective on the History of Economic Thought* [*O Pensamento Econômico antes de Adam Smith: Uma Perspectiva Austríaca sobre a História do Pensamento Econômico*] de Murray N. Rothbard (1926-1995), debatendo comigo essas duas obras. Graças ao meu finado mentor Og Francisco Leme (1922-2004), tive a oportunidade de conhecer pessoalmente o autor deste livro ao ser indicado para participar de um evento em Punta del Este, no Uruguai, em 2001, sobre o livre comércio internacional. Enquanto a maioria dos participantes estavam preocupados com os rumos do Mercosul, da ALCA e da União Europeia, aproveitei todos os momentos possíveis para conversar com Alejandro Chafuen sobre o livro dele, o que foi o início de uma grande amizade, que se desenvolveu ainda mais ao longo dos meses em que durante o ano de 2002 fui pesquisador da Atlas Economic Research Foundation, em Fairfax, na Virginia, nos EUA, instituição na qual ele ocupava o cargo de presidente executivo. Além de debater semanalmente comigo os textos originais de diversos autores escolásticos ibéricos, bem como de outros pensadores católicos que defendiam o livre mercado, Alejandro Chafuen colocou-me sob os cuidados do finado professor Leonard P. Liggio (1933-2014), que orientou meus estudos sobre pensamento conservador norte-americano e História dos Estados Unidos, bem como apresentou-me para vários intelectuais, dentre os quais ressalto aqui o nome de Michael Novak, e, também, ajudou-me a estabelecer uma rede de contados com diferentes instituições, em especial o Acton Institute for the Study of Religion e a Philadelphia Society.

Entre os anos de 2003 e de 2010, a minha principal atuação foi no Centro Interdisciplinar de Ética e Economia Personalista (CIEEP), instituição que tem por finalidade principal discutir as inter-relações entre a ética cristã e a economia de livre mercado tal como defendida pela tradição liberal, em especial na percepção da Escola Austríaca de Economia. Reunindo entre seus fundadores os já mencionados Ubiratan Jorge Iorio, Og Francisco Leme e Ubiratan Borges de Macedo, bem como, dentre outros, Antonio Paim e Ricardo Vélez Rodríguez, o CIEEP, desde a fundação, em 1o de julho de 2002, foi apoiado por Alejandro Chafuen, um dos idealizadores do projeto da instituição, fator que ajudou bastante em mantermos contato com frequência após o termino de meu estágio na Atlas Foundation. No ano de 2004, durante um encontro da Philadelphia Society, realizado em Chicago, no qual tive a oportunidade de conhecer pessoalmente o padre James V. Schall, S.J., fui presenteado pelo Alejandro Chafuen com a nova edição em inglês de seu livro, agora intitulado *Faith and Liberty*. Desde essa época tentei em diferentes ocasiões, sem sucesso, publicar a obra em língua portuguesa. A convite de Ubiratan Jorge Iorio e de Helio Beltrão, assumi o cargo de gerente editorial, em 2013, do periódico acadêmico *MISES: Revista Interdisciplinar de Filosofia, Direito e Economia*, no qual com o apoio de Alejandro Chafuen tive a oportunidade de editar alguns textos de autores escolásticos, com destaque para as traduções de Rufino de Bolonha (1130-1192), de Johannes Duns Scotus (1265-1308), de Domingo de Soto (1494-1560), de Juan de Mariana (1536-1624) e de Francisco Suárez (1548-1617), além da publicação de ensaios sobre a temática, incluindo um artigo do autor deste livro.

Imediatamente, ao ser nomeado editor responsável pela LVM Editora, em 2017, propus ao comitê editorial o lançamento desta obra, o que foi aprovado com unanimidade. Ao iniciar as negociações com o autor para a publicação do livro em português, fui informado pelo mesmo da possibilidade de receber, além da introdução exclusiva que havia solicitado, um novo manuscrito completamente atualizado, mas com partes tanto em inglês quanto em espanhol, o que torna esta a versão mais atualizada da pesquisa de Alejandro Chafuen. No entanto, ao aceitar esta proposta dele, enfrentei o grande desafio de escolher um tradutor, que, além de dar conta de um manuscrito em inglês e em espanhol, tivesse conhecimento razoável do tema, bem como fosse capaz de buscar as citações originais em latim e em espanhol antigo traduzindo-as diretamente para o português, tarefa que foi assumida com primazia pelo professor Claudio A. Téllez-Zepeda, autor da dissertação de mestrado *A Guerra Justa como uma Instituição Constitutiva do Internacional Moderno (2009)* e da tese de doutorado *Propriedade como Instituição Fundamental da Política Internacional Moderna (2014)*, ambas defendidas na Pontifícia Universidade Católica do Rio de Janeiro (PUC-Rio), na área de Relações Internacionais, lidando com o pensamento da escolástica tardia ibérica. Optei por manter os textos de Michael Novak, de Rafael Termes e de James V. Schall na presente edição, o que não ocorre em outras versões da obra, nas quais figuram apenas um ou dois destes ensaios. Em nome de toda a equipe da LVM agradeço aos inúmeros profissionais envolvidos neste projeto, especialmente o tradutor e o prefaciador. Por fim, também, aproveito a oportunidade para expressar aqui toda a minha gratidão ao amigo Alex Chafuen por todo o apoio que tem me dado ao longo de quase duas décadas, bem como a colaboração efetiva por mais de três décadas com as iniciativas de diferentes grupos liberais ou conservadores brasileiros, sem a qual muito da luta em defesa de uma sociedade mais livre, mais próspera e mais virtuosa não seria possível em nosso país.

São Paulo, 22 de abril de 2019

Alex Catharino
Editor Responsável da LVM

Prefácio à Edição Brasileira

Finalmente, chega ao leitor brasileiro em especial, e ao público lusófono em geral, a tradução para a língua portuguesa de *Fé e Liberdade: O Pensamento Econômico da Escolástica Tardia* de Alejandro A. Chafuen. Este livro foi publicado pela primeira vez em 1986 e é resultado da tese de doutoramento do autor, orientada por Hans F. Sennholz (1922-2007) no Grove City College, na Pennsylvania. A obra, escrita originalmente em inglês, já foi traduzida para o chinês, o tcheco, o esloveno, o polonês, o italiano e o espanhol, e recebeu elogios rasgados de personalidades como, entre outras, Murray N. Rothbard (1926-1995), Michael Novak (1933-2017), James V. Schall, S.J. (1928-2019), Dario Antiseri, Israel M. Kirzner e Thomas E. Woods.

Nada, salvo a nossa própria ignorância, justifica este atraso de 33 anos sem a tradução deste livro. As credenciais liberais e latinas do autor revelam-se as melhores possíveis e tornam esta obra leitura obrigatória para nós brasileiros. Alejandro Antonio Chafuen nasceu, em 9 de setembro de 1954, na cidade de Buenos Aires, na Argentina, onde se graduou em Economia pela Pontifícia Universidade Católica Argentina. É diretor executivo do Acton Institute for the Study of Religion, membro da prestigiada Mont Pèlerin Society desde 1980 e foi presidente da importante Atlas Economic Research Foundation. Recebeu os prêmios Nassau Institute Freedom Prize, Global Leadership

Award, Walter Judd Freedom Award e o Mengzi – Marco Polo Award, além de escrever uma coluna regular sobre economia política para a revista *Forbes*.

Neste livro, Chafuen procura conciliar os valores da sociedade liberal de mercado com a tradição ibérica e católica. Trata-se do grande tema que todo liberal brasileiro precisa se defrontar: se a nossa herança pode ser compatível com os ideais da liberdade. Não é por outra razão que o autor de *The Spirit of Democratic Capitalism* [*O Espírito do Capitalismo Democrático*], o teólogo norte-americano Michael Novak, prefaciou a primeira edição de *Fé e Liberdade,* lançada em inglês como *Christians for Freedom: Late Scholastic Economics* [*Cristãos pela Liberdade: Economia da Escolástica Tardia*]. Novak e Chafuen partiram do mesmo problema e viram, em seus primeiros anos de formação, o capitalismo como algo feio e sujo. Michael Novak, que estudou para ser sacerdote, afirmou certa vez que a grande tragédia da Igreja residiu na falha em *"compreender as raízes morais e culturais da nova economia"*[1]; por isso, incumbiu-se de demonstrar as virtudes humanas e morais do capitalismo democrático. Alex Chafuen deu um passo além e provou que Max Weber (1864-1920) estava errado: há raízes liberais nos escolásticos ibéricos.

O liberalismo consiste numa casa de várias moradas e parece uma tarefa difícil rastrear a sua origem a um único pensador, mas existe algum consenso de que se trata do produto da modernidade britânica. Contudo, Alejandro Chafuen mostra que, desde o final do século XVII, muitos institutos que consideramos hoje liberais ou "capitalistas" já figuravam nos ensinamentos dos maestros espanhóis. Entre outros argumentos, estes teólogos valorizavam claramente a propriedade

---

[1] NOVAK, Michael. *O Espírito do Capitalismo Democrático*. Trad. Hélio Pólvora. Rio de Janeiro: Nórdica, 1982. p. 18.

privada sobre a comunal, recomendavam uma baixa carga tributária e apresentavam uma teoria do justo preço baseada na escassez e/ou oferta de um bem, não no trabalho necessário para produzir este bem.

Os escolásticos espanhóis, de fato, foram muito subestimados na história do pensamento ocidental. Relegados a uma concepção obscurantista de medievalismo pelos modernos – Jean Barbeyrac (1674-1744) descreve o Medievo como a *"idade das trevas"*, e Thomas Hobbes (1588-1679) se refere ao pensamento de Francisco Suárez (1548-1617) como uma *"filosofia abstrusa"* –, os seus trabalhos ganharam poeira nas estantes das bibliotecas e não obtiveram acesso às academias de Direito, Economia e Filosofia. Ainda assim, as polêmicas que esses escritores se engajaram – a (in)justiça da guerra contra os índios na América, a escravidão indígena e africana e a Contrarreforma – bem como as consequências que enfrentaram por seus trabalhos – a reprimenda de um Carlos V (1500-1558), a ameaça de os seus livros entrarem no *Index Librorum Prohibitorum* [*Índice de Livros Proibidos*], a proibição dos seus livros na França e a queima dos mesmos em praça pública no Reino Unido – deveriam ser bons indicativos das ideias que eles defendem. Mas somente na segunda metade do século XIX, quando se descobre que Hugo Grotius (1583-1645) não detém, com exclusividade, a paternidade do Direito Internacional, os textos de Filosofia Prática dos escolásticos ibéricos são revitalizados. E então se descobriu que, quase um século antes dos pensadores britânicos, eles anteciparam teses bastante modernas como a noção de direito subjetivo, o contrato social e a origem popular do poder. Chegaram até mesmo a preconizar a emergência de um controverso direito sobre desobediência civil: o tiranicídio.

Não deve, portanto, causar estranheza que, também em Economia, os escolásticos espanhóis se encontrassem "à frente do seu tempo". Em verdade, esses autores não separavam a Economia da Filosofia Moral, e investigavam institutos econômicos a partir da concepção tomista de Lei e de Direito Natural. Isso os concedeu uma perspectiva intelectual privilegiada. Há uma Metafísica por trás do Direito Natural, e, segundo Chafuen, o jusnaturalismo tomista repousa numa concepção ordeira e racional do universo[2]. A natureza e a sociedade humana constituem uma verdadeira ordem, não um conjunto aleatório de fenômenos, e essa ordem é regida por regras inteligíveis e racionais. Mesmo sem acreditar propriamente no Deus judaico-cristão, Albert Einstein (1879-1955) afirmou que *"Deus não joga dados com o universo"* para mostrar que existem leis racionais que regulam um cosmo inteligível. Um escolástico poderia ter dito a mesma frase em relação à sociedade. Deus não joga dados nem com o universo, nem com a sociedade, e as implicações disso mostram-se simplesmente surpreendentes. Existem certos limites que decorrem da natureza, e os legisladores humanos não podem ultrapassar. As leis boas, aquelas que coincidem nos mais diferentes países e resistem à passagem dos anos, não são obra do acaso, mas da natureza. O (bom) senso comum que as engendrou deve ser louvado e cultivado. O Direito Natural sempre inspirou aqueles que resistem à engenharia social. Os legisladores precisam exercer bastante comedimento em relação às mudanças que pretendem provocar nos seus jurisdicionados. Para os escolásticos ibéricos, existe, portanto, uma ordem econômica natural, que se revela, ao mesmo tempo, racional e espontânea, e, sob pena de grande desmedida, os governantes não podem tentar alterá-la. Estas são as ideias basilares do liberalismo.

A verdade é que as concepções de "liberalismo" ou de "modernidade" consistem numa categorização ex post. Nenhum dos

---

[2] Ver na presente edição o Capítulo II, "A Perspectiva Econômica dos Escolásticos".

autores britânicos escrevia com o firme propósito de se tornar o pai do liberalismo. Isso se tornou especialmente claro quando, em Cambridge, o historiador Peter Laslett (1915-2001) demonstrou que o filósofo John Locke (1632-1704) havia se debruçado sobre os *Two Treatises of Government* [*Dois Tratados do Governo*] desde 1681, momento em que o partido *Whig* – ao qual o autor pertencia – planejava recorrer à violência política. Até então, sempre se havia pensado que o trabalho de Locke havia sido escrito para justificar a Revolução Inglesa de 1688-1689. Mas os dois tratados não eram a consolidação da Revolução Gloriosa; antes expressavam parte do debate e das tomadas de posicionamento dos atores da revolução. Eram textos que possuíam engajamento no contexto político e social da época. A filosofia política lockeana não se encontrava distante da ação política, numa torre de marfim, como se costumava pensar que a Filosofia (bem como a Teoria Política) deveria ser[3].

Ninguém escreve para uma plateia universal, mas para os debates da época em que se insere. E os escolásticos hispânicos não são exceção. E eles viveram tempos de transição. De mudança de um mundo medieval e teocêntrico para um mundo moderno e laicizado; de fim das últimas guerras de religião para um sistema internacional baseado na *raison d'état* e no equilíbrio de poder, e de transformação das realidades difusas de poder da *Respublica Christiana* na consolidação das soberanias estatais. Por isso, há elementos do antigo e do novo nos ensinamentos desses escolásticos. E esses elementos se combinam de maneira a engendrar um pensamento diferente, vigoroso e inédito. Tão original é a sua filosofia que alguns comentaristas[4] a

---
[3] POCOCK, J. G. A. "Quentin Skinner: a história da política e a política da história". Trad. Patrick Wuillaume e Guilherme Pereira das Neves. *Topoi*, Vol. 13, N. 25 (jul/dez 2012). p. 195.
[4] MOITA, Gonçalo. "Introdução". *In:* SUÁREZ, Francisco. *De Legibus*. Livro I. Da Lei em Geral. Trad. Luís Cerqueira. Lisboa: GEOPOLIS-UCP, 2004. p. 82.

consideram a fonte de uma modernidade alternativa. Desse modo, talvez o medievalismo e a Escolástica não sejam tão obscuros ou abstrusos assim. Talvez a modernidade (e o seu maior fruto, o liberalismo) tenha sido menos uma revolução do que uma passagem gradual de circunstâncias. Talvez o grande edifício intelectual do tomismo e a ideia da liberdade possam ser conciliados, e haja esperança para as culturas latinas.

E aqui reside toda a importância deste livro. A empreitada que Alejandro Chafuen se propôs é a de uma genealogia, uma verdadeira arqueologia conceitual. Ele conseguiu escavar e desenterrar pérolas perdidas no tempo. Excertos do nosso passado católico, latino e ibérico e que ainda ressoam forte nos dias atuais. Essas passagens nos remetem a uma filosofia pujante e nos fazem pensar o que poderia ter ocorrido conosco, se essas ideias tivessem conseguido florescer. E essa possibilidade nos impulsiona a tudo o que poderemos ser no futuro.

Rio de Janeiro, 18 de março de 2019

Paulo Emílio Vauthier Borges de Macedo
Professor de Direito Internacional Público da Universidade do Estado do Rio de Janeiro (UERJ) e da Universidade Federal do Rio de Janeiro (UFRJ)

Proêmio à 2ª Edição Norte-americana de 2003

Um dos lugares-comuns em Aristóteles (384-322 a.C.) é que a maioria dos homens precisa de uma certa quantidade de bens materiais para poder praticar a virtude. Como adquirir a virtude e como produzir bens materiais suficientes são questões legítimas que devem ser levadas em consideração pela humanidade. Creio que foi Bernard de Mandeville (1670-1733), na obra *The Fable of the Bees* [*A Fábula das Abelhas*], quem sugeriu, também, que uma certa quantidade de vício é algo bom para a produtividade econômica, pois aumenta a demanda. Leitores da *República*, de Platão (427-347 a.C.), irão recordar-se da descrição da especialização e da divisão do trabalho, porém o aumento do desejo e da demanda por bens, especialmente por bens de luxo, foi chamado por Glauco de "cidade dos porcos". Ou seja, um povo que se inclina apenas para a produção e consumo de bens cada vez mais abundantes e opulentos não é um povo que se preocupa com as coisas mais elevadas.

De certa maneira, o projeto da modernidade é elaborado para "reduzir a própria aspiração" pelas coisas mais elevadas. A virtude seria substituída pela produtividade e pela abundância. Todos seriam iguais, não nas ideias ou princípios, mas em possuírem as mesmas coisas. Esta proposta foi elaborada para negar ou evitar a verdade da preocupação de Platão. Sem dúvida, ocorreu o aumento da *"propriedade do homem"*, usando as palvras de Francis Bacon (1561-1626),

 *Alejandro Chafuen*

embora seja possível questionar se aumentou, também, a preocupação com a virtude.

O livro *Fé e Liberdade: O Pensamento Econômico da Escolástica Tardia* de Alejandro A. Chafuen busca explicar um capítulo um tanto negligenciado na história econômica, o dos moralistas e filósofos escolásticos do medievo tardio e do início da modernidade, e como enfrentavam, de maneira prática, as novas condições da moeda, do comércio e da produtividade. Com base na experiência real, levantaram-se questões e proporcionaram-se respostas. Esses assuntos gradualmente clarificaram, tanto moral quanto cientificamente, em que consistiam tais atividades, aparentemente novas.

Ainda que a moderna disciplina da Economia tivesse de ser desenvolvida, ou mesmo inventada, sempre houve atividades econômicas de um ou outro tipo entre os homens, as tribos e as nações. Do mesmo modo, ocorreram continuamente esforços para explicar o que acontecia na produção e na troca de bens. Como os seres humanos são dotados de fala, uma coisa não se encontra totalmente resolvida até que seja explicada em seu ser e suas causas. As atividades econômicas podem prosseguir sem uma explicação, mas ainda assim procuramos por uma explicação, e uma que seja correta. Mais ainda, também percebemos que uma explicação equivocada dessas atividades é contrária ao bem daqueles que delas participam.

O dinheiro, por exemplo, de uma forma ou de outra, tanto como uma medida de valor quanto uma coisa em si mesma, é uma invenção muito antiga. A forma mais antiga de troca econômica é, sem dúvida, o escambo. Contudo, mesmo neste caso, estimativas de valor comparativo precisam ser realizadas. Quanto gado equivale a quantas espadas ou a quantos alqueires de milho? Ademais, quando São Paulo, o apóstolo, afirmou que *"o amor ao dinheiro é a raiz de toda a espécie*

Fé e Liberdade

de males" (*1 Timóteo* 6,10), quis dizer, assim como Platão, que há o risco de se abusar da riqueza. A ganância existe e é um vício. O fato de que o dinheiro mede o valor nas trocas, entretanto, não é um mal em si mesmo. De fato, é uma ferramenta bastante útil, para ser utilizada, como qualquer ferramenta, para o propósito para o qual foi inventada.

A figura do agiota também é muito antiga. Assim, surgem a questão da natureza e a justificação do juro. Jesus Cristo expulsou os cambistas de seu templo, embora provavelmente não tanto porque se tratavam de agiotas e, portanto, malfeitores, mas, sim, porque realizavam sua atividade dúbia dentro dos limites desse recinto sagrado. Questões acerca de como lidar com a usura e o juro estão no centro das explicações do desenvolvimento moderno da economia, particularmente no contexto de uma economia estagnada, na qual não há produtividade ou inovação. Na verdade, a própria ideia de "inovação" ou empreendedorismo era algo que precisava ser concebido. Trocas e intercâmbios, mesmo para o benefício de todos, nem sempre eram vistos como coisas boas.

Quando São Paulo disse que, *"se alguém não quiser trabalhar, que também não coma"* (*2 Tessalonicenses* 3,10), sugeriu que existe uma relação entre a oportunidade e a disposição para trabalhar. Nosso próprio bem-estar econômico depende de ambas as coisas. Sem alguma coisa sobre o que ou para trabalhar, não podemos fazê-lo. Sem o desejo ou a necessidade de trabalhar, nada acontece. O parasitismo não era considerado uma virtude. Entretanto, os homens tiveram de aprender a criar e manter uma economia produtiva, na qual pudessem cuidar de si mesmos e de suas famílias por intermédio de seu trabalho e seu conhecimento. Isto não era dado pela natureza; precisava ser descoberto e desenvolvido. Era parte do projeto do ser humano deixar aos homens que descobrissem e colocassem isso em andamento.

 *Alejandro Chafuen*

O período do início da modernidade que este livro cobre, aquele, digamos, desde a morte de Santo Tomás de Aquino (1225-1274) até a publicação do livro *The Wealth of Nations* [*Riqueza das Nações*], de Adam Smith (1723-1790), em 1776, testemunhou o colapso gradual do Sacro Império Romano e a ascensão do Estado Nacional. Da mesma maneira, com os descobrimentos e as viagens de Cristóvão Colombo (1451-1506), Fernão de Magalhães (1480-1521) e outros navegadores, as cidades-estado italianas, Gênova, Veneza e Florença, e então os portugueses, os holandeses, os franceses e os ingleses começaram a descobrir rotas para o Oriente e para as Américas. Com essas rotas no comércio internacional, vieram novas riquezas, tanto na forma de metais preciosos quanto na de matérias-primas e produtos manufaturados. Com isso vieram, também, as colônias. Como se deveria avaliar e pagar por esses novos produtos e materiais? Qual era o papel dos novos Estados-nação nesse processo? Como contabilizar ou manter registros do que era produzido e vendido? Como deveriam ser calculados o título, os lucros, as perdas ou a responsabilidade legal?

Este período pode ser chamado de Era da Revolução Comercial, que conduziu à Revolução Industrial. Costuma-se pensar que esta última começou de fato na Inglaterra, durante o último quarto do século XVIII, com a invenção da máquina a vapor e da indústria de algodão. O período moderno é bem conhecido e documentado, porém os espanhóis e os portugueses, incluindo suas colônias no Oriente e no Novo Mundo, parecem menos familiarizados com a temática do que os anglo-saxões, mesmo que os principais aspectos morais e econômicos destas mudanças tenham sido constatados primeiro pelos escolásticos ibéricos, como observa Alejandro Chafuen. Este é defensor de uma economia geral de livre-mercado. Entende os antecedentes mercantilistas de uma economia mais liberal, a tentativa dos Estados

Fé e Liberdade

coloniais de controlar a economia para seus próprios propósitos políticos e o custo que, em última análise, tiveram que pagar por causa desta limitação ao crescimento econômico.

O que talvez seja singular a respeito deste livro é o esforço para explicar como a economia moderna se relaciona com as questões mais éticas do propósito humano na sociedade civil. Chafuen não vê, aqui, uma oposição necessária entre a doutrina econômica e as considerações morais, como às vezes parece ser o caso com as posições mais libertárias ou socialistas. Encontra um lugar para o bem comum e para o valor de uma vida ética, mesmo no mercado. Os temas clássicos constituem muitos dos títulos de seus capítulos: propriedade privada, finanças públicas, moeda, comércio, preços, justiça, lucros, juros, bancos, preços justos e salários justos.

Para cada um desses tópicos, Alejandro Chafuen brinda uma discussão esclarecedora de como esses assuntos, uma vez que as questões surgiram na prática, foram tratados pelos grandes pensadores espanhóis: Francisco de Vitoria (1483-1546), Luis de Molina (1535-1600), Juan de Mariana (1536-1624), Domingo de Soto (1494-1560), Leonardo Lessio (1554-1623), Domingo Báñez (1528-1604), Pedro Ledesma (1544-1616) e um quase desconcertante número de autores a respeito dos quais as pessoas comuns nunca ouviram falar, mas que lidaram com um ou com todos esses temas na economia. Além disso, Chafuen relaciona estes trabalhos com os antigos clássicos gregos, romanos e medievais – de Aristóteles a Santo Agostinho (354-430), Santo Tomás de Aquino, Santo Antonino (1389-1459) e São Bernardino (1380-1444) – e a influência destas obras em Adam Smith, Samuel von Pufendorf (1632-1694), David Ricardo (1772-1823), Hugo Grotius (1583-1645), Anne Robert Jacques Turgot (1727-1781), Eugen von Böhm-Bawerk (1851-1914) e os demais fundadores da teoria econômica moderna.

Entretanto, no transcurso destas considerações, Alejandro Chafuen está plenamente consciente dos gigantes modernos da economia de livre-mercado, particularmente Ludwig von Mises (1881-1973). Observa os estudos de Bernard W. Dempsey (1903-1960) sobre a usura e os juros, a famosa história do pensamento econômico de Joseph Alois Schumpeter (1883-1950), as encíclicas papais, os escritos de Raymond Adrien de Roover (1904-1972) e outros estudos modernos sobre a história da economia. Em todas essas considerações, Chafuen é breve e vai direto ao ponto. Cobre uma vasta quantidade de material de uma maneira clara e direta, o que aumenta nossa consciência e nosso conhecimento a respeito de como o pensamento econômico de fato se desenvolveu em seu contexto.

Provavelmente, a tese mais conhecida na história econômica seja a obra de Max Weber (1864-1920), *Die protestantische Ethik und der Geist des Kapitalismus* [*A Ética Protestante e o Espírito do Capitalismo*], de 1905. Nesta obra, o autor sustentou que o capitalismo, ou a economia de mercado, desenvolveu-se nos domínios protestantes devido a um certo atraso teológico nos territórios católicos. Embora Werner Sombart (1863-1941) tenha apontado previamente a influência judaica de tal desenvolvimento, enquanto Amintore Fanfani (1908-1999) e George O'Brien (1892-1973) salientavam a importância dos territórios e do pensamento católico, é o livro de Alejandro Chafuen que detalhou os pontos mais delicados desta contribuição por parte de pensadores predominantemente católicos. A proposta de Chafuen não é necessariamente "contestar" as outras teses, mas simplesmente registrar quais foram estes antecedentes em toda sua amplitude e profundidade.

Este livro dirige-se igualmente aos economistas de livre-mercado e aos historiadores que têm negligenciado ou que fracassaram em

Fé e Liberdade

entender completamente a própria relação existente entre o propósito moral geral e a economia. Alejandro Chafuen relata esta conexão de maneira coerente e sistemática, o que também deveria servir como uma contribuição positiva, vista à luz desta longa história de reflexão moral e econômica, tanto para a economia moderna como estudo quanto para o pensamento social moderno como prática. Chafuen não evita as questões difíceis da magnitude do Estado, as políticas tributárias e os pobres, assim como os temas relacionados com a justiça e a caridade. Esta é uma obra sobre como a economia moderna se originou e se desenvolveu, além de discutir o *como* ela deveria ou não ser.

James V. Schall, S.J.
Professor de Filosofia Política da Georgetown University

Preâmbulo
à 1ª Edição Espanhola de 1991

Quando, por volta de 1988, chegou às minhas mãos pela primeira vez o livro *Christians for Freedom: Late Scholastic Economics* [*Cristãos pela Liberdade: Economia da Escolástica Tardia*], do Dr. Alejandro A. Chafuen, li-o com avidez e concluí imediatamente que se tratava de uma obra que deveria ser traduzida e publicada na Espanha o mais rápido possível. Graças a uma série de bons propósitos e à boa disposição de Chafuen, tornou-se possível que hoje testemunhássemos a materialização de um texto em castelhano do próprio autor, o que garante a fidelidade ao pensamento da publicação original, algo que não ocorre nas traduções geralmente.

Acredito que esta edição, fiel à intenção de Alejandro Chafuen em seu prefácio à edição inglesa original, será de grande utilidade em nosso país e, também, na América Hispânica, pois, se as teses que contêm interessam ao mundo todo, são ainda mais interessantes, a meu entender, para os povos hispano-parlantes. Direi a razão. Economia de livre-mercado, liberalismo econômico e capitalismo são, entre outros, os sinônimos empregados com maior frequência para expressar a mesma coisa. Dada a minha adscrição ao pensamento liberal, deveria preferir o segundo dentre os três termos citados, porém tampouco considero inconveniente o emprego, por sua simplicidade, do nome de capitalismo, apesar das conotações pejorativas que, não para poucos, apresenta; desde que fique claro que, atualmente, por

capitalismo entendemos nem mais, nem menos do que um sistema de organização social fundamentado na propriedade privada, inclusive dos bens de produção, que utiliza o mecanismo dos preços para a alocação eficiente de recursos e no qual todas as pessoas, livremente responsáveis por seu futuro, podem decidir as atividades que desejam empreender, assumindo o risco do fracasso em troca da expectativa de poder desfrutar do benefício, caso este seja produzido. Este sistema tem numerosos inimigos e detratores em todos os lugares, porém, atualmente, em sua maior parte, estes, convencidos de que é impossível negar sua eficácia para produzir mais riqueza e bem-estar do que qualquer outro, dedicam-se a acossá-lo em termos éticos, alegando que um modelo de organização social com base no egoísmo, tal como ocorre, segundo eles, no capitalismo, é imoral. No entanto, talvez seja no mundo hispânico – ainda que, sem dúvida, também haja exemplos em outros países de tradição tanto latina quanto anglo-saxã – onde o número desses detratores do capitalismo é maior, dado que, com a finalidade de sustentar sua posição, acolhem-se aos valores evangélicos – interpretados, obviamente, à sua maneira – para afirmar inequivocamente que, à luz do pensamento católico, a economia de livre-mercado não é moralmente aceitável. Isso os leva a concluir que um cristão não pode ser capitalista ou, dando mais um passo, que todo bom cristão deve necessariamente ser socialista.

Alejandro Chafuen, desde já em seu livro, não incorre no erro oposto, que consistiria em dizer que todo bom cristão deve forçosamente ser capitalista, pois sabe muito bem que a Igreja não impõe nem pode impor soluções técnicas aos problemas sociopolíticos ou econômicos, pois não foi fundada e, portanto, capacitada para isso. É aos leigos que corresponde, à luz dos ensinamentos do magistério sobre a dignidade e o destino do homem – e, nisto sim, a Igreja é especialista –, escolher os caminhos mais adequados, em sua opinião, para aliar a eficácia econômica ao respeito à pessoa humana. O livro que o leitor tem em mãos pretende somente, portanto, e isso não é pouco, demonstrar que não há nenhuma incompatibilidade entre o cristianismo e a economia de livre-mercado.

Afirmo que não é pequeno o objetivo a que este livro se propõe – e que, em minha opinião, satisfaz plenamente – porque a leitura dele – e disto decorre minha satisfação pela edição espanhola – tranquilizará um bom número de pessoas honradas que, na Espanha e na América Hispânica, entendendo com sua razão que o liberalismo econômico, à luz dos frutos que produz, é o melhor sistema de organização social, têm reservas quanto a aceitá-lo plenamente. Supondo que, na prática, aderem a ele, fazem-no com a consciência pesada, pois, equivocadamente, pensam que tal sistema está em contradição com a doutrina cristã. Mas o livro de Chafuen demonstra que não é assim.

O método utilizado por Alejandro Chafuen em sua argumentação é original e merecedor de reconhecimento, dado que se baseia na pesquisa dos escritos dos doutores escolásticos espanhóis pertencentes à Escola de Salamanca, assim chamada, pois, naquela universidade – ainda que também em Alcalá de Henares e em Évora –, ensinaram os discípulos e continuadores do magistério do grande jurista Francisco de Vitoria (1483-1546), que deve ser considerado o fundador, desde 1526, desta escola. Os escolásticos salmantinos, cujas atividades de ensino duraram quase um século, até o falecimento de Francisco Suárez (1548-1617), constituem a ligação espanhola com Santo Tomás de Aquino (1225-1274) – o maior escolástico de todos os tempos, anteriores e posteriores ao século XIII no qual viveu – por intermédio, fundamentalmente, de São Bernardino de Siena (1380-1444), no século XIV, e de Tomás de Vio (1469-1534), conhecido como Cardeal

 *Alejandro Chafuen*

Cayetano e considerado o intérprete mais autêntico, no século XV, da *Summa Theologica,* na qual o Aquinate "cristianizou", com o apoio de Santo Agostinho (354-430), a filosofia elaborada nos séculos IV e V antes de Cristo, por Aristóteles (384-322 a.C.) e por Platão (427-347 a.C.). O trabalho de Alejandro Chafuen coloca em relevo a ilação conceitual, ao longo de 21 séculos, desde o pensamento dos gregos até a escolástica tardia espanhola.

A leitura das páginas deste livro de Chafuen, repleto de citações dos escolásticos hispânicos, deixa claro o convencimento de que as ideias liberais ou capitalistas de nossos dias, no que se refere à propriedade privada, ao papel do governo e dos impostos, ao comércio nacional e internacional, à teoria quantitativa da moeda e a inflação, à teoria do valor e do preço justo, ao monopólio, aos salários, à atividade bancária e aos juros, coincidem, no que é fundamental, com o pensamento dos doutores salmantinos, aos quais os economistas modernos devem mais do que muitos acreditam. Isto é especialmente correto no que diz respeito à teoria quantitativa da moeda, na qual nossos escolásticos foram verdadeiros precursores, sem dúvida como resultado da observação das oscilações produzidas no nível geral de preços pela chegada do ouro da América.

Contudo, Alejandro Chafuen é cauteloso e adverte que não pretende provar a validade dos postulados da economia de mercado com base na autoridade dos autores católicos que apresenta nos diversos capítulos de seu livro, apesar de que, acrescento, estes autores, além de serem filósofos e teólogos morais, demonstraram ser bons observadores e conhecedores, em sua maioria, do mecanismo que imperava na realidade econômica à qual tinham de aplicar as regras de conduta derivadas da norma moral objetiva. O valor prático dos textos e comentários realizados por Chafuen é que eles podem se

mostrar contrários àqueles que, procedentes de autores cristãos de nossos dias, são citados por alguns com a pretensão de demonstrar que o livre-mercado se opõe aos valores evangélicos. Em minha opinião, o pensamento "liberal" dos escolásticos salmantinos – que certamente não passam de ser doutores privados, mas que se assentam tão profunda e firmemente sobre a segura doutrina de Santo Tomás de Aquino – constitui uma garantia para aqueles que, sendo sinceramente partidários de que os valores cristãos informem a cidade terrena, entendem, ao mesmo tempo, que a economia de livre-mercado é o melhor dos sistemas econômicos. Isso considerando, especialmente, que os doutores de Salamanca, como não podia deixar de ocorrer, e Chafuen oportunamente adverte, assinalam sempre que a moralidade dos atos econômicos é determinada não apenas pela natureza do negócio e pela maneira limpa ou distorcida de realizá-lo, mas também pela intenção do negociante.

Ao lado do serviço prestado pelo livro de Alejandro Chafuen, a meu ver, à causa do esclarecimento das relações entre a economia e a ética, a obra também realiza uma valiosa contribuição à polêmica sobre a participação do catolicismo e do protestantismo na gênese do capitalismo. Isto é o que, agora e até o fim do prólogo que tive a honra de receber por encomenda, desejo glosar, começando por recordar a exposição da questão. É bem conhecido que Max Weber (1864-1920) e seus seguidores defendem que a ética protestante – mais concretamente a calvinista – foi o motor ideológico que impulsionou o progresso da organização econômica de viés liberal, enquanto o catolicismo, devido à sua postura negativa com respeito aos bens terrenos, como dizem, constituiu um obstáculo ao desenvolvimento econômico dos povos nos quais a Igreja Católica foi mais influente. Esta tese, que parece se confirmar empiricamente ao comprovar que o capitalismo se desenvolveu com mais celeridade nos países de maioria protestante, teria sua sustentação teórica na pretendida postura católica diante das riquezas, baseada, por exemplo, na hipérbole empregada por Jesus Cristo quando disse que é mais fácil que um camelo passe pelo buraco de uma agulha do que um rico entre no reino dos céus.

    A verdade é que a sã exegese deixa claro que o rico criticado no Evangelho não é aquele que possui bens, mas, sim, o que se apega a eles de maneira desordenada. No entanto, não é menos correto que, durante séculos, singularmente desde a ruptura produzida pela Revolução Francesa, dentro do mundo católico têm estado vivos dois fatos que são distintos em si mesmos, mas que não são totalmente sem relação. O primeiro é o resultado indireto, e sem dúvida não desejado, da postura que o magistério se viu obrigado a adotar perante a heresia modernista. A partir desta postura, desenvolveram-se, no terreno econômico, uma falta de entendimento e uma desconfiança mútua entre os "liberais" e a autoridade eclesiástica, com o consequente – ainda que não justificado – distanciamento da Igreja de muitos economistas a quem parecia que os eclesiásticos censuravam, como moralmente perversos, precisamente os princípios econômicos nos quais viam que repousavam as esperanças do maior bem-estar para os povos. O segundo fato é que as pessoas católicas, inclusive leigas, adotaram uma atitude própria de uma visão "espiritualista" perante as realidades terrenas, derivada do *contemptus mundi,* o desprezo do mundo. O que bem pode ser adequado para um modelo religioso, não secular, de viver a vocação cristã, não o é, em absoluto, para os leigos que têm sido chamados à santificação no ordenamento dos assuntos terrenos nos quais se encontram imersos. O resultado lamentável deste segundo fato foi que os leigos que pretendiam ser bons católicos abandonavam o campo dos negócios, nos quais se manipula dinhei-

ro – *mammona iniquitatis* –, para deixá-lo aos agnósticos e outras pessoas desprovidas destas preocupações religiosas, ou nas mãos de protestantes, para os quais o êxito temporal é sinal de predestinação. Quanto aos católicos que, apesar de quererem continuar assim, dedicavam-se a empresas com finalidade lucrativa, não era raro que o fizessem com consciência pesada, dado que, nesta interpretação deformada da religiosidade, o sucesso produz sentimento de culpa.

Entretanto, esta cosmovisão enviesada representa tão somente um parêntese de dois séculos na história do catolicismo, pois não foi a que, como manifesta o trabalho de Alejandro Chafuen, imperava até o fim da Idade Moderna nem é aquela que, depois do Concílio Vaticano II, caracterizou a Igreja Católica. As frases seguintes, extraídas da Constituição Pastoral *Gaudium et Spes,* promulgada no dia 7 de dezembro de 1965, entre outros textos que poderiam se apresentar, deixam isso bem claro:

> *O Concílio exorta os cristãos, cidadãos de ambas as cidades, a que procurem cumprir fielmente seus deveres terrenos, guiados pelo espírito do Evangelho. Afastam-se da verdade os que, sabendo que não temos aqui na Terra uma cidade permanente, mas que vamos em demanda da futura, pensam que podem por isso descuidar de seus deveres terrenos, sem atenderem a que a própria fé ainda os obriga mais a cumpri-los, segundo a vocação própria de cada um.*

> *O cristão que descuida de seus deveres temporais falta a seus deveres para com o próximo e até para com o próprio Deus, e põe em risco sua salvação eterna. A exemplo de Cristo, que exerceu um mister de operário, alegrem-se antes os cristãos por poderem exercer todas as atividades terrenas, unindo em uma síntese vital todos os seus esforços*

humanos, domésticos, profissionais, científicos ou técnicos com os valores religiosos, sob cuja elevada ordenação, tudo se coordena para a glória de Deus.

As tarefas e atividades seculares competem como próprias, embora não exclusivamente, aos leigos. Por esta razão, sempre que, sozinhos ou associados, devem atuar como cidadãos do mundo, respeitando as leis próprias de cada domínio, mas procurando alcançar neles uma real competência. Cooperarão de boa vontade com os homens que prosseguem os mesmos fins. Reconhecendo quais são as exigências da fé, e por ela robustecidos, não se deve hesitar, quando oportuno, em idear novas iniciativas e levá-las à realização. Compete à consciência previamente bem formada, imprimir a lei divina na vida da cidade terrestre. Dos sacerdotes, esperem os leigos a luz e a força espiritual. Mas não pensem que seus pastores estão sempre de tal modo preparados que tenham uma solução pronta para qualquer questão, mesmo grave, que surja, ou que tal é sua missão. Antes, esclarecidos pela sabedoria cristã, e atendendo à doutrina do magistério, tomem por si mesmos as próprias responsabilidades. Muitas vezes, a concepção cristã da vida incliná-los-á para determinada solução, em certas circunstâncias concretas. Outros fiéis, porém, com não menos sinceridade, pensarão diferentemente acerca do mesmo assunto, como tantas vezes acontece, e legitimamente. Embora as soluções propostas por uma e outra parte, mesmo independentemente de sua intenção, sejam por muitos facilmente vinculadas à mensagem evangélica, devem, no entanto, lembrar-se de que a ninguém é permitido, em tais casos, invocar exclusivamente a favor da própria opinião a autoridade da Igreja. Mas procurem sempre esclarecer-se mutuamente, em um diálogo sincero, salvaguardando a caridade recíproca e atendendo, antes de mais nada, ao bem comum.

Estes são os princípios que devem ser aplicados com relação aos sistemas de organização social. Alguns pensarão que, na ordem do bem comum, a economia de mercado é melhor do que a economia com intervenção estatal, e outros pensarão o contrário, mas o que ninguém pode fazer é apelar à doutrina da Igreja Católica para dizer que a sua é a "solução cristã" e para desqualificar a outra, afirmando simplesmente que é incompatível com o cristianismo. É verdade que a Igreja adverte que a autonomia da economia, como âmbito cultural, é relativa, já que a economia deve respeitar, em suas ações, os princípios éticos. Mas o respeito dos princípios éticos não impede, tal como o magistério reconhece, que a ação social possa implicar uma pluralidade de vias concretas.

Estabelecido tudo isto, a contribuição de Chafuen à investigação sobre a participação do pensamento católico no desenvolvimento do capitalismo, sobre a qual disse que queria me referir, consiste em assinalar as vias por intermédio das quais as ideias dos escolásticos espanhóis passaram aos economistas franceses, holandeses, alemães e italianos, e a maneira como tais ideias influenciaram, no século XVIII, a escola escocesa de Adam Ferguson (1723-1816) e, acima de tudo, Francis Hutcheson (1694-1746). É bem sabido que Hutcheson, autor da famosa frase *"a maior felicidade para o maior número"* – posteriormente transformada por Jeremy Bentham (1748-1832) no princípio fundamental da ética utilitarista –, foi quem, na Universidade de Glasgow e em sua condição de professor de Filosofia Moral, por volta de 1737, maior impressão exerceu sobre o jovem Adam Smith (1723-1790). Este, depois de ter publicado, em 1759, seu primeiro livro, *The Theory of Moral Sentiments* [*A Teoria dos Sentimentos Morais*], em 1776 deu à luz, após uma longa gestação, a primeira edição de *An Inquiry into the Nature and Causes of the*

Wealth of Nations [*Uma Investigação sobre a Natureza e as Causas da Riqueza das Nações*], obra pela qual se considera o fundador do capitalismo, mesmo a verdade sendo que tal sistema não foi inventado por ninguém, pois surge espontaneamente do modo de ser natural do homem. O que Adam Smith fez foi descrever e explicar racionalmente o funcionamento do sistema, com o que se torna mais corretamente merecedor do título de criador da economia enquanto ciência moderna. Por outro lado, no último capítulo de sua obra, Alejandro Chafuen dedica-se a comparar, colocando em relevo, as coincidências e as ideias dos últimos escolásticos espanhóis com as teses liberais da Escola Austríaca, desenvolvida a partir do pensamento de Carl Menger (1840-1921), Eugen von Böhm-Bawerk (1851-1914), Joseph Schumpeter (1883-1950) e, acima de tudo, em tempos mais próximos aos nossos, de Ludwig von Mises (1881-1973) e de Friedrich August von Hayek (1899-1992). Acredito, portanto, que se pode concluir que, contradizendo Max Weber, as origens do liberalismo econômico ou do capitalismo são espanholas e católicas.

Além do mais – e, aqui, sugiro um tema para ser aprofundado – um compatriota de nosso autor, Dr. Joris Steverlynck, professor da Universidade Católica de Buenos Aires, sustenta a tese de que a primeira constituição democrática do povo norte-americano, a chamada *Fundamental Orders* [*Ordens Fundamentais*] do estado de Connecticut, promulgada em 1638, não pode se basear no pensamento de John Locke (1632-1704), considerado o primeiro inspirador da democracia moderna. Isso porque Locke, que efetivamente teve grande relação, na década de 1670, com os 13 estados coloniais, não publicou suas primeiras obras antes de 1687 e 1690. O pai da democracia política – Locke – recebeu, muito provavelmente, suas inspirações do pensamento liberal que imperava nas longínquas colônias americanas.

Mas de onde surgiu a inspiração genial que levou alguns colonos, distantes dos centros de pensamento da velha Europa, a desenvolver uma teoria política tão contrastante com a que imperava em sua época? Steverlynck afirma que a fonte foi a Escola de Salamanca e que as coisas talvez ocorreram da seguinte maneira: Francisco Suárez publicou, em 1613, sua famosa *Defensio fidei catholicae* [*Defesa da Fé Católica*], a qual se mandou queimar, por suas ideias políticas e não religiosas, tanto pelo anglicano rei inglês James I (1566-1625) quanto pelo catolíssimo rei francês Luís XIII (1601-1643), mas que foi qualificada favoravelmente na Espanha, apesar da insistência do inglês sobre o monarca reinante Felipe III (1578-1621). Naquela ocasião, o absolutismo não imperava plenamente na Espanha, mas era a doutrina oficial na Inglaterra e na França. A *Defensio fidei* de Suárez – segundo Steverlynck – pôde ser conhecida por Thomas Hooker (1586-1647), clérigo puritano que estudou em Cambridge desde 1611. Hooker, devido à sua oposição às teorias absolutistas de James I, teve de fugir para a Holanda e, dali, em 1633, imigrou para Massachusetts, onde agiu como um dos líderes dos dissidentes que fundaram Connecticut em 1638 e em cuja constituição verteu ideias que, pelo que se conhece de sua escassa produção, dificilmente eram suas. A única fonte doutrinária de onde pôde tê-las extraído, de acordo com o professor argentino, teria sido Francisco Suárez, da Escola de Salamanca.

Dessa maneira, chegaria-se à conclusão do papel embrionário do pensamento católico dos séculos XVI e XVII, tanto na política quanto na economia. A Universidade de Salamanca não somente teria sido a primeira a defender o liberalismo econômico dois séculos antes de Adam Smith, mas também foi a fonte do liberalismo político, cem anos antes de John Locke. Que, posteriormente, embora a maré tivesse mudado, serve apenas para confirmar que o esgotamento do pensamento liberal é precisamente o que explica a subsequente prostração e o atraso econômico da Espanha e, portanto, da América Hispânica.

Madrid, 8 de fevereiro de 1991

Rafael Termes
Presidente da Asociación Española de Banca (AEB),
membro da Real Academia de Ciencias Económicas y Financieras, e
membro da Real Academia de Ciencias Morales y Políticas

Prólogo à 1ª Edição Norte-americana de 1986

Embora uns poucos historiadores da economia conheçam o papel dos pensadores católicos espanhóis que anteciparam muitas das contribuições da economia clássica, a comunidade intelectual, em seu conjunto, não está bem informada a respeito. A amplitude e a profundidade destas antecipações, evidentes nas extensas citações proporcionadas por Alejandro Antonio Chafuen, são de extraordinária importância, pois a influência da Espanha sobre a América Latina continua sendo, ainda hoje, crucial.

O Dr. Chafuen demonstra que algumas raízes do pensamento clássico liberal repousam nas contribuições dos grandes escolásticos tardios hispânicos, particularmente da Escola de Salamanca. Por intermédio de autores protestantes como Samuel von Pufendorf (1632-1694), alguns argumentos desta escola apareceram nos pontos que Francis Hutcheson (1694-1746) atentou para Adam Smith (1723-1790); e este último, repetidamente, fez alusão às suas obras. De fato, as percepções e formulações da Escola de Salamanca ajudaram a estabelecer a ampla tradição e o sentido comum ao qual, em geral, os liberais britânicos apelavam, apresentando-se não como pensadores revolucionários, mas como sistematizadores da experiência comum dos séculos.

Chafuen nos ajuda a ver que, no fim do século XVII, as doutrinas comuns destes autores escolásticos já continham, de maneira rudimentar, pressupostos que hoje classificamos como "liberais" ou "capitalistas". Que isso seja verdade no campo da propriedade privada não é uma grande surpresa, embora a crítica da escolástica tardia ao sistema de propriedade coletiva seja surpreendentemente aguda. Entretanto, os pontos de vista "liberais" desses autores em temas como finanças públicas, teoria monetária, teoria do valor, teoria dos preços, salários e lucros são bastante contundentes. Apesar dos problemas econômicos não serem sua preocupação central, chama a atenção constatar o quão "modernas" eram suas formulações. Com as abundantes citações coletadas por Chafuen, fica claro que eram homens de experiência, com uma visão aguçada "do mundo em que vivemos".

Ademais, os escolásticos tardios reconheceram a importância fundamental do comércio como fator de trabalho em paz e na comunidade. A atividade comercial era considerada uma expressão diária da busca pelo bem comum. Louvaram as contribuições dos comerciantes no cumprimento de um importante aspecto do plano divino por intermédio do serviço diário para o melhoramento humano. Deus dotou as regiões com diversos atributos, opinou um deles, para obrigá-las a buscar o bem comum por intermédio da troca de bens.

Partindo de doutrinas estabelecidas pela Igreja e referentes à esterilidade do dinheiro e, consequentemente, à imoralidade do juro (usura), permanece correto o juízo de que os escolásticos tardios lidaram com o juro de uma maneira muito mais frágil do que autores liberais posteriores. Apesar disso, descreveram muitos casos nos quais era legítimo receber uma recompensa por empréstimos em dinheiro. Inclusive vislumbraram o princípio básico do juro, pois observaram claramente que o dinheiro tomado de empréstimo, acompanhado de trabalho duro e criatividade, podia – efetivamente – criar novas riquezas. Consequentemente, o dinheiro não é completamente estéril.

Apesar de não terem conseguido subverter as antigas doutrinas da esterilidade da moeda, começaram, caso a caso, a preparar o terreno sobre o qual outros construíram teorias mais corretas.

Chafuen é humilde e cauteloso em suas conclusões. Talvez, dado o alcance de sua investigação, seja cuidadoso em demasia. Contenta-se em assinalar o seguinte: "eis aqui uma amplíssima coleção de textos que merecem um estudo trabalhoso e meticuloso. Estes escritos têm recebido pouca atenção e devem ser investigados ainda muito mais". Entretanto, mesmo a evidência preliminar que reuniu já sugere que devemos rever alguns de nossos pressupostos acerca do papel do pensamento católico na história do livre-mercado. Sem espaço para dúvidas, os escolásticos tardios moveram-se rumo à resolução do pensamento econômico, que alcançou sua fruição no século XVIII.

De passagem, Alejandro Chafuen demole o estranho (porém muito repetido) julgamento de Richard Henry "R. H." Tawney (1880-1962) acerca de que Santo Tomás de Aquino (1225-1274), assim como Karl Marx (1818-1883), defendia uma teoria do valor-trabalho. Chafuen oferece vários textos que mostram como o Aquinate e seus seguidores, ao menos na Espanha, acreditavam que seguir tal teoria prejudicaria o bem comum. Não é suficiente, nem justo, que o valor seja estabelecido puramente com relação ao trabalho e a outros custos. Para eles, o valor econômico também dependia de muitos outros fatores; e demonstraram isso claramente com casos práticos e senso comum.

Este pequeno estudo inclui diversos aforismos e citações breves, muitas delas ainda hoje de grande aplicabilidade. O que o leitor encontrará e apreciará é o estilo impregnado de senso comum. Permito-me ressaltar algumas citações de tão rica coleção, acerca dos respectivos temas:

Propriedade coletiva

E, como consequência, arrebataria-se quantos frutos fossem possíveis, coisa que nesta ocasião todos tentariam fazer em proveito próprio, dada a sede de riquezas dos homens. Por este caminho, era inevitável que se perturbassem a paz e a tranquilidade entre os cidadãos, assim como a amizade que tais filósofos tentavam favorecer. (Domingo de Soto, 1567)

> *Não há quem não favoreça seus próprios interesses e não cuide de prover mais para a sua casa do que para a república. Assim, constatamos que as fazendas que são de posse privada prosperam e crescem: já as da cidade e do conselho diminuem; padecem de provisão inadequada e de má administração. A este respeito, diz Aristóteles que o deleite que um homem sente por se ocupar de seus próprios negócios é inevitável. Não é fácil explicar o quão importante é, para um homem, saber que é o dono das coisas que produz. Por outro lado, as pessoas tratam com grande tepidez as coisas que são comuns. De maneira que, após a perda da inocência, tornou-se necessário que cada um participasse das coisas deste mundo, seja em bens imóveis ou em riquezas móveis: pois, se o amor universal já não mais induz as pessoas a preservarem as coisas, o interesse privado o faz. Desse modo, fariam crescer todos os bens partilhados e divididos, enquanto o contrário ocorreria se tivessem permanecido em propriedade comum (suposto o pecado).* (Tomás de Mercado, 1571)

Asno de muitos lobos acaba sendo devorado. (Provérbio escolástico)

Se a posse dos bens fosse coletiva, os que mais se beneficiariam seriam os homens malvados e, inclusive, os avarentos e os ladrões. Obteriam mais e contribuiriam com menos para o celeiro da comunidade. (Francisco de Vitoria)

Finanças públicas

A pobreza teve sua origem nos altos impostos e dela nasceu a impossibilidade de muitos vassalos para sustentarem a carga do matrimônio. Sem estes grilhões e vínculo, isso levava os pobres, com facilidade, à inclinação de desamparar-se de suas terras... Temendo, a cada dia, a vinda dos cobradores de impostos e tributos, inclinavam-se a desampará-las, para evitar as vexações que deles recebiam: pois, como disse o rei Teodorico, é agradável somente aquela propriedade na qual não se temem os feitores e coletores de impostos.

O que pede quantidades grandes termina recebendo de poucos. A paucis accipit, qui nimium quaerit.

Não pode haver rei pobre de vassalos ricos, pois "as riquezas estão melhor guardadas nas mãos dos vassalos do que nas arcas de três chaves dos tesoureiros, que quebram a cada dia". (Pedro Fernández de Navarrete, 1619)

Lucros

Não é justo o preço tal como lhes custou, nem se há de dizer a respeito de seus custos, nem dos trabalhos, nem da habilidade, mas, sim, quanto à abundância de mercadorias e à falta de mercadores e de dinheiro, porque estas coisas são a causa de que o preço justo seja menor do que lhes custou para; e, neste caso, é justo que percam, porque de outro modo não ocorreria que os mercadores de maneira justa perdessem, mas que sempre ganhassem. (Luis Saravia de la Calle)

* * *

Os intelectuais do mundo anglo-saxão tendem a esquecer que, no ápice de seu poder, a Espanha tinha uma grande atividade mercantil e comercial. Até que a França e a Grã-Bretanha alcançassem o mesmo nível, pouquíssimos povos tinham tanta experiência em atividades econômicas de complexidade, finalidade e inovação comparáveis. Os moralistas, cercados por leigos envolvidos em negócios, tiveram de lidar com todo um novo corpo de experiências, tanto no Novo Mundo quanto no Velho Mundo. Bem instruídos pelas doutrinas de Aristóteles e Aquino no caminho do senso comum, em uma ética baseada na sabedoria prática e alertas às circunstâncias, contingências e consequências, os escolásticos estavam bem posicionados para pensar de maneira ampla e concreta. Os exemplos e os casos que utilizaram demonstram um vivo interesse por descrições detalhadas da realidade.

De poucos livros, pode-se dizer que abrem nossos olhos a um novo corpo de textos e a uma revisão importante de ideias preconcebidas. Este estudo do Dr. Chafuen é um desses livros. Se estudos futuros reivindicarem a promessa que abrem, a Igreja Católica ganhará uma apreciação mais profunda de sua própria tradição e alcançará um sentido claro de seu lento, porém constante caminho na direção da liberdade, tanto no âmbito econômico quanto político.

Finalmente, em seu último capítulo, os conhecimentos de Chafuen acerca da Escola Austríaca de economia permitem analisar, à luz destas ideias, as contribuições escolásticas. A tradição anglo-

-saxônica não é ignorada na América Latina, porém a Escola Austríaca apresenta maior importância para seus intelectuais. A partir disso, a tarefa de conectar as raízes da Escola Austríaca às contribuições do senso comum dos escolásticos de Salamanca pode se transformar em um evento significativo na vida intelectual latino-americana.

Michael Novak
Pesquisador de Religião, Filosofia e Política Pública do American Enterprise Institute (AEI)

Fé e Liberdade
O Pensamento Econômico da Escolástica Tardia

Agradecimentos

O apoio de muitas pessoas tornou este livro possível. Para começar, agradeço aos meus pais, que utilizaram até o último centavo de suas economias para proporcionar aos filhos a melhor educação possível. Diversas instituições fomentaram financeiramente as diversas etapas de minha pesquisa. Em 1978, o Centro de Estudios sobre la Libertad, em Buenos Aires, na Argentina, concedeu-me uma bolsa para estudar com o Dr. Hans F. Sennholz (1922-2007) no Grove City College, na na Pennsylvania. A Fundação Pérez Companc, em Buenos Aires, custeou minhas passagens para Toledo e para os Estados Unidos. Meus estudos na Espanha foram possíveis graças ao apoio conjunto da Fundação Ortega y Gasset, da Espanha, e do Instituto Torcuato Di Tella, na Argentina. Em 1984, recebi uma bolsa do Grove City College, o que me possibilitou completar a primeira edição inglesa deste livro. Durante todos os meus estudos, os professores da Escuela Superior de Economía y Administración de Empresas (ESEADE) proporcionaram-me um grande aparato intelectual.

Muitas são as pessoas que me ajudaram a melhorar esta primeira edição espanhola da obra. O Dr. Oreste Popescu (1913-2003), da Universidade Católica Argentina, foi quem mais influenciou no tema e quem, com seu incansável trabalho docente e de pesquisa, contribuiu constantemente com um valioso material para a história do pensamento econômico. O padre Antolín Abad Pérez (1918-2007), do Mosteiro San Juan de los Reyes, em Toledo, garantiu-me acesso livre aos tesouros bibliográficos de sua biblioteca. Murray N. Rothbard (1926-1995), da Universidade de Nevada, em Las Vegas,

Carlos Rodríguez Braun, da Universidad Complutense, em Madri, Tom Bethell, da Hoover Institution, em Stanford, e James A. Sadowsky, S.J. (1923-2012), da Fordham University, em Nova York, fizeram contribuições críticas importantes.

Devo agradecer a meus editores, pela paciência que tiveram comigo, à minha esposa e a meus filhos, que preencheram com felicidade as horas que decidi passar com eles em vez de dedicá-las à confecção do meu livro. Além disso, gostaria de mencionar a ajuda que recebi de meus amigos espirituais. A presença de Deus e os doces braços de Seu Filho deram-me a força necessária nos momentos difíceis. A Verdade é Sua; os erros são meus.

Introdução do Autor à Edição Brasileira

A primeira edição em inglês deste livro, agora lançado em português, apareceu há mais de trinta anos, em 1986, antes de João Paulo II (1920-2005), agora São João Paulo II, lançar sua encíclica *Centesimus Annus* (CA), promulgada em 1º de maio de 1991. Nela, o romano pontífice esclarece melhor do que nunca a posição da Igreja Católica a respeito da economia livre. No item 42 do documento, quando perguntado se o capitalismo era compatível com a Doutrina Social da Igreja, escreveu:

> *Se por* "capitalismo" *se indica um sistema econômico* que reconhece o papel fundamental e positivo da empresa, do mercado, da propriedade privada *e da consequente responsabilidade pelos meios de produção, da livre criatividade humana no setor da economia, a resposta é certamente positiva, embora talvez fosse mais apropriado falar de "economia de empresa", ou de "economia de mercado", ou simplesmente de "economia livre".* (grifos nossos)

O capitalismo, ainda que apropriadamente definido, está novamente sob ataque nos círculos católicos. Portanto, apesar de raramente empregar o termo e, assim como São João Paulo II, preferir o termo "economia livre", creio que este livro pode continuar a dissipar algumas concepções errôneas acerca do capitalismo e sou grato aos que decidiram traduzir meu livro e disponibilizar alguns de seus argumentos em português.

Existem dois grandes motivos que me fizeram escrever este livro. O primeiro foi o dever de justiça. Justiça para com a contribuição importante ao pensamento econômico de autores que muitos ignoram. O segundo pode ser tomado como um dever apostólico. Tinha em mente o cristianismo e a liberdade. Vi muitas pessoas talentosas, boas, abandonarem a Igreja, aborrecidas com o que consideravam uma cegueira com relação aos benefícios de um sistema econômico baseado na propriedade privada e na liberdade de trocas. Mais que cegueira, parecia quase ser uma campanha contra a sociedade livre, em especial, durante o período de uma interpretação predominantemente marxista da libertação cristã. Logo depois de surgir o meu livro, o então cardeal Joseph Ratzinger, agora papa emérito Bento XVI, produziu dois documentos, a instruções *Libertatis Nuntius,* de 6 de agosto de 1984, e *Libertatis Conscientia,* de 22 de março de 1986, que descrevem com acurácia os erros teológicos e as fraquezas da Teologia da Libertação guiados, em grande parte, por uma visão socialista e uma visão errônea sobre o homem. *"É preciso acrescentar que o erro fundamental do socialismo é de caráter antropológico"*, escreveu São João Paulo II no item 13 da *Centesimus Annus,* pois *"considera cada homem simplesmente como um elemento e uma molécula do organismo social, de tal modo que o bem do indivíduo aparece totalmente subordinado ao funcionamento do mecanismo econômico-social".*

Neste livro tento mostrar que as contribuições econômicas dos grandes juristas, filósofos e teólogos do final da Idade Média não eram monopólio de uma determinada ordem religiosa ou de uma determinada universidade. Havia dominicanos, jesuítas, franciscanos, agostinianos e, até mesmo, vários especialistas leigos bem-educados nesse meio, a dar grandes contribuições.

Um dos escolásticos tardios mais importantes foi Francisco de Vitoria (1483-1546), muitas vezes chamado de fundador da "Escola de Salamanca". A Universidade de Salamanca teve forte influência em grande parte da Europa, até mesmo nos países de língua inglesa. A hierarquia inglesa em 1510, e a irlandesa, em 1591, começaram a patrocinar faculdades em Salamanca para treinar os padres e a hierarquia. Por volta de 1584, Salamanca tinha cerca de seis a sete mil alunos. Sua influência foi imensa de tal modo que, embora os autores mencionados neste livro tenham lecionado em muitas universidades diferentes na Europa, a "Escola de Salamanca" recebeu mais ou menos atenção que os escolásticos tardios em geral.

Os autores e universidades portugueses também tiveram um papel no desenvolvimento e disseminação dos ensinamentos econômicos. Tomemos o caso do manual de confessores escrito por Martín de Azpilcueta (1491-1586), o famoso doutor Navarro. O manual começou como um livro menor, escrito por frei Rodrigo do Porto (1480-1567), a segunda edição surgiu em 1552, em Coimbra, em português. No entanto, Martín de Azpilcueta, original de Navarra, mas a lecionar em Coimbra, contribuiu para isso. Azpilcueta, posteriormente, ampliou o livro e este se tornou um dos guias de confessores mais empregado.

Devo a Anton Alexandrovich Afanasyev o que aprendi sobre a relação entre frei Rodrigo do Porto e o doutor Navarro. Afanasyev escreveu um artigo recente, *"La Escuela de Salamanca del siglo XVI: Algunas contribuciones a la ciencia económica"* [*"A Escola de Salamanca do século XVI: algumas contribuições à Ciência Econômica"*], no qual se inclui uma conclusão-chave desses autores sobre a obrigação de seguir ou não o preço estabelecido por lei:

Dissemos (taxa justa) porque a injusta não obriga segundo o pensar de todos. E se ela é injusta ou não, por se dar a todos os trigos e grãos, maus, bons e muito bons, novos e velhos, sãos e corruptos: duma terra onde há muito e doutra onde há pouco. Do que nasce onde se vende e do que vem de longe, ainda que seja do reino, sem nada dar a mais pelos alugueres, permitindo que os de fora do reino sejam vendidos como a cada um puder e muito mais caros que os do reino, sendo muito piores. E, se esta taxa desigual dá matéria de pecar e ocasião de muitos pecados mortais, temos que aos que a transgridam, dela obriga a [taxa] mortal, como dizem os supracitados doutores da lei: remetendo-os aos autores da lei e aos que noutra parte dissemos; parecendo-nos por ora (pelo dito acima) que é a intenção do autor da lei que impõe pena contra quem vende mais, de tanto não há de obrigar-se a pecado mortal, ainda que o transgressor disso pecasse mortalmente se vendesse por mais da [taxa] justa, notavelmente, posto que vendesse por menos que a taxa. Como soem vender alguns o pão e o vinho corruptos que valem pouco mais que nada: por romperem com a lei natural e divina e que, ao contrário, não pecariam mortalmente se os vendessem pelo preço que diante de Deus fosse justo, ainda que excedessem a taxa tanto quanto a justiça natural permite[1].

A citação acima dá ao leitor uma ideia porque, apesar do valor analítico, muitos desses escritos passaram despercebidos. Poucos historiadores do pensamento econômico teriam a perspicácia de procurar

---

[1] PORTO, Rodrigo do & AZPILCUETA, Martín de. "Capítulo XXIII - Dos sete peccados mortaes". In: *Manual de confessores y penitentes*. Salamanca: Andrea de Portonarij, 1556. p. 559-60. Citado em: AFANASYEV, Anton Alexandrovich. "La Escuela de Salamanca del siglo XVI: Algunas contribuciones a la ciencia económica". *Empresa y Humanismo*, Vol. XIX, N° 1 (2016): 7-29, p. 16. Disponível em: <https://www.unav.edu/publicaciones/revistas/index.php/empresa-y-humanismo/issue/view/128>

nos manuais de confessores para encontrar ensinamentos econômicos. Quando comecei meus estudos, havia pouquíssimos grupos de acadêmicos a analisar as contribuições econômicas dos escolásticos tardios. Tive o privilégio de começar minha carreira de pesquisador em um desses grupos, liderado pelo professor Oreste Popescu (1913-2003), na Pontifícia Universidade Católica da Argentina. Popescu nos apresentou aos escolásticos tardios da América hispânica que foram influenciados pelos professores de Salamanca e outras universidades europeias. Na Universidade de Cambridge, poucos acadêmicos davam atenção à temática, dentre os mais importantes estavam Anthony Pagden e Annabel S. Brett. Ambos, no entanto, abordavam os estudos a partir da perspectiva da Filosofia Política e do Direito Internacional, e não da Economia.

Entre os economistas austríacos, poucos merecem mais crédito por trazer esses autores de volta à vida do que Joseph Schumpeter (1883-1950). F. A. Hayek (1899-1992) e sua aluna, Marjorie Grice-Hutchinson (1908-2003), também, tiveram um papel importante. Murray N. Rothbard (1926-1995) tomou a liderança ao incorporar muitos desses autores na sua obra extraordinária *Economic Thought Before Adam Smith: An Austrian Perspective on the History of Economic Thought* [*O Pensamento Econômico antes de Adam Smith: Uma Perspectiva Austríaca sobre a História do Pensamento Econômico*]. O dr. Thomas Woods, ainda que não tenha realizado pesquisas e análises originais dos escolásticos tardios, também contribuiu para disseminar alguns de seus ensinamentos.

Em Portugal, o dr. André Azevedo Alves e o dr. José Manuel Moreira produziram em inglês *The Salamanca School* [*A Escola de Salamanca*], publicado em 2013 na coleção Major Conservative and Libertarian Thinkers [Maiores Pensadores Conservadores e Libertários] da editora Bloomsbury Academic, um livreto maravilhoso que resume os ensinamentos dos escolásticos tardios. Na Espanha, o dr. León Gómez Rivas foi um dos pioneiros na confecção de artigos acadêmicos que remetem aos ensinamentos dessa tradição para cursos universitários. As gerações mais novas também estão ingressando nesse jogo, Fernando Hernández Fradejas que estudou sob orientação de Jesús Huerta de Soto, escreveu ensaios a respeito desses autores como precursores da Escola Austríaca de Economia. O pensamento escolástico em uma perspectiva liberal foi no Brasil objeto dos livros *Dos Protoaustríacos a Menger. Uma Breve História das Origens da Escola Austríaca de Economia* (LVM Editora, 2017), de Ubiratan Jorge Iorio; Nascimento Do Direito Internacional (Editora Unisinos, 2009), de Paulo Emílio Vauthier Borges de Macedo; e *A Escola de Salamanca e a Fundação Constitucional do Brasil* (Editora Unisinos, 2018), de Marcus Paulo Rycembel Boeira.

Os *think-tanks* também começam a estudar e republicar autores da escolástica tardia; nos Estados Unidos, o Acton Institute for the Study of Religion and Liberty tem um papel ativo. A equipe do Instituto Mises Brasil (IMB) traduziu e publicou várias obras-chave no periódico *Mises: Revista Interdisciplinar de Filosofia, Direito e Economia*, uma publicação acadêmica excepcional. Merece destaque neste periódico as traduções de textos de Rufino de Bolonha (1130-1192), de Johannes Duns Scotus (1265-1308), de Domingo de Soto (1494-1560), de Juan de Mariana (1536-1624) e de Francisco Suárez (1548-1617), além de capítulos da obra supracitada de Murray N. Rothbard e de ensaios inéditos de pesquisadores brasileiros. Recomendo, em especial, toda a seção *Ultrum Poenitens Teneatur Restituere* [*Se um Penitente está Obrigado a Restituir*] do tratado *Orditatio*, de autoria do frei Johannes Duns Scotus, no qual o teólogo afirma que se as autoridades têm de fixar um preço, deveriam vislumbrar que cubra todos os custos de produção, riscos e esforços do empresário. Quase sem exceção, os escolásticos tardios que escreveram depois de Scotus o criticaram por isso. Argumentaram que se seguíssemos as regras dele, nenhum empresário jamais perderia e teria menos incentivo para inovar e economizar.

    O fato da maioria dos autores mencionados acima serem liberais clássicos, libertários, ou mesmo membros da Sociedade Mont Pélèrin, fez com que muitos dos que falam acerca dos escolásticos tardios se refirissem a eles como se tivessem sido libertários. Isso está muito longe da verdade. Os escolásticos tardios amavam a liberdade, mas a liberdade ordenada, em que a sociedade civil e suas autoridades tinham um papel importante a desempenhar. Em algumas disputações e questões, apresentavam a opção libertária: "as coisas valem aquilo pelo que podem ser vendidas, e isso deve determinar o preço justo", mas, depois, prosseguiam a criticá-la. Em casos de necessidade extrema, aqueles que estavam a passar por isso podiam usar a propriedade de outros; trataram os "bens de luxo" como diferentes dos bens considerados de necessidade básica; embora tivessem grande amplitude, concluíram que havia casos de limites morais e legais, até mesmo nos que não havia monopólio fraude ou violência, e, como a maioria dos moralistas da época, condenaram os juros puros (usura).

    Foi um prazer imenso testemunhar como a Universidade de Navarra deu um salto para uma posição de liderança ao dedicar recursos para o estudo, tradução e republicação de várias das contribuições dos escolásticos tardios. Idova Zorroza, que encabeça esses esforços, tem por foco um programa para a melhor compreensão da antropologia dos autores da Escola de Salamanca.

    A verdade é verdade, não importa quem a diga. Não obstante, a credibilidade do porta-voz sempre é relevante. Comecei essa introdução exclusiva para a edição brasileira citando o papa João Paulo II. Terminarei por referir-me a outro romano pontífice. Ainda é recente o pontificado do papa Francisco, mas muitas de suas declarações fazem parecer que ele não confia na economia livre. Raras vezes emprega o termo "capitalismo", mas critica os processos de mercado que lhe são inerentes. Tanto os papas João Paulo II quanto Bento XVI tinham uma compreensão abrangente e um apreço profundo pelos escolásticos tardios, e encorajavam os estudos destes pensadores. Espero que as contribuições econômicas deles também iluminem o atual pontificado.

Cristãos não-católicos também têm escrito sobre Economia por séculos. Não me concentro nos protestantes porque têm muito poucos analistas e historiadores que argumentam ser o protestantismo incompatível com a economia livre ou mesmo com o capitalismo. Menciono, brevemente, alguns deles como Hugo Grotius (1583-1645) e Samuel von Pufendorf (1632-1694) que serviram como pontes entre os católicos e economistas do livre mercado, em especial, Adam Smith (1723-1790). Também menciono as percepções pré-reformadas de autores tais como Santo Agostinho (354-430), tido em alta estima por todos os cristãos, bem como em Santo Tomás de Aquino (1225-1274); entretanto, concentro-me mais nos católicos.

Espero, também, que o lançamento pela LVM Editora do livro *Fé e Liberdade: O Pensamento Econômico da Escolástica Tardia* inspire uma nova geração de pesquisadores no Brasil e, talvez, ajude a redescobrir algum autor brasileiro esquecido que tentou integrar a sólida análise econômica com a fé cristã. Desejo que a rica, espiritualmente diversa e carismática população brasileira tire proveito dos argumentos racionais desses escolásticos medievais; argumentos estes compatíveis com a fé cristã, de autores que, também, viveram no espírito, mas, que aqui a fé se encontra refletida racionalmente em palavras.

Washington D.C., 19 de outubro de 2017

Alejandro A. Chafuen

Prefácio do Autor

O principal objetivo deste livro é estudar as contribuições realizadas por um importante número de pensadores católicos, especialmente no campo da economia, para o melhor entendimento do funcionamento da sociedade livre. É comum encontrar autores católicos que se opõem à liberdade econômica. Muitos acreditam, inclusive, que o livre-mercado é contrário aos ensinamentos da Igreja. Outros pensam que tal sistema nunca nos permitirá alcançar certos fins bastante desejáveis. Entretanto, existem mais outros ainda que se opõem a estas ideias com base nas opiniões e na autoridade de sacerdotes, pastores ou moralistas de confiança.

Este estudo dirige-se a todas aquelas pessoas, católicas ou não, que acreditam que o livre-mercado é incompatível com o cristianismo. Também se dirige àqueles que já estão convencidos de que a liberdade econômica é um componente essencial da liberdade humana.

São muitos os intelectuais que se afastaram da Igreja ao testemunharem a multidão de supostos representantes de Deus pregando contra aquilo que a razão nos diz a respeito dos princípios econômicos saudáveis. As tendências atuais referentes à liberdade científica, assim como a recente reafirmação do direito natural à iniciativa privada por parte das mais altas hierarquias católicas, permitem abrigar grandes esperanças. É meu desejo que este estudo permita valorizar de maneira mais adequada as contribuições de vários autores durante os últimos séculos da Idade Média, que ajude os moralistas a compreenderem melhor o funcionamento do livre-mercado e que contribua para "cristianizar" as propostas dos economistas de mercado.

A ideia de que o cristianismo foi um dos responsáveis do desenvolvimento econômico da maioria dos países ocidentais não é nova. Richard Henry Tawney (1880-1962)[1] e Max Weber (1864-1920)[2] escreveram várias obras analisando o tema. Muitos consideram que o cristianismo protestante foi um dos principais motores da revolução ideológica a contribuir para o crescimento econômico. Assinala-se o catolicismo como um dos obstáculos a serem superados por aqueles que desejam fomentar o progresso material. Diversas circunstâncias contribuíram para que se chegasse a tal interpretação.

O choque das ideias e a mudança da estrutura do poder ocorrida com a Revolução Francesa foram suficientes para que, durante quase duzentos anos, ninguém falasse dos pontos comuns entre as ideias dos juristas e moralistas católicos e as ideias dos autores anglo-saxões considerados pilares da economia livre. Somente em meados do século XX observamos uma mudança na opinião de alguns historiadores, que assinalaram que as ideias que culminaram na Revolução Industrial, na qual ainda vivemos, tiveram suas origens em pensadores católicos. Hector Menteith Robertson (1905-1984) chegou a dizer que *"não é difícil julgar que a religião que favoreceu o espírito do capitalismo foi a jesuíta, e não a calvinista"*[3].

O pensamento econômico dos autores católicos encontra-se intimamente ligado a seus pensamentos ético, filosófico e teológico. Portanto, ao estudarmos suas ideias econômicas, estaremos também conhecendo partes de sua ética, sua filosofia e sua teologia.

---

[1] TAWNEY, R. H. R*eligion and the rise of capitalism*. New York: New York American Library, 1954.
[2] WEBER, Max. *La ética protestante y el espíritu del capitalismo*. Madrid: Editorial Revista del Derecho Privado, 1955.
[3] ROBERTSON, H. M. *Aspects on the rise of economic individualism: a criticism of Max Weber and his school*. Clifton: A. M. Kelly, 1973. p. 164.

Destaco novamente que parte de meu interesse sobre este tema se deve à existência de um grande número de amantes da liberdade econômica, os quais se sentem consternados ao constatarem que estas ideias não encontram espaço na doutrina da Igreja. Esta consternação é ainda maior, pois muitos consideram que a liberdade se trata de um dom divino e, como tal, deve ser respeitada, entendida e defendida. A liberdade econômica significa simplesmente a liberdade das pessoas humanas para usar e dispor de seus bens econômicos da maneira como desejarem, sem utilizar a força contra ninguém. Um mundo sem liberdade econômica transforma-se rapidamente em um mundo sem liberdades políticas e civis. Esta afirmação baseia-se na ideia de que a liberdade e o exercício da vontade são somente dois aspectos da mesma moeda. Não podemos ter um lado sem o outro. Como dizia Hilaire Belloc (1870-1953), um mundo que nega ao indivíduo o direito à escolha dos meios e métodos essenciais para seu próprio sustento é um mundo sem conteúdo moral.

Esta suposta oposição entre o catolicismo e o sistema social fundamentado na propriedade privada foi, é e será aproveitada e incentivada por todos os totalitarismos (marxistas ou nacional-socialistas). Isso porque se dão conta de que, se os pensadores cristãos e os amantes da liberdade unirem suas forças, não haverá mais oportunidades para o coletivismo continuar avançando.

Nas últimas décadas do século XX, produziram-se importantes avanços na história do pensamento econômico. Os autores católicos dos três séculos posteriores ao aparecimento das obras de Santo Tomás de Aquino, os chamados "escolásticos tardios", têm sido objeto de vários estudos que revalorizaram suas contribuições. Suas obras ajudam-nos a ter uma compreensão melhor da liberdade humana. Neste estudo, enfatizamos a análise de problemas de política econômica, como a propriedade privada, a inflação e a intervenção governamental. Muitas contribuições neste campo podem nos ajudar a compreender melhor a origem das teorias econômicas modernas.

Quero advertir o leitor de que o fato de religiosos católicos sustentarem uma determinada posição em matéria econômica não significa que esta opinião seja correta. Para avaliar se uma teoria científica é correta ou incorreta, devemos nos abster de formular juízos acerca de quem e por que motivos a elabora. Não tenho a intenção de demonstrar a validade dos postulados da economia de mercado com base na autoridade dos autores católicos. Caso contrário, meu estudo cairia no mesmo erro cometido por tantos autores que desejam antepor a fé à ciência, quando, na realidade, ciência e fé não se contradizem – complementam-se.

Capítulo I
A Escolástica Tardia

O período escolástico medieval compreendeu sete séculos, desde o ano 800 até o1500. Os séculos XII e XIII foram o período mais ativo da escolástica. As contribuições desde o ano 1350 até 1500 costumam ser consideradas como pertencentes ao período escolástico tardio. Ainda que alguns autores sejam da opinião de que a decadência do período escolástico começa a partir do século XV, a importância do movimento não enfraqueceu até as últimas décadas do XVII. Com o termo "escolástico", faz-se referência aos mestres e autores que empregaram o método escolástico. Provém do latim *schola* (escola) e consistia, essencialmente, na investigação racional dos problemas relevantes nas artes liberais, na filosofia, na teologia, na medicina e no direito, examinando-os a partir de pontos de vista opostos, com o objetivo de alcançar uma solução inteligente e científica, compatível com a autoridade aceita, os fatos conhecidos, a razão humana e a fé cristã[1].

O propósito dos escolásticos era formular um corpo de pensamento científico aplicável a todos os aspectos da vida humana. Os escolásticos medievais ou, como preferiam ser chamados, os "doutores", foram os líderes intelectuais de seu tempo. Suas análises

---
[1] WEISHEIPL, J. A. "Scholastic method". *In: New Catholic Encyclopedia*. New York: McGraw-Hill, 1967.

e conclusões modelaram o pensamento católico de maneira tão persuasiva que, ainda hoje, constituem uma base fundamental para a doutrina católica contemporânea.

1 - Origens e Influências

Ignatius C. Brady (1911-1990) considera que a origem do escolasticismo foi *"o emprego da dialética aristotélica na Teologia, na Filosofia e no Direito Canônico"*[2]. Depois de serem resgatadas para o mundo ocidental por intermédio das traduções latinas das versões árabes, as ideias aristotélicas ocuparam um lugar preponderante na mente e nos escritos dos autores escolásticos. Isto concedeu uma força às ideias provenientes do Antigo e do Novo Testamento, às obras dos "Padres da Igreja" (literatura patrística) e aos escritos dos juristas romanos[3].

Santo Tomás de Aquino (1226-1274) foi o autor escolástico por excelência. Sua influência foi tão vasta que quase todos os escolásticos que o seguiram estudaram, citaram ou comentaram suas obras. No século seguinte à morte do Aquinate, diversos autores realizaram obras que abordaram temas ligados à economia São Bernardino de Siena (1380-1444), Santo Antonino de Florença (1389-1459), Joannis Gersonii (1363-1429), Conradus Summenhart (1465-1511) e Sylvestre de Priero (1456-1523) são, talvez, os mais conhecidos, por serem os mais citados por seus sucessores. Os escritos de Tomás de Vío (1468-1534), o cardeal Caetano, representam a transição entre estes escolásticos e seus seguidores hispânicos.

---
[2] BRADY, I. C. "Scholasticism". *In: New Catholic Encyclopedia*. New York: McGraw-Hill, 1967.
[3] Como o jurista romano Paulo (160-230). Ver: DEMPSEY, B. W. "Just Price in a Functional Economy". *American Economic Review* (September 1935): 473-74.

2 - A Escolástica Hispânica

Alguns historiadores utilizaram o termo "Escola de Salamanca" para se referir aos escolásticos hispânicos. Marjorie Grice-Hutchison (1908-2003) dedicou um capítulo inteiro de seu livro *El pensamiento económico en España, 1177-1740* [*O Pensamento Econômico na Espanha, 1177-1740*] à Escola de Salamanca. Raymond de Roover (1904-1972) também fala da *"famosa Escola de Salamanca"*[4]. Embora seja verdade que muitos dos escolásticos hispânicos estudaram ou lecionaram em Salamanca, não é menos verdade que outros estudaram em outras universidades importantes, como a Complutense, em Alcalá de Henares. Por isso, é mais apropriado utilizar o termo "escolástica hispânica" para fazer referência a tais autores[5].

Francisco de Vitoria (1483-1546) é considerado o pai da escolástica hispânica. Membro da ordem dos dominicanos, estudou e lecionou na Sorbonne, onde ajudou a editar uma das edições da *Summa theologica*, de Santo Tomás de Aquino, e da *Summa*, de Santo Antonino de Florença. De 1522 até 1546, deu aula na Universidade de Salamanca.

Domingo de Soto (1495-1560), também dominicano, estudou em Alcalá e, com Francisco de Vitoria, em Paris. Depois de seu regresso para a Espanha, lecionou em Alcalá e, em 1532, foi nomeado profes-

---

[4] GRICE-HUTCHINSON, M. *Early Economic Thought in Spain, 1170-1740*. London: Allen & Unwin, 1975. Edição espanhola: GRICE-HUTCHINSON, Marjorie. *El pensamiento económico en España, 1177-1740*. Barcelona: Crítica, 182; DE ROOVER, R. "Economic thought, ancient and medieval thought". *International encyclopedia of the social sciences*. New York: Press, 1968.

[5] O professor Oreste Popescu questiona a utilização do rótulo "Escola de Salamanca". Os argumentos do Dr. Popescu são a fonte da minha preferência pelo termo "escolástica hispânica". Ver seu excelente ensaio: POPESCU, O. "Aspectos analíticos en la doctrina del justo precio de Juan de Matienzo (1520-1579)". In: *La economía como disciplina científica: ensayos en honor del profesor Dr. Francisco Valsecchi*. Buenos Aires: Macchi, 1982. p. 235-286.

sor de teologia em Salamanca. Após cinquenta anos do lançamento da primeira edição, seu tratado De *iustitia et iure* [*Sobre a Justiça e o Direito*] foi publicado em, pelo menos, 28 idiomas. O livro ainda produz impacto, e sua última edição bilíngue data de 1968[6]. Outros companheiros da ordem dignos de destaque são Domingo de Báñez (1528-1604), Tomás de Mercado (1500-1575), Francisco García (1525-1585)[7] e Pedro de Ledesma (1544-1616)[8].

Martín de Azpilcueta (1492-1596), o "Doutor Navarro", foi outro dos hispânicos de relevância. Considerado como um dos mais experientes peritos em direito canônico de sua época, lecionou na Universidade de Salamanca, na Espanha, e na Universidade de Coimbra, em Portugal. Seu *Manual de confesores y penitentes* [*Manual de Confessores e Penitentes*][9] foi um dos textos espirituais mais amplamente consultados no século seguinte à sua impressão. Azpilcueta foi membro da Ordem dos Cônegos Regulares de Santo Agostinho.

É totalmente infundado atribuir a uma ordem religiosa em particular os méritos ou erros do período escolástico tardio. Os franciscanos Juan de Medina (1490-1546), Luis de Alcalá (1490-1549)[10] e Henrique de Villalobos (†1637) utilizaram fontes e métodos escolásticos. O bispo agostiniano Miguel Salón (1538-1620), Pedro de Aragón (1545-1592)[11], Cristóbal de Villalón (1510-1562)[12], Luis

---

[6] GRICE-HUTCHISON. *Early economic thought in Spain, 1170-1740*. p. 95; DE SOTO, Domingo. *De iustitia et iure*. Madrid: Centro de Estudios Políticos y Constitucionales, 1968.
[7] GARCÍA, F. *Tratado utilísimo de todos los contratos, cuantos en los negocios humanos se pueden ofrecer*. Valencia, 1583.
[8] LEDESMA, P. *Summa*. Salamanca, 1614.
[9] AZPILCUETA, M. *Manual de confesores y penitentes*. Salamanca, 1556.
[10] ALCALÁ, L. *Tractado de los préstamos que passan entre mercaderes y tractantes, y por consiguiente de los logros, cambios, compras adelantadas, y ventas al fiado*. Toledo: Juan de Ayala, 1543.
[11] ARAGÓN, P. *De iustitia et iure*. Lyon, 1596.
[12] VILLALÓN, C. *Provechoso tratado de cambios y contrataciones de mercaderes y reprobación de usura*. Valladolid: Francisco Fernández de Córdoba, 1542.

Saravia de la Calle (fl. 1540)¹³ e Felipe de la Cruz Vasconcillos (fl. 1630)¹⁴ contribuíram para o corpo do pensamento escolástico. Na América Hispânica, a obra de Juan de Matienzo (1520-1579) é digna de destaque. A partir da fundação da Companhia de Jesus, em 1540, autores jesuítas como Luis de Molina (1535-1600), Juan de Mariana (1535-1624), Francisco Suárez (1548-1617), Juan de Salas (1553-1612), Leonardo Lessio (1554-1623), Juan de Lugo (1583-1660), Pedro de Oñate (1567-1646) e Antonio de Escobar y Mendoza (1589-1669) realizaram contribuições de grande valor. Devido à quantidade e à qualidade destes autores, alguns historiadores consideraram que os avanços no pensamento econômico foram um fenômeno jesuíta, e não um fenômeno da escolástica tardia em geral. O melhor exemplo disto é, talvez, Hector Menteith Robertson (1905-1984), que escreveu que os jesuítas *"favoreceram o espírito de empreendimento, a liberdade para especular e a expansão do comércio como benefício social. Não é difícil julgar que a religião que favoreceu o espírito do capitalismo foi a jesuíta, e não a calvinista"*¹⁵.

Embora o pensamento jesuíta talvez tenha favorecido o surgimento de um sistema fundamentado na propriedade privada (ou sistema capitalista, como costuma ser denominado pelos autores pós-marxistas), tais autores merecem crédito (ou culpa, se olharmos para a história a partir de um prisma distinto). As conclusões dos jesuítas, conforme veremos, fundamentavam-se em uma forte tradição, que inclui as obras de Aristóteles (384-322 a.C.), de Santo Tomás de Aquino e seus seguidores escolásticos. Os escolásticos jesuítas merecem destaque,

---

¹³ DE LA CALLE VERONENSE, L. S. *Instrucción de mercaderes muy provechosa. medina del campo, 1544*. Uma edição moderna foi publicada em Madrid em 1949.
¹⁴ DE LA CRUZ, F. *Tratado único de interés sobre si se puede llevar dinero por prestallo*. Madrid: Francisco Martínez, 1637.
¹⁵ ROBERTSON, H. M. *Aspects of the rise of economic individualism: a criticism of Max Weber and his school*. Clifton: A. M. Kelly, 1973. p. 164.

porém não estavam sós na batalha intelectual. Estavam acompanhados dos melhores teólogos, juristas e filósofos de sua época.

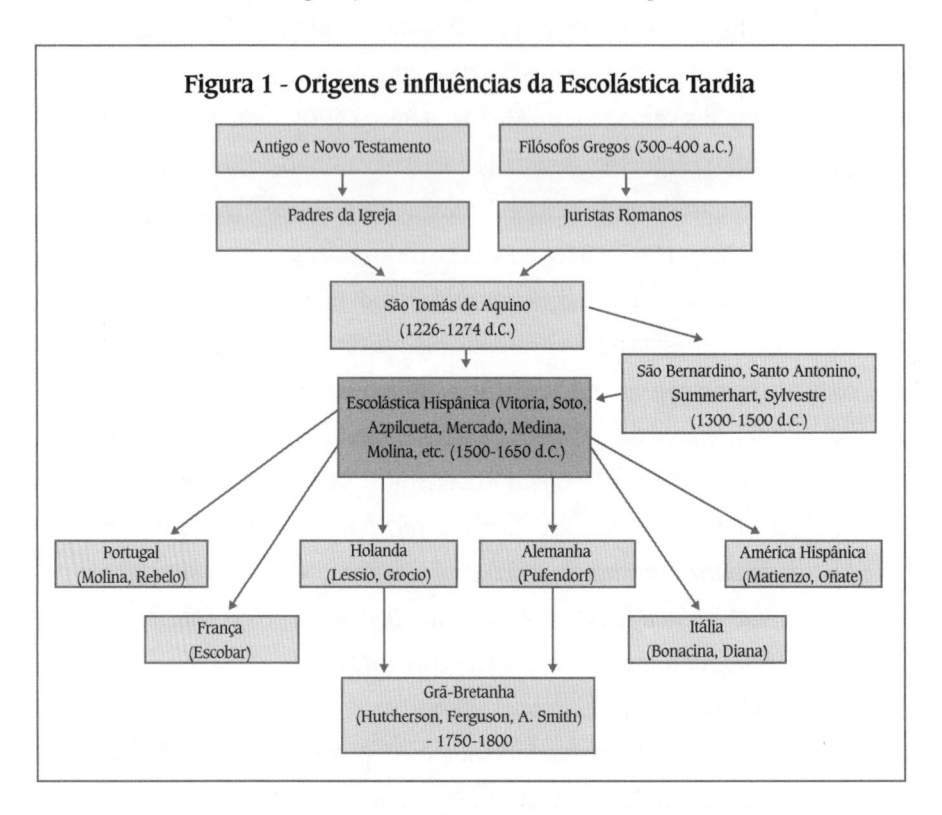

Figura 1 - Origens e influências da Escolástica Tardia

```
┌─────────────────────────┐         ┌─────────────────────────────┐
│ Antigo e Novo Testamento│         │ Filósofos Gregos (300-400 a.C.)│
└───────────┬─────────────┘         └─────────────┬───────────────┘
            ▼                                     ▼
┌─────────────────────────┐         ┌─────────────────────────────┐
│    Padres da Igreja     │         │       Juristas Romanos      │
└───────────┬─────────────┘         └─────────────┬───────────────┘
            └──────────────┬──────────────────────┘
                           ▼
              ┌─────────────────────────┐
              │   São Tomás de Aquino   │
              │    (1226-1274 d.C.)     │
              └───────────┬─────────────┘
                          │           ┌─────────────────────────────┐
                          │           │ São Bernardino, Santo Antonino,│
                          ├──────────▶│  Summerhart, Sylvestre      │
                          ▼           │    (1300-1500 d.C.)         │
        ┌──────────────────────────────┐└─────────────────────────────┘
        │ Escolástica Hispânica (Vitoria, Soto,│
        │ Azpilcueta, Mercado, Medina,        │
        │ Molina, etc. (1500-1650 d.C.)       │
        └──────────────────────────────┘
```

| Portugal (Molina, Rebelo) | Holanda (Lessio, Grocio) | Alemanha (Pufendorf) | América Hispânica (Matienzo, Oñate) |

| França (Escobar) | | Itália (Bonacina, Diana) |

Grã-Bretanha (Hutcherson, Ferguson, A. Smith) - 1750-1800

A árvore genealógica dos escolásticos tardios é apresentada acima na Figura 1, que, também, ilustra o caminho por intermédio do qual suas ideias destes autores se disseminaram pelo mundo ocidental. Luis de Molina e Fernando Rebelo (1546-1608) foram influentes no mundo português, assim como Antonio de Escobar y Mendoza na França – onde Anne Robert Jacques Turgot (1727-1781) compartilhou de muitas das posturas escolásticas – e Leonardo Lessio na Holanda – onde exerceu grande influência sobre Hugo Grotius (1583-1645). Antonino Diana (1585-1663) e Martino Bonacina

(1585-1663) difundiram as ideias escolásticas na Itália, enquanto Juan de Matienzo e Pedro de Oñate estiveram entre aqueles que as introduziram e desenvolveram na América Latina. Na Alemanha, os escolásticos hispânicos influenciaram bastante Samuel von Pufendorf (1632-1694). Por intermédio de Grotius, Pufendorf e Turgot, muitas destas ideias exerceram influência sobre o pensamento econômico anglo-saxão, especialmente na escola escocesa composta por Adam Ferguson (1723-1816), Francis Hutcheson (1694-1746) e Adam Smith (1723-1790)[16].

---

[16] Em suas *Lectures on jurisprudence*, Adam Smith incluiu muitas referências a Grotius e Pufendorf. As obras destes autores eram de leitura obrigatória nos cursos a que Adam Smith assistiu com seu mestre, Francis Hutcheson. Ver, especialmente: SMITH, Adam. *Lectures on jurisprudence*. Indianapolis: Liberty Press, 1982. Edição espanhola: SMITH, A. *Lecciones sobre jurisprudencia*. Madrid: BOE, 1996.

Capítulo II
A Abordagem Econômica dos Escolásticos

As doutrinas jusnaturalistas proliferaram-se no período pós--tomista da Idade Média. O conceito de Lei Natural foi fundamental nas obras de Joannis Gersonii, Conradus Summenhart, São Bernardino de Siena e Santo Antonino de Florença. A escolástica hispânica, que começou com Francisco de Vitoria, deu continuidade a esta tradição[17].

Para Santo Tomás de Aquino, a Lei Natural era a *"participação da criatura racional na lei eterna ou divina"*. A lei eterna é o plano de Deus para levar seu propósito último a todas as criaturas. A partir deste ponto de vista, a lei natural moral é a participação do intelecto humano no plano de Deus acerca do que é bom ou mau[18]. De acordo com a ética tomista:

---

[17] Não é raro encontrar autores anglo-saxões que, ao analisarem a evolução da lei natural, concentram sua atenção nas obras de Hugo Grotius e Samuel von Pufendorf, negligenciando as contribuições de seus predecessores católicos. Ver, por exemplo: VEATCH, H. B. "Natural Law Dead or Alive". *Literature of Liberty*. Vol. 1 (Oct-Dec. 1978): 7-31.

[18] *Participatio legis aeternae in rationali creatura*. AQUINO. *Summa Theologica*, I-II, qu. 91, art. 2, resp.

O uso inteligente do entendimento humano é uma fonte próxima da lei moral. O uso inteligente do entendimento humano no escrutínio das leis morais é o que chamamos de reta razão. Como a reta razão está fundamentada na natureza humana e na natureza de todas as demais coisas em seu meio ambiente, e como a educação racional a respeito de se uma ação é apropriada ou não ocorre durante o curso natural da vida humana, chamamos a estes juízos da reta razão de leis naturais[19].

As obras de Santo Tomás de Aquino foram o ponto de partida da maioria dos escolásticos. Na tentativa de desenvolver ainda mais esta teoria, surgiram diversas linhas de pensamento. Muitas delas tratavam a lei natural como algo que podia ser compreendido pela razão, porém sem a necessidade de um elaborado processo discursivo. Domingo de Báñez e quase todos os teólogos dominicanos (em especial Vitoria e De Soto) consideravam que os princípios da lei natural eram autoevidentes (*per se nota*). Para Báñez, a lei natural consiste nestes princípios e nas conclusões lógicas que deles decorrem. Oferecia-se o exemplo da regra de ouro de amar ao próximo como a si mesmo e sua relação com a propriedade privada: deste primeiro princípio da Lei Natural, pode-se derivar a conclusão *"não roubarás"*[20].

Podemos distinguir dois aspectos da Lei Natural dentro da escolástica tardia: a lei natural analítica (também chamada de leis da natureza ou a lei da natureza) e a lei natural normativa. A primeira é universal e não pode ser controlada ou modificada pelos seres

---
[19] BOURKE, V. J. "Ethics". *In: New Catholic Encyclopedia. Op. cit.*
[20] BÁÑEZ, Domingo de. *De iustitia et iure decisiones*. Salamanca, 1594, ques. 57, F. 12.

humanos. Pode-se, em troca, tentar compreender tais leis e utilizar estes conhecimentos para alcançar objetivos. Ninguém pode escapar dos efeitos da lei natural. Como estas leis não podem ser violadas e velam por si mesmas, não é necessário impô-las pela força. Segundo Karl Popper (1902-1994), a Lei Natural *"descreve uma uniformidade estrita e invariável que pode se cumprir na natureza, em cujo caso a lei é válida, ou pode não se cumprir – assim, é falsa"*[21].

As leis naturais normativas, em troca, estabelecem preceitos para nosso comportamento. Os seres humanos podem violar as leis naturais normativas, mas não podem evitar as consequências de suas escolhas. Tanto a lei natural analítica quanto a lei natural normativa são de extrema importância para as ordens sociais e econômicas. As possibilidades de sucesso das ações humanas serão maiores quanto mais se acomodarem e tiverem em conta ambos os aspectos da Lei Natural.

Os doutores escolásticos atribuíam grande relevância aos aspectos jurídicos e éticos da lei natural normativa. Teriam descartado o conceito de propriedade privada se, por exemplo, tivessem descoberto que esta instituição é contrária à lei natural. Embora a ideia de lei natural analítica não tenha sido definida explicitamente, está implícita em quase todas as obras escolásticas e contribuiu para o desenvolvimento das teorias jusnaturalistas.

O conceito analítico de lei natural está fortemente relacionado com os conceitos éticos e jurídicos, já que forma parte da "ordem da razão". Se percebemos a relação entre a racionalidade e a natureza humana a partir da concepção escolástica, é possível concluir que toda

---

[21] POPPER, K. *La sociedad abierta y sus enemigos*. Buenos Aires: Paidós, 1967. p. 87. Popper acredita na existência de leis naturais no campo da vida social, *"tais como aquelas enunciadas pelas teorias econômicas modernas"*. Idem. *Ibidem*, p. 102.

lei científica verdadeira é, da mesma maneira, uma lei natural analítica. Santo Tomás de Aquino escreveu que tudo aquilo que é contrário à ordem da razão também se opõe à natureza humana *per se*[22].

Em seu tratado clássico, John Finnis assinalou que, para Tomás de Aquino, a maneira de descobrir o que é moralmente correto (virtude) e incorreto (vício) não é se perguntando somente se esse ato está de acordo com a natureza humana, mas, sim, o que a razão nos diz a respeito[23]. Na escolástica tardia, também se definia a lei natural como aquilo que a razão nos diz acerca da natureza das coisas[24].

A partir desta perspectiva, o bem sempre se encontra dentro da ordem da razão e o mal se encontra fora dela. Tal análise também se fundamenta no pensamento tomista[25]. A virtude não somente é razoável, mas também torna bons o homem e suas obras.

Entretanto, para determinar se uma ação, um raciocínio ou alguma coisa são razoáveis, devemos forçosamente analisar relações de causa e efeito, e este processo requer estudo e pesquisa científica. Para Santo Tomás, todo conhecimento da verdade é fruto de irradiação e participação da lei eterna. Toda lei que possa ser catalogada

---

[22] AQUINO. *Summa theologica*, I-II, qu. 71, art. 2, resp. Texto em latim: "*Et ideo id quod est contra ordinem rationis proprie est contra naturam hominis inquantum est homo; quod autem est secundum rationem est secundum naturam hominis inquantum est homo*".

[23] FINNIS, J. *Natural Law and Natural Rights*. Oxford: Clarendon Press, 1980. p. 36.

[24] Esta definição é analisada em: JUAN CRAVERO, J. M. *La ley Natural en la filosofía económica de Fray Tomás de Mercado (d. 1757)*. Buenos Aires: Facultad de Ciencias Sociales y Económicas de la Pontificia Universidad Católica Argentina Santa María de los Buenos Aires, 1983. [Biblioteca del Pensamiento Económico Latinoamericano del Período Hispano (Bíbleh). Consejo Nacional de Investigaciones Científicas y Técnicas (Conicet), Seria Ensayos y Conferencias, nº 2].

[25] "*Unde virtus humana, quae hominem facit bonum, et opus ipsius bonum reddit, intantum est secundum naturam hominis inquantum convenit rationi; vitium autem intantum est contra naturam hominis inquantum est contra ordinem rationis*". AQUINO. *Summa theologica*, I-II, qu. 71, art. 2, resp.

como conhecimento (as leis verdadeiras) é também uma lei natural (a participação da criatura humana na natureza divina)[26].

1 - A Natureza da Ética

O ser humano sempre se preocupou em saber o que é bom e o que é mau. Interessa-se pela bondade ou pela maldade de suas ações e das do próximo; também questiona, nestes termos, as instituições sociais e as leis. A preocupação pelo dever ser sempre existiu, porém nem sempre foi o que mais impulsionou os pensadores. Desde os primeiros escritos dos autores gregos até pelo menos o século XVII, a questão ética e moral eclipsou todos os demais tipos de abordagens. Isto não significa que, durante esse período, tenha se dado pouca importância ao estudo do ser das coisas, ou que não se descobriram relações de causa e efeito que estivessem livres de juízos de valor. Entretanto, significa que tais questões estavam subordinadas à questão moral.

Moral e ética têm sido utilizadas, em geral, como sinônimos. Ambos os termos têm a mesma origem[27] e derivam da palavra

---

[26] AQUINO. *Summa theologica*, qu. 91, art. 2. Nem todas as leis eternas podem ser conhecidas por intermédio da razão. Mediante a razão especulativa, podemos adquirir os conhecimentos de certos princípios gerais, porém não um conhecimento apropriado de cada princípio particular: "*Et ideo sicut ex parte rationis speculativa, per naturalem participationem divinae sapientiae, inest nobis cognitio quorundam communium principiorum, non autem cuiuslibet veritatis propria cognitio, sicut in divina sapientiae continetur*", a. 3. A lei natural é ditada pela razão prática e, mediante ela, discernimos o que é bom do que é mau, e todos os preceitos da lei natural partem do princípio de que há de se evitar o mal e fazer o bem; por isso, tudo aquilo que a razão prática nos diz que é bom ou mau para o homem pertence também aos preceitos da lei natural: "*Hoc est ergo primum praeceptum legis, quod bonum est faciendam et prosequendum, et malum vitandum. Et super hoc fundatur onmia alia praecepta legis naturae, quae ratio practica naturaliter apprehendit esse bonna humana*", qu. 94, art. 2. A lei natural pertence à esfera da razão prática e à razão humana que compete proceder dos primeiros princípios e chegar a conclusões mais específicas. I-II, qu. 91, art. 3.

[27] FERRATER MORA, J. *Diccionario de filosofia*. Buenos Aires: Editorial Sudamericana, 1975. Tomo II, p. 232-235.

"costume". Moral, enquanto ciência, significa uma filosofia dos costumes. De acordo com José Ferrater Mora, "o ético se identificou cada vez mais com o moral, e a ética chegou a significar propriamente a ciência que se ocupa dos objetos morais em todas as suas formas, a filosofia moral"[28].

Muitos identificam a moral com "aquilo que é bom". Com um pouco mais de elaboração, alguns assinalam que a moral, ou a ética, é a ciência do *dever ser,* a ciência do bem e do mal. Utilizaremos a definição de moral como a ciência que trata do bem em geral e das ações humanas com respeito à sua bondade ou à sua maldade.

O moralista espanhol Antonio Peinador Navarro realiza uma boa e concisa análise sobre este ponto:

> *Aquilo que é moral é, no homem, um valor ou uma realidade que decorrem do exercício de sua liberdade, atributo essencial e específico a ele, como propriamente seu, em comparação com os seres inferiores. Onde o homem não age livremente, não pode haver moral ou moralidade. Pelo contrário, a moralidade não pode estar ausente da atividade livre ou humana em sentido próprio.*[29]

Mais adiante, o autor distingue entre o mundo – ou ordem física –, cujo autor único, de acordo com a teologia cristã, é Deus, por cuja virtude se move e opera tudo o que está nele contido, e o mundo – ou ordem moral –, cujo autor é o homem. Define-se esta ordem moral como a disposição conveniente das ações livres com respeito a Deus, fim último de tudo quanto existe. A ordem moral

---

[28] Idem. *Ibidem.*
[29] PEINADOR NAVARRO, A. *Tratado de moral profesional.* Madrid: BAC, 1969. p. 11.

inclui, da mesma maneira, aquilo que existe fora do homem, *"a ele sujeitado ou do que pode utilizar para os fins que lhe são próprios"*[30].

Seguindo com os princípios da ética cristã, embora o homem seja, em um sentido, autor da ordem moral, não se deve negligenciar a dependência que o homem tem para com Deus. Esta dependência é livre:

> *O homem é livre para se dirigir ou não para o fim que lhe foi assinalado por Deus; porém Deus deixaria de ser a causa primeira e o fim último caso o homem fosse livre para se impor o fim último de sua vida ou para conseguir o que Deus lhe assinalou por caminhos diversos daqueles que, em sua infinita sabedoria, foram por Ele traçados*[31].

Esta ordem moral está composta por uma ordem moral natural (cognoscível pela inteligência humana) e uma ordem moral sobrenatural. O homem age livremente dentro desta última ordem, obedecendo a leis e perseguindo um fim *"que somente tem podido e pode conhecer, que somente tem podido e pode pretender, com a ajuda da luz da revelação e da graça, que o torna partícipe da natureza divina"*[32].

Sintetizando, podemos dizer que o objeto material da ética é a ação humana, livre e racional. Tal ação humana é estudada sob o ponto de vista da bondade ou da maldade das ações (o objeto formal da ética). Esta bondade ou esta maldade são determinadas quanto ao objetivo do sujeito agente. Para a ética cristã, será boa (má) toda ação que aproxime (afaste) o homem de seu Criador ou, em outras palavras, tudo aquilo que contribua para a perfeição (imperfeição) da pessoa. A ética é uma disciplina normativa que estuda a conduta humana voluntária, inclusive *"todas as ações e omissões sobre as*

---
[30] Idem. *Ibidem*, p. 12.
[31] Idem. *Ibidem*.
[32] Idem. *Ibidem*.

quais o ser humano exerce um controle pessoal, porque deseja e entende essas ações (e omissões) com relação a um objetivo que tem em vista"[33].

As ações humanas voluntárias são também objeto de outras ciências: a economia, a sociologia e a psicologia, por exemplo. O propósito destas ciências, seu objeto formal, não é como o ser humano deve agir, mas, sim, como age. O objeto da filosofia moral é estudar a ação humana com o propósito de determinar quais ações são boas e corretas e quais é melhor que sejam realizadas (ou más, incorretas, e que deveriam ser evitadas) para que o homem possa viver bem[34]. As demais ciências, por sua vez, são não normativas e, portanto, ficam de fora do âmbito da ética. Conforme assinalamos no início, tais ciências, durante muitos séculos, estiveram subordinadas à moral, porém o fato de terem sido utilizadas como meio não modifica em nada sua natureza.

A partir da perspectiva da ética, não é suficiente saber como e por que o homem age. É necessário conhecer também quais dessas ações são boas e quais são más. Os escolásticos estudaram a ação humana segundo esta perspectiva moralista.

2 - A Natureza da Economia. Política Econômica

Não é de se estranhar que a palavra "economia" apresente um significado muito distinto para diversas pessoas. No dicionário da Real Academia Espanhola, aparecem seis significados, além da definição da economia como ciência.

---

[33] BROWN, I. C. "Natural Law in Economics". In: *New Catholic Encyclopedia. Op. cit.*
[34] Esta definição é bem semelhante à apresentada em: BOURKE, V. J. "Ethics". *In: New Catholic Encyclopedia. Op. cit.*

É indubitável que, em vários campos da economia, por exemplo, em discussões e tópicos de política econômica, sejam abundantes os juízos de valor. Por política econômica, entendo as ações dos seres humanos que configuram a ordem econômica por intermédio da promulgação de um marco jurídico específico (também considero que é uma decisão de política econômica determinar a não intervenção do aparelho coercitivo na economia)[35].

Basta ler uma publicação econômica para percebermos a assiduidade com a qual os economistas realizam juízos éticos. Podemos ler e ouvir que esta ou aquela medida econômica são boas ou más, que uma medida é melhor do que outra ou que o desenvolvimento econômico é o objetivo da economia. Para realizar tais juízos, o economista deve se basear nos ensinamentos da ética, ou seja, deve conhecer a ética para poder realizar juízos ético-econômicos. São muitos os que tentam provar a conveniência da liberdade econômica por intermédio de argumentos puramente quantitativos. Convém recordá-los de que nenhuma análise puramente quantitativa pode proporcionar um critério qualitativo[36].

De acordo com Carl Menger (1840-1921), a política econômica é a *"ciência dos princípios básicos que devem ser adotados pelas autoridades públicas para o desenvolvimento apropriado de uma economia (apropriado às condições)"*[37]. A determinação do que é

---

[35] Kenneth J. Arrow (1921-2017) observou que, enquanto novas leis são discutidas, as leis preexistentes mantêm sua vigência, porém *"isto não significa que não há escolha, mas, sim, que se escolhe a alternativa nula"*. ARROW, K. "Public and private values". *In*: HOOK, S (ed.). *Human values and economic policy*. New York: New York University Press, 1967. p. 6. Em espanhol: ARROW, K. *Elección social y valores individuales*. Madrid: Centro de Publicaciones del Ministerio de Economía y Hacienda, 1974.

[36] Em setembro de 1986, o filósofo italiano Vittorio Mathieu recordou a respeito deste ponto aos economistas liberais positivistas que são tão abundantes na Sociedade Mont Pèlerin (este autor é membro desta sociedade). Citado em: VAUBEL, R. "The Philosophical Basis of the Free Society". *ORDO*, Vol. 37 (1987).

[37] MENGER, C. *Problems of Economics and Sociology*. Urbana: University of Illinois Press, 1963. p. 211.

apropriado implica a necessidade de realizar juízos de valor. Por causa disso, Lionel Robbins (1898-1984) sugeriu que a teoria da economia política *"deve obter seus critérios últimos de fora da economia"*[38]. Primeiramente, devemos estabelecer uma série de valores morais que depois, por sua vez, determinarão as finalidades da política econômica. Por outro lado, é possível conceber a política econômica como uma tecnologia. Como tal, não entra no campo da ética. As tecnologias não nos explicam o dever ser das coisas.

> *Seu problema consiste, em troca, determinar os princípios básicos mediante os quais, de acordo com as diversas condições, é mais apropriado realizar esforços de um certo tipo. Ensinam-nos como se supõe que devam ser as circunstâncias para certos objetivos humanos poderem ser alcançados. No campo da economia, tecnologias deste tipo são a política econômica e as ciências financeiras*[39].

Historicamente, a economia de mercado é a política econômica que mais favoreceu o desenvolvimento produtivo. A economia de mercado é o sistema de política econômica baseado no respeito pela propriedade privada. Este respeito pela propriedade dos demais permite que cada um utilize sua propriedade a seu bel-prazer, possibilitando a troca voluntária de bens e o eventual aparecimento do mercado e das trocas indiretas[40]. Esta definição aplica-se tanto ao regime de economia social de mercado quanto ao sistema de *laissez-faire*, ou a uma economia mista com preponderância do setor privado. Esta política, como qualquer outra, pode e deve ser analisada moralmente.

---

[38] ROBBINS, L. *The Theory of Economic Policy in English Classical Political Economy*. London: Macmillan, 1952. p. 176-77.
[39] MENGER, C. *Problems of Economics and Sociology*. *Op. cit.*, p. 211.
[40] Trocas realizadas com dinheiro.

Durante o período escolástico, quase todas as análises científicas eram feitas a partir da ética. Os doutores lidavam com todo o espectro das ações humanas e, consequentemente, também indagavam acerca da bondade ou da maldade desta ou daquela ação ou legislação econômica. Uma pessoa tem direito de exigir juros em troca de um empréstimo? Qual é o preço que pode ser cobrado pelas mercadorias? O lucro é justo? É bom ou mau que o governo aumente a quantidade de moeda? É pecaminoso sonegar impostos? O contrabando é imoral? Para poder responder a estas perguntas de *"dever ser"*, não há outra coisa a fazer senão, primeiramente, conhecer como os preços são determinados, qual é a natureza da taxa de juros, como os lucros se formam e quais são as causas e os efeitos da inflação. Ou seja, os moralistas medievais tiveram de adotar uma atitude de cientistas da economia. Se, por exemplo, os efeitos da inflação monetária são prejudiciais para a moral, então deverão ser condenadas as ações e as ideias que produzem este fenômeno (as ações que levam a produzir um fato moralmente mau também o são, na maioria dos casos).

3 - A Economia como Ciência

Ao longo dos séculos, os objetos material e formal da ciência econômica foram definidos de diversas maneiras[41]. Sem grande risco de incorrermos em erro, podemos dizer que, por volta de fins do século XIX, criou-se um crescente consenso de que o agir humano, e não a riqueza, é o objeto da ciência econômica[42]. A partir daí, contudo,

---

[41] Ver: KIRZNER, I. *The Economic Point of View*. Kansas City: Sheed and Ward, 1976.
[42] Israel Kirzner assinala que podemos entender a ciência econômica somente quando nosso foco se concentra sobre a compreensão da natureza da ação humana. Ver: KIRZNER, I. *The Economic Point of View. Op. cit.*, p. 184.

subsistem diversas definições do objeto formal da economia. Charles Gide (1847-1932) assinalava que a economia estuda a ação humana que tende a satisfazer necessidades materiais. Uma ação é econômica quando tem por objetivo satisfazer a tais necessidades[43]. Esta maneira de definir o objeto formal ainda é popular entre muitos economistas.

Paralelamente, desenvolveu-se outra corrente de pensamento, na qual o objeto formal da economia é definido de maneira ainda mais ampla. Nas palavras de Israel Kirzner, a esfera da economia "é maior do que foi tradicionalmente definido por economistas e compreende toda a ação humana". Talvez tenha sido Nassau Senior (1790-1864)[44] quem deu os passos iniciais nesta definição.

São muitos os economistas dignos de nota que consideraram e consideram que a economia *"não limita seu campo de ação ao aspecto meramente material"*[45]. Ludwig von Mises (1881-1973)[46] e Murray N. Rothbard (1926-1995)[47] são, possivelmente, os autores que mais enfatizaram este ponto. Conforme sintetizado por Rothbard, o objeto formal da economia é a dedução das implicações lógicas da ação humana[48]. Estas formam o conjunto de ideias que podem ser deduzidas do fato de que o homem age e são independentes do fim material ou espiritual da ação. De acordo com Alberto Benegas Lynch, do ponto de vista do objeto formal da economia, *"não há diferença entre as*

---

[43] GIDE, C. *Curso de economía política.* Paris: Bouret: 3ª ed., 1919. p. 3.
[44] SENIOR, N. W. *An Outline of the Science of Political Economy.* New York, 1836. p. 27.
[45] BENEGAS LYNCH, A. *Fundamentos de análisis económico.* Buenos Aires: Abeledo-Perrot, 1985. p. 38.
[46] MISES, L. *Epistemological Problems of Economics.* Trad. George Reisman. New York: New York University Press, 1981; MISES, L. *The Ultimate Foundation of Economic Science.* Kansas City: Sheed, Andrews & McMeel, 1978.
[47] ROTHBARD, M. N. *Man, Economy and State.* Los Angeles: Nash, 1970.
[48] ROTHBARD, M. N. *Individualism and the Philosophy of Social Sciences.* San Francisco: Cato Institute, 1980. p. 37. Na Argentina, o professor Gabriel Zanotti chega às mesmas conclusões. Ver especialmente: ZANOTTI, G. *Fundamentos filosóficos y epistemológicos de la praxeología.* Tucumán: Unsta, 2004.

ações que se traduzem em preços monetários e as que se traduzem em preços não monetários"[49].

As ações que ocorrem no mercado (e que, portanto, produzem preços monetários) são estudadas pela cataláctica (ou ciência das trocas) a qual, por sua vez, consiste em um ramo, talvez o mais desenvolvido, da economia. Uma das definições mais populares de ciência econômica é a de Lionel Robbins. Para este economista britânico, a economa é *"o estudo do comportamento humano relacionado à alocação de meios escassos e de uso alternativo para a consecução de fins"*[50]. Tais autores concordam em que a teoria econômica não se preocupa em analisar a bondade ou a maldade das ações humanas.

Outras definições, como as de economistas tão distintos quanto Paul Samuelson (1915-2009)[51] e Ludwig von Mises[52]. também tratam a economia como uma ciência não normativa. Assim como na ética, o objeto material da ciência econômica é a ação humana (definida como ato voluntário, inteligente e livre). Contudo, diferentemente da ética, o objeto formal da economia é a dedução das implicações lógicas da ação humana (o conjunto de ideias que podem ser deduzidas do fato de que o homem age),

---

[49] ZANOTTI. *Fundamentos filosóficos y epistemológicos de la praxeología.* Op. cit., p. 41. Murray Rothbard assinala que, *"sob nenhum aspecto, o 'econômico' é equivalente ao 'material'"*. ROTHBARD. *Man, Economy and State.* Op. cit., p. 10.
[50] ROBBINS, L. *An Essay on the Nature and Significance of Economic Science.* London: Macmillan, 1935. p. 16.
[51] Paul Samuelson definiu a economia como *"o estudo de como as pessoas e as sociedades escolhem, utilizando dinheiro ou não, como usar os fatores produtivos escassos, os quais têm usos alternativos, para produzir diversos bens em um certo período de tempo e distribui-los para seu consumo, atual e futuro, entre diversas pessoas e grupos na sociedade"*. SAMUELSON, Paul. *Economics: An Introductory Analysis.* New York: McGrawHill, 7ª ed. 1967. p. 5.
[52] Para Ludwig von Mises, a economia *"é uma ciência teórica e, como tal, se abstém de qualquer julgamento de valor. Não lhe cabe dizer que fins as pessoas deveriam almejar. É uma ciência dos meios a serem aplicados para atingir os fins escolhidos e não, certamente, uma ciência para escolha dos fins. Decisões finais, a avaliação e a escolha dos fins, não pertencem ao escopo de nenhuma ciência"*. MISES, Ludwig von. *Ação Humana: Um Tratado de Economia.* Trad. Donald Stewart Jr. São Paulo: Instituto Ludwig von Mises Brasil, 2010. p. 30.

que são independentes do fim material ou espiritual da ação. Muitas destas ações ocorrem no mercado e por isso, às vezes, fala-se em "economia de mercado". Na verdade, os postulados científicos da economia são corretos ou equivocados, completos ou incompletos, porém não são nem justos ou injustos, nem bons ou maus. A economia estuda relações de causa e efeito que, caso sejam verdadeiras, constituirão uma ciência. Por isso, é inapropriado estabelecer juízos éticos a respeito das leis da teoria econômica.

4 - As Relações entre Economia e Moral

Dizemos que, por sua natureza, a ciência econômica não é normativa. A tarefa de um economista, como cientista, não consiste em formular juízos de valor. Contudo, o pensamento econômico pode acontecer somente nas mentes de humanos, seres que valorizam e que julgam moralmente.

O homem não pode divorciar sua racionalidade de sua moralidade. Inclusive a decisão de raciocinar e de pensar acerca de um dado tema é suscetível de ser julgada moralmente. Sem dúvida, os valores éticos afetam os tópicos que cada economista estuda e podem também influenciar as conclusões de sua análise. Este fato, contudo, não concede um caráter normativo à economia, mas, sim, à ação do economista (que, como toda ação humana, pode ser julgada moralmente)[53].

---

[53] Milton Friedman fez uma reflexão semelhante: *"Além do mais, os economistas não são somente isso, mas também são seres humanos, e seus próprios valores indubitavelmente afetam a sua economia [ciência]. Uma economia livre de juízos de valor é um ideal e, como acontece com quase todos os ideais, costuma se caracterizar pela sua violação. Sem dúvida, os juízos de valor de um economista influenciam a seleção de seus tópicos de análise, e talvez também em suas conclusões. E, como já foi sugerido, as conclusões irão afetar seus juízos de valor. Apesar disso, não altera o ponto fundamental de que, a princípio, não há juízos de valor em economia".* FRIEDMAN, M. "Value Judgements in Economics". *In*: HOOK, S. (Ed.). *Human Values and Economic Policy: A Symposium*. New York: New York University, 1967. p. 86. Friedman acrescenta, mais adiante, que também não há dúvidas de que existe uma relação entre os juízos de valor de uma pessoa e aquilo que presume a respeito dos fatos. Idem. *Ibidem*, p. 88.

Podemos encontrar, inclusive entre os economistas mais aferrados aos dogmas positivistas, juízos supostamente objetivos que indicam uma posição valorativa. Milton Friedman (1912-2006), por exemplo, assinalou que, para obter preços estáveis, a política econômica mais eficaz é a de emitir moeda a uma taxa de 3 a 5% anual. Este juízo não é valorativo. Contudo, quando Friedman passa a recomendar a aplicação desta "regra monetária", está assinalando implicitamente que, para ele, esta política monetária é melhor do que as outras (por exemplo, a privatização da moeda ou o padrão-ouro). Tal juízo supõe um juízo de valor. O economista, enquanto conselheiro ou burocrata, deve se perguntar: o sistema monetário deve ou não respeitar o direito à propriedade privada? É bom que o Estado tenha o controle da moeda? Por definição, estas perguntas normativas não podem ser respondidas pela ciência econômica (já que não se trata de uma ciência normativa). Os princípios diretores devem, portanto, vir de fora da economia.

No diagrama 1, podemos ver a relação que existe entre estes distintos campos do saber.

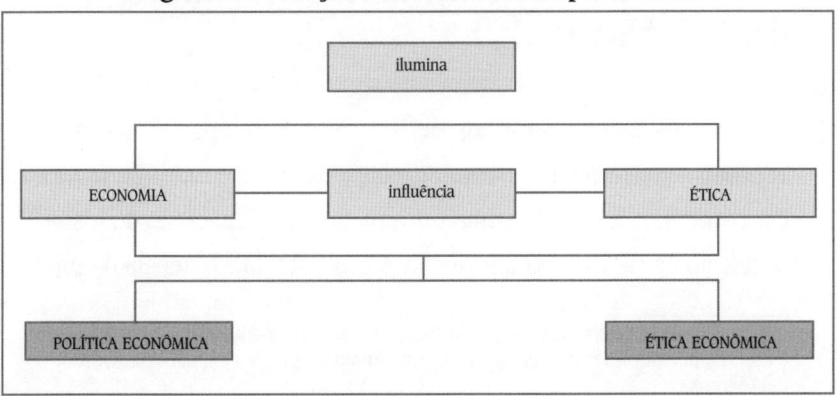

Diagrama 1 - Relação entre distintos campos do saber

A ética ilumina a economia, já que proporciona orientações para a realização da análise científica. As vantagens do rigor científico, da objetividade e de outros valores essenciais para o estudo da economia fazem parte da contribuição da ética à análise econômica. A ética, ademais, proporciona o complemento (alimento) indispensável para que os raciocínios econômicos se tornem juízos ético-econômicos. Tais juízos são fortemente influenciados pelo conhecimento da análise econômica do sujeito que os elabora. As ideias da ética econômica, por sua vez, influenciarão no processo de seleção dos tópicos dos pesquisadores econômicos. Finalmente, as ações humanas que tendem a elaborar uma política econômica receberão influência tanto das ideias econômicas quanto das ideias normativas acerca da economia de todos aqueles que participam do processo político de estruturar um marco jurídico. Podemos dizer que, enquanto a ética econômica deveria orientar este processo (assinalar quais objetivos econômicos são bons, ou preferíveis), os conhecimentos econômicos influenciarão na seleção dos meios para alcançar os objetivos desejados[54].

5 - A Importância das Doutrinas da Lei Natural

Os escolásticos tardios derivaram sua perspectiva ética do conceito tomista referente à inter-relação entre a lei natural, a ética e a economia. A partir de uma ótica medieval, a aplicação do jusnaturalismo às ciências sociais leva à postulação da existência de uma

---

[54] A política econômica não recebe influência somente destas ideias, mas também é afetada por outras considerações, como a ânsia de poder, que não analisaremos neste livro.

ordem natural. Em seus esforços para entender a "ordem econômica natural", era lógico que recorressem ao raciocínio econômico[55].

Acreditar na lei natural é acreditar na ordem natural. Inclusive os críticos da abordagem naturalista encontram elementos positivos. Ludwig von Mises[56] reconheceu três contribuições importantes:

1ª) O convencimento acerca da existência de uma ordem natural;

2ª) A importância da razão humana como o único meio para entender a ordem natural;

3ª) O método de julgar a bondade de uma ação por seus efeitos (o que, eventualmente, levou a uma classe especial de utilitarismo).

De fato, toda lei científica é também uma lei natural, algo que os humanos podem compreender, porém não alterar. É sempre útil entender

---

[55] Joseph A. Schumpeter incluiu uma análise muito boa deste ponto em: SCHUMPETER, J. A. *History of Economic Analysis*. New York: Oxford University Press, 1954. p. 110-13. Publicado em espanhol como SCHUMPETER, J. A. *Historia del análisis económico*. Barcelona: Arien, 1996.

[56] "[...] *seria um erro grave ignorar o fato de que todas as variantes da doutrina continham em si uma ideia sólida, que não poderia ser comprometida pela associação com excentricidades indefensáveis nem desacreditada por qualquer crítica. Muito antes dos economistas clássicos descobrirem que há uma regularidade na sequência de fenômenos que ocorrem no campo da ação humana, os defensores da lei natural já tinham uma vaga noção deste fato inexorável. A partir da diversidade estarrecedora de doutrinas apresentadas sob a rubrica de lei natural surgiu finalmente um conjunto de teoremas que cavilação alguma jamais poderá invalidar. Primeiro, existe a ideia de que há uma ordem das coisas, fornecida pela natureza, à qual o homem deve ajustar suas ações se ele quiser ser bem-sucedido. Segundo: os únicos meios disponíveis ao homem para a percepção desta ordem são o raciocínio e o pensamento, e nenhuma instituição social existente está isenta de ser examinada e avaliada pelo raciocínio discursivo. Terceiro: não existe um padrão para se avaliar qualquer modo de ação, seja de indivíduos ou de grupos de indivíduos, além daquele que examina os efeitos de tal ação. Levada até suas últimas consequências lógicas, a ideia da lei natural acabou por chegar ao racionalismo e ao utilitarismo*". MISES, L. *Teoria e História: Uma Interpretação da Evolução Social e Econômica*. São Paulo: Instituto Ludwig von Mises Brasil, 2014. p. 47.

as relações de causa e efeito. Karl Popper escreveu que o conhecimento das leis naturais pode ser utilizado *"com propósitos técnicos, e podemos enfrentar dificuldades por não as conhecer por completo"*[57]. Ainda que o conhecimento da lei natural possa ser facilitado pela revelação, a razão sempre precisa ser empregada para sua descoberta.

Assim, podemos entender que era lógico para os escolásticos usar argumentos utilitaristas para provar alguma coisa considerada natural. O impacto da Lei Natural na análise escolástica tardia está refletido na Figura 2 abaixo. A Lei Natural, tanto em seu aspecto analítico quanto normativo, deriva da Lei Eterna. A Lei Natural influencia, mas não determina o raciocínio ético. Tanto a lei natural normativa quanto a analítica influenciam na política econômica, nas doutrinas econômicas e na ética econômica.

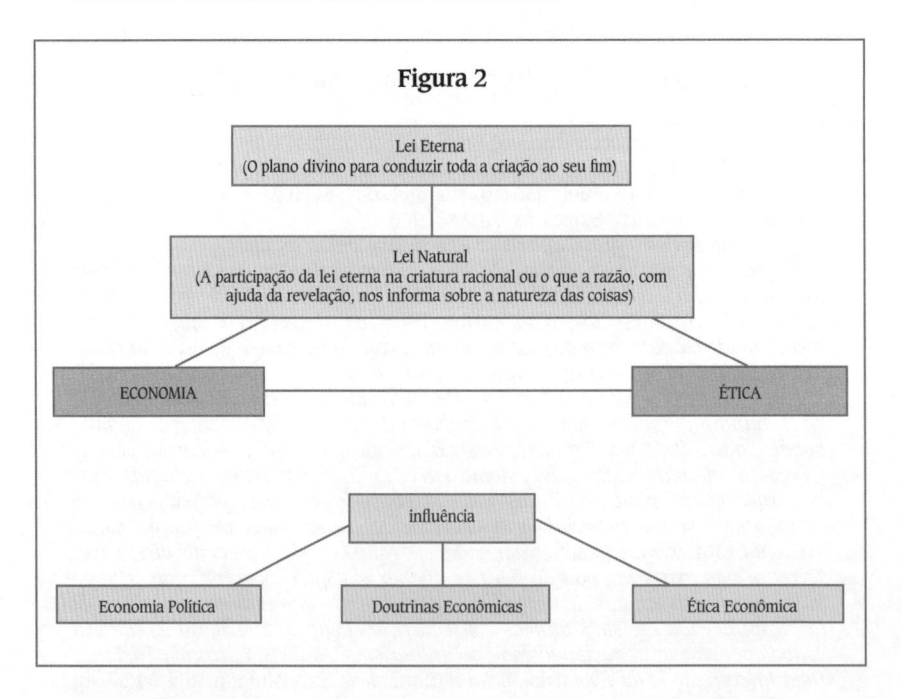

Figura 2

Lei Eterna
(O plano divino para conduzir toda a criação ao seu fim)

Lei Natural
(A participação da lei eterna na criatura racional ou o que a razão, com ajuda da revelação, nos informa sobre a natureza das coisas)

ECONOMIA — ÉTICA

influência

Economia Política — Doutrinas Econômicas — Ética Econômica

---

[57] POPPER, K. *La sociedad abierta. Op. cit.*, p. 88.

Esta maneira de entender a Lei Natural e a ação humana exerceu uma influência significativa nas bases e premissas do pensamento econômico moderno. Conforme escreveu Joseph Schumpeter:

> *A doutrina da lei natural, que no século XVI cresceu até se transformar em uma disciplina independente, ainda é da maior importância para nós. É difícil ter uma ideia adequada do grau de progresso científico produzido com esta estrutura.*[58]

---

[58] SCHUMPETER, J. A. *Economic Doctrine and Method*. New York: Oxford University Press, 1954. p. 19-20.

Capítulo III
A Propriedade Privada

Um certo dia, São Francisco de Assis transitava por uma cidade e, diante dele, apareceu um endemoniado que, assim que o viu, perguntou: "Qual é o pior pecado do mundo?" São Francisco respondeu que o pior pecado do mundo era o homicídio. O endemoniado respondeu que há um pecado ainda maior que o homicídio. Então, São Francisco disse: "Em virtude de Deus, diga-me, qual pecado é ainda maior do que o homicídio" O diabo respondeu que ter bens que pertencem ao próximo era um pecado maior do que o homicídio, porque mais pessoas vão para o inferno por esta razão do que por qualquer outra[59].

Continuando com a tradição tomista, os escolásticos tardios deram muita importância à justificação da propriedade privada. Seu objetivo era comprovar se o direito à propriedade privada estava de acordo com a lei natural e com a lei divina. Alguns autores da primeira escolástica argumentaram contra este direito, criticando aqueles que possuíam riquezas e recomendando a propriedade comum. Santo Tomás de Aquino e os escolásticos tardios rejeitaram esta condenação, fundamentando suas razões em argumentos evangélicos e em uma profunda análise da ação humana.

---
[59] História contada por São Bernardino de Siena no sermão XXVII de "De amore irato". *Opera omnia*. Veneza, 1591. p. 9.

Aqueles que se opunham à propriedade privada frequentemente se miravam no exemplo da passagem do jovem rico (Lucas 18, 18-25). Um jovem, membro de uma das principais famílias, aproximou-se de Jesus e perguntou:

> *Um homem de posição perguntou então a Jesus: "Bom Mestre, que devo fazer para ter a vida eterna?" Jesus respondeu-lhe: "Por que me chamas bom? Ninguém é bom senão só Deus. Conheces os mandamentos: não cometerás adultério; não matarás; não furtarás; não dirás falso testemunho; honrarás pai e mãe". Disse ele: "Tudo isso tenho guardado desde a minha mocidade". A estas palavras, Jesus lhe falou: "Ainda te falta uma coisa: vende tudo o que tens, dá-o aos pobres e terás um tesouro no céu; depois, vem e segue-me". Ouvindo isto, ele se entristeceu, pois era muito rico. Vendo-o entristecer-se, disse Jesus: "Como é difícil aos ricos entrar no Reino de Deus! É mais fácil passar o camelo pelo fundo duma agulha do que um rico entrar no Reino de Deus".*

Muitos interpretaram que, com esta atitude, Nosso Senhor Jesus Cristo condenava a posse de riquezas. Os escolásticos tardios indicaram, contrariamente, que esta não seria a interpretação correta. Para isso, citavam Lucas 14,26, em que Jesus Cristo diz: "Se alguém vem a mim e não odeia seu pai, sua mãe, sua mulher, seus filhos, seus irmãos, suas irmãs e até a sua própria vida, não pode ser meu discípulo".

Os escolásticos esclareciam que, nesta passagem, o Senhor não ordena, não manda odiar aos pais; tal doutrina seria antagônica ao mandamento de honrar pai e mãe. A interpretação escolástica e tomista deste versículo é a de que todos aqueles que valorizarem alguma coisa mais do que a Deus (seu Criador) terão negada sua entrada no reino eterno[60]. No Evangelho de São Mateus (10,37), lê-se na passagem anterior: "Quem ama seu pai ou sua mãe mais que a mim não é digno de mim. Quem ama seu filho mais que a mim não é digno de mim".

Valorizar alguma coisa acima de seu Criador, assim como fez o jovem rico ao preferir as riquezas em vez do mandato divino, é ir na direção contrária da ordem natural[61]. Tal como indicado no Evangelho de São Lucas (12,29-31):

> *Não vos inquieteis com o que haveis de comer ou beber; e não andeis com vãs preocupações. Porque os homens do mundo é que se preocupam com todas estas coisas. Mas vosso Pai bem sabe que precisais de tudo isso. Buscai antes o Reino de Deus e sua justiça e todas estas coisas vos serão dadas por acréscimo.*

Com relação à riqueza, os escolásticos recordavam que, de acordo com os padrões da época, muitas pessoas próximas de Nosso Senhor eram "ricas". José era proprietário de um ateliê de carpintaria;

---

[60] Santo Tomás de Aquino escreveu que *"o rico do Evangelho é repreendido porque acreditava que os bens exteriores eram principalmente seus, como se não os tivesse recebido de outro, isto é, de Deus"*. AQUINO. *Summa theologica*, II-II, q. 66, art. 1, resp. 2.

[61] Quase todos os escolásticos citavam as mesmas passagens. Villalobos, por exemplo, escreveu: "E não obsta contra conclusão o que disse Cristo: qu. *Nisi quis renunciaverit omnibus qui possidet, non potest meus esse discipulus*; porque no mesmo capítulo, também diz: si quis venit ad me & y non odit patrem & matrem & c. E é preceito do contrário. E assim, o sentido destes dois lugares é que se devem deixar estas coisas quando forem estorvo para a vida eterna". VILLALOBOS, H. *Summa de la theologia moral y canónica*. Barcelona, 1632, p. 14. Aragón observou que as palavras de Cristo não se devem considerar como mandamento, mas sim como conselho, e que aqueles que possuem riquezas materiais podem alcançar a vida eterna. ARAGÓN, P. *De iustitia et iure*. Lyon, 1596, p. 109. Depois de analisar o tema de uma maneira semelhante, Báñez estimou que Jesus Cristo condena o amor distorcido e desordenado (amore pravo & inordinato). BÁÑEZ. *De iustitia et iure decisiones*, p. 131.

Pedro tinha seu barco; e Mateus era coletor de impostos. Jesus Cristo elogiou o rico Zaqueu[62]. O poderoso José de Arimateia manteve sua fé no Senhor, mesmo quando os apóstolos duvidavam (Mateus 27,57). Por isso, os escolásticos tardios concluem que Jesus Cristo não condenou a posse de riquezas, mas, sim, o apego a elas[63].

Os oponentes da propriedade privada frequentemente citavam a passagem dos Atos dos Apóstolos 2,44-46: todos os que acreditavam viviam unidos, tendo todos os seus bens em comum; pois vendiam suas posses e fazendas e as distribuíam entre todos, segundo a necessidade de cada um. Assim como Santo Tomás de Aquino[64], os escolásticos tardios recordavam a condenação de Santo Agostinho dos ensinamentos dos chamados "apostólicos". Declaravam que era uma heresia dizer que aqueles que possuíam bens não poderiam entrar no reino dos céus. Leonardo Lessio observava que, nas escrituras, havia muitas passagens indicando que a posse não é um pecado[65].

---

[62] SALÓN, Miguel. *Commentarium in disputationem de iustitia quam habet D. tho. sectione secundae partis suae summa theologicae.* Valencia, 1591, p. 389.

[63] Juan de Medina tinha ideias muito claras a esse respeito. Destacava que, para alcançar a salvação, deve-se renunciar ao afeto de possuir e não ao efeito (*"renunciatione verum quoad affectum, y mentis preparationem, non quoad effectum"*). MEDINA, J. *De contractibus*. Salamanca, 1555. Folio 2.

[64] Santo Tomás de Aquino cita em sua *Summa theologica*, II-II, qu. 66, art. 2, com respeito a Santo Agostinho: *"Santo Agostinho afirma que são chamados de apostólicos aqueles homens que, com muitíssima arrogância, atribuíram-se essa denominação porque não recebiam em sua comunidade aos que usavam de suas mulheres e possuíam coisas próprias, como as possui a Igreja Católica, que também tem monges e multidão de clérigos. Mas aqueles eram hereges, já que se separando da Igreja, acreditam que não têm esperança alguma de salvação os que usam dessas coisas de que eles se abstêm. Assim, é equivocado dizer que não é lícito ao homem possuir coisas próprias".*

[65] LESSIO, L. *De iustitia et iure*. Amberes, 1626, p. 41. No texto latino, lê-se: "*Post peccatum haec dominariorum divisio non solum fuit licita, sed etiam salutaris generi humano. Quod licita fuerit, est certo tenendum. Nam ex multis Scripturae locis constat, licite aliquid tamquam proprium possideri; contratium est heresis quorumdam, qui vocat sunt Apostolici, ut refert D. Aug. Haeresi 40 y Epiphanius haeresi 61, que asserebant hominem non posse salvari, nisi vineret instar Apostolorum, nudus ab omni divitiarum proprietate*".

Miguel Salón também invocava a autoridade de Santo Agostinho[66].

Juan de Medina acrescentou que, embora alguns apóstolos tivessem propriedades, Jesus não ordenou que as abandonassem. De acordo com este autor, a lei natural nem ordena, nem proíbe a divisão de bens[67]. Pedro de Aragón explicou que, se supomos que para certas pessoas é conveniente ter seus bens em comum (como pode ser o caso para os membros das ordens religiosas), disso não se pode concluir que o mesmo valeria como regra para a humanidade em geral[68]. Caso contrário, com o mesmo raciocínio se poderia chegar a dizer que, como é melhor para os religiosos permanecer no celibato, também seria melhor que ninguém contraísse matrimônio.

De acordo com Medina e Aragón, a condenação de Ananias (que aparentou entregar todas as suas riquezas aos apóstolos) não prova que as riquezas são más. Ananias pecou por mentir ao Espírito Santo[69]. Para reforçar seu argumento, Medina cita o Salmo 62,11: *"Crescendo vossas riquezas, não prendais nelas os vossos corações"*[70]. Henrique de Villalobos cita Provérbios 10,22: *"É a bênção do Senhor que enriquece; o trabalho nada acrescenta a ela"*[71].

---

[66] SALÓN. *Commentariorum*, p. 389. O texto latino diz: *"Haec est de fide, Ita. D. Aug. locis citatis, maxime lib. de haeresibus, cap. 40 ubi illos haereticos Apostolicos hoc nomine vocat haereticos, quia contra fidem et Ecclesia Catholica y Apostolorum damnarent rerum divisionem, et propria ac privata dominia, quac fideles habent in suas res"*.

[67] MEDINA. *De contractibus*, p. 140. Na citação completa, lê-se: *"E no testamento novo, ainda que os Apóstolos tinham algo, Cristo não ordenou que o deixassem. E isto não é contrário ao direito natural, pelo qual as coisas são comuns, que isto se há de entender, que não estão divididas pelo direito natural"*.

68 ARAGÓN. *De iustitia et iure*, p. 110-11: *"Hoc supposito dico, quod quanuis simpliciter et per se loqueando, melius sit in communi vivere, quam alio modo: tamen universo generi humano melio est possessio rerum in particulari, propter rationes iam dictas. Unde ad argumentum respondetur concessia maiori, atq: minori negando consequentiam, si loquamur de convenientia respectu totius generis humani"*.

[69] MEDINA. *De contractibus*, p. 2; ARAGÓN. *De iustitia et iure*, p. 111.

[70] *"Divitie si affluant, nolite cor apponere"*. MEDINA. De contractibus, p. 2.

[71] "Benedicto Dei facit divites". VILLALOBOS. *Summa de la theologia moral y canónica*, p. 140.

São Francisco de Sales (1567-1622), com seu inquestionável dom da palavra, explicou da seguinte maneira como é possível ser pobre em meio à riqueza:

Há diferença entre ter peçonha e estar envenenado. Os boticários têm quase todos os venenos para utilizar em determinadas ocorrências, mas nem por isso são venenosos; porque não têm o veneno em seu corpo, e, sim, nas boticas. Assim, também podes ter riquezas sem delas estar envenenado; isto ocorrerá se as tiveres em tua casa ou em tua bolsa, mas não em teu coração. Ser rico em efeito e pobre no apego é a grande felicidade do cristão, pois por este meio tem as comodidades das riquezas para este mundo e o merecimento da pobreza para o outro[72].

Além de defenderem a posse privada de bens com argumentos bíblicos, os filósofos e juristas medievais defenderam a propriedade com uma análise puramente lógica e racional. Demonstraram a conveniência da propriedade privada para o desenvolvimento da humanidade. Os doutores realizavam raciocínios utilitaristas indicando que os bens conservados em propriedade privada são melhor utilizados do que aqueles em comum. Esta explicação implica uma teoria do desenvolvimento econômico: a divisão dos bens, e sua posse por parte de particulares facilita o aumento da produção.

Desde o momento em que Adão e Eva cometeram o pecado original, a Terra deixou de ser um paraíso. As necessidades dos homens tornaram-se bem maiores do que os meios disponíveis para satisfazê-las. Justamente por esses bens serem escassos, a propriedade

---

[72] SALES, São Francisco de. *Introducción a la vida devota*. Madrid: Ediciones Palabra S. A., 1980. (Primeira edição francesa, 1608).

privada era necessária, pois, quando os bens são de todos, não são de ninguém. E ninguém se preocupa por sua manutenção, porém todos querem deles usufruir. Este ponto está claramente ilustrado em um dos sermões populares de São Bernardino, que expomos a seguir:

Já ouviste a história do burro dos três povoados? Aconteceu no Vale da Lua. Ao lado de um moinho, havia um galpão. Três povoados concordaram em comprar um burro e mantê-lo no galpão, para que levasse os grãos dos três povoados até o moinho. Um habitante do primeiro povoado foi buscar o burro, levou-o até sua casa, colocou sobre seu lombo uma boa carga de trigo e o conduziu ao moinho. Durante a moagem, soltou o burro para que pastasse. No entanto, como estava muito pisoteado, o pasto não crescia. Uma vez moído o trigo, o homem apanhou a farinha, colocou-a em cima do burro e a levou para sua casa. Descarregou o burro e o levou de volta ao galpão, dizendo para si mesmo: "aquele que utilizou o burro ontem já deve ter-lhe dado muito pasto. Sem dúvida, agora não precisa de nada". *E assim o deixou. No dia seguinte, outro homem, agora do segundo povoado, foi buscar o burro. Levou-o para sua casa, colocou mais carga do que no dia anterior e, sem ter-lhe dado de comer, levou-o até o moinho. Terminada a moagem e depois de levar a farinha para casa, deixou o burro novamente no galpão, sem lhe dar nada, pensando que o usuário do dia anterior tinha cuidado bem dele. E assim o deixou, sem mais nem menos, enquanto dizia:* "oh, agora estou muito ocupado!". *E assim se passaram dois dias sem que o burro nada comesse. No terceiro dia, chegou alguém do terceiro povoado, retirou o burro e o carregou como nunca antes, enquanto dizia:* "Este é um burro da municipalidade. Deve ser bom!", *e o levou até o moinho. Mas, na hora de voltar, com o trigo já moído, o burro estava mais lento e, volta e meia, parava. Por causa disso, o usuário teve que açoitá-lo com o chicote e, por intermédio de chicotadas e por intermédio de grandes esforços, finalmente conseguiu voltar para casa. Já de volta ao galpão, o burro mal conseguia se mover, e o outro sujeito o instigava com palavrões, dizendo:* "Que burro é este que a municipalidade tem para servir aos três povoados! É uma porcaria!". *Finalmente, depois de umas tantas saraivadas de golpes, chegaram ao galpão. E, também nesse dia, nada foi dado ao burro. Queres saber como terminou? No quarto dia, o burro morreu, e arrancaram sua pele*[73].

Domingo de Soto criticou a propriedade coletiva a partir de uma perspectiva aristotélico-tomista[74]. Declarando que, em um sistema fundamentado na propriedade comum, seria impossível alcançar uma abundância de bens, analisava os efeitos de três tipos diferentes de propriedade coletiva:

1º) Propriedade privada da terra e propriedade coletiva de seus frutos;

2º) Propriedade coletiva da terra e propriedade privada de seus frutos;

---

[73] MIGLIORANZA, F. C. *Vida popular de São Bernardino de Siena*. Buenos Aires: Castañeda, 1977.

[74] As análises de De Soto e da maioria dos autores escolásticos podem ser consideradas como complementares aos raciocínios de Santo Tomás de Aquino. Este último, também partindo de uma perspectiva aristotélica, escreveu que havia três razões pelas quais a divisão de bens era conveniente para a vida humana: *"Primeiro, porque cada um é mais solícito na gestão daquilo que lhe pertence com exclusividade do que naquilo que é comum a todos ou a muitos, pois cada um, fugindo do trabalho, deixa a outro o cuidado do que convém ao bem comum, como acontece quando há multidões de servidores. Segundo, porque se administram de forma mais ordenada as coisas humanas quando a cada um corresponde o cuidado de seus próprios interesses, enquanto a confusão reinaria se cada um cuidasse de tudo indistintamente. Terceiro: porque o estado de paz entre os homens se conserva melhor se cada um está satisfeito com o que é seu, pelo que vemos que, entre aqueles que possuem alguma coisa em comum e pro indiviso, contendas se originam com mais frequência"*. AQUINO. *Summa theologica*, II-II, qu. 66, art. 2, C.

3º) Propriedade coletiva da terra e de seus frutos.

De Soto admitiu que cada um destes sistemas apresenta desvantagens. O primeiro tipo de arranjo levaria a fortes discórdias:

Neste caso, os trabalhos seriam desiguais, dado que quem possui um terreno maior precisa trabalhar mais e os frutos, por sua vez, serão repartidos da mesma maneira para todos, de acordo com a necessidade de cada um; e ninguém aceitaria com o mesmo ânimo que não recebesse tanto quanto tivesse produzido por intermédio de seu trabalho[75].

Também surgiriam problemas se a propriedade da terra fosse coletiva:

Se quisessem que os terrenos fossem comuns, daqui os homens teriam motivos para a indolência e a preguiça, pois é indizível o amor ardente que se tem pelas coisas próprias, e o indolente e preguiçoso que se é para com as coisas comuns. Tal como ocorre que, quanto maior o número de criados, tanto pior o serviço, porque todos esperam que os demais façam o que cada um deveria fazer, assim também aconteceria em uma sociedade semelhante. E, dessa maneira, a partilha dos frutos seria motivo de inveja[76].

As mesmas consequências decorreriam se tanto as terras quanto seus frutos fossem de propriedade coletiva:

---

[75] DE SOTO. *De iustitia et iure*, Livro IV, questão III, p. 297.
[76] Idem. *Ibidem.*

E, como consequência, arrebatariam-se quantos frutos fosse possível, coisa que nesta ocasião todos tentariam fazer em proveito próprio, dada a sede de riquezas dos homens. Por este caminho, era inevitável perturbar a paz e a tranquilidade entre os cidadãos, assim como a amizade que tais filósofos tentavam favorecer[77].

Onde não houvesse divisão de bens, a ordem na sociedade e a cooperação social pacífica e voluntária seriam impossíveis. Ninguém estaria disposto a realizar os trabalhos mais perigosos e o efeito seria *"intranquilizar gravemente a sociedade"*[78]. Não havia somente razões econômicas e políticas a favor da propriedade privada. Os escolásticos estavam extremamente preocupados com os danos morais que seriam produzidos caso ocorresse a coletividade dos bens. *"A virtude da liberalidade desapareceria"*, pois *"quem não possui nada seu não pode ser liberal"*[79]. Também desapareceria a virtude da hospitalidade. A seguir, Domingo de Soto citava a opinião da autoridade de Santo Agostinho que, no ponto 40 de seu livro De haeresibus, escrevia ser uma heresia dizer que os bens não deveriam ser divididos[80]. Conforme o estabelecido no Concílio de Constanza, entre 1414 e 1418, até os clérigos podem possuir bens próprios. Jan Hus (1369-1415) foi condenado por se opor a este princípio.

De Soto respondeu com grande profundidade àqueles que criticavam o regime de propriedade privada por ainda existirem vários males nos lugares onde ocorre a divisão das riquezas.

---

[77] Idem. *Ibidem*. Aqui, Domingo de Soto está falando de filósofos como Platão e, inclusive, Aristóteles, que propunham algum tipo de propriedade comum.
[78] Idem. *Ibidem*.
[79] Idem. *Ibidem*, p. 297.
[80] Idem. *Ibidem*.

E se alegas que a divisão de riquezas não afastou totalmente todos os males e inconvenientes para a sociedade, dado que ainda existem terras que não recebem cultivo por causa da indolência dos homens, e existem também pessoas que, movidas pela ambição e sede de riquezas, imiscuem-se no alheio, e quando surgem outros males, responde-se que para a retidão da lei não é necessário que seu fim seja alcançado por completo, pois basta que estabeleça, de acordo com suas possibilidades, aquelas coisas que para tal fim são acomodadas; porque a liberdade descontrolada dos homens não pode ser contida por nenhum freio[81].

Embora o sistema de propriedade privada promova a paz e a equidade, não pode erradicar o mal da sociedade. Nenhuma lei pode anular a capacidade pecadora do homem.

Frei Tomás de Mercado também reconheceu o cuidado e a diligência maiores que se tem para com os próprios bens. Por esta razão, a propriedade comum seria contraproducente:

Não se ama mais uma coisa que se tem por própria. Se amo a Deus: é o meu Deus, criador e salvador; se amo o que me gerou, é o meu pai; se o pai ama os filhos, são seus; se a mulher ama o marido, é porque o considera seu; e, ao contrário, assim o marido ama a mulher. Assim vemos que em comum deixam de se querer, assim que entendem se alheiam e se concedem a outro. E, quando se ama um amigo, é o meu amigo, ou o meu parente, ou o meu vizinho, ou o meu próximo. Se se quer ou se deseja o bem comum: é para minha religião, ou para minha ordem, ou para minha pátria, ou para minha república. O amor traz sempre consigo, inseparavelmente, este vocábulo "meu": e é visceral e natural da propriedade[82].

---

[81] Idem. *Ibidem*.
[82] MERCADO, T. *Summa de tratos y contratos*. Sevilla, 1571, Livro II, Cap. II, fols. 18-19.

Desde o pecado original, a cobiça é tão grande que *"o mundo não será suficiente para um só, ainda mais para todos, tal como agora não basta"*[83]. Tomás de Mercado apercebe-se do fato de que a propriedade privada é o melhor meio para mitigar a escassez dos bens econômicos:

> *Não há quem não favoreça seus próprios interesses e não cuide de prover mais para sua casa do que para a república. Assim, constatamos que as fazendas que são de posse privada prosperam e crescem: já as da cidade e do conselho diminuem: padecem de provisão inadequada e de má administração. A este respeito, diz Aristóteles que o deleite que um homem sente por se ocupar de seus próprios negócios é inevitável. Não se mostra fácil explicar o quão importante é, para um homem, saber que é o dono das coisas que produz. Por outro lado, as pessoas tratam com grande tepidez as coisas que são comuns. Dessa maneira, após a perda da inocência, tornou-se necessário que cada um participasse das coisas deste mundo, seja em bens imóveis ou em riquezas móveis: pois, se o amor universal já não mais induz as pessoas a preservarem as coisas, o interesse privado o fará. Desse modo, fariam crescer todos os bens partilhados e divididos, enquanto o contrário ocorreria se tivessem permanecido em propriedade comum (suposto o pecado)*[84].

Juan de Mariana também reconheceu a importância do interesse pessoal privado para o bem-estar econômico. Os bens possuídos coletivamente são desperdiçados. Com um elevado espírito de autocrítica, citava o exemplo de como os sacerdotes jesuítas utilizavam mal as coisas que possuíam em comum:

---

[83] Idem. *Ibidem*, fol. 19.
[84] Idem. *Ibidem*.

Somos muito caros pela vestimenta, que é de pano negro; e porque do que é muito ao que é pouco, a todos se provê do que é comum; o papel, a tinta, o livro, o viático, no que decerto é natural que os particulares incorram muito mais em gastos do que seria necessário caso os fornecessem de outra parte. *[...] Em viáticos e partes, gasta-se uma quantia inacreditável, assim como tão grande soma nos gastos comuns*[85].

Em outra de suas obras, Mariana aplica suas ideias para aconselhar o monarca:

Que o príncipe também tenha em conta que nada move tanto os particulares assim quanto os reis quanto a utilidade própria, e que nunca acredite serem firmes nem as alianças, nem as amizades das quais não se possa esperar algum proveito[86].

Reforça mais adiante, acrescentando que *"tais são, certamente, a condição e a natureza humana"*[87].

Era lógico que, com esta abordagem, Juan de Mariana chegasse à conclusão de que a troca de bens (propriedades) deveria ocorrer em proveito dos indivíduos e, portanto, da sociedade:

Caso a troca mútua de produtos fosse abolida, a sociedade seria impossível e todos viveríamos inquietos, angustiados, sem que pudéssemos confiar em nossos filhos, nem nossos filhos em seus pais. Por que, então, teria sido constituída a sociedade, senão porque dado que cada um não é suficiente para buscar os elementos necessários

---

[85] MARIANA, J. *Discurso de las cosas de la Compañía*, em Biblioteca de Autores Españoles, vol. 31, p. 604 (o grifo é meu).
[86] MARIANA. *Del rey y de la institución real*, p. 567.
[87] Idem. *Ibidem*.

da vida, então pudéssemos suprir a escassez com as trocas recíprocas daquilo que cada um tivesse e que lhe sobrasse?[88]

Bartolomé de Albornoz (1519-1573) observava que até os sacerdotes cometiam abusos quando seus bens eram administrados coletivamente. Quando a posse dos bens é privada, mostra-se mais difícil ocorrer fraudes, porque têm: "[...] *doa a quem doer não se deixa enganar, o que não ocorre na fábrica, onde, por não ser de um particular que nela tenha interesse, acontece o que diz o refrão: asno de muitos lobos acaba sendo devorado*"[89].

Albornoz prossegue observando que aqueles que estão a cargo do estabelecimento *"costumam ser tão carniceiros que muitas vezes folgam de matar a rês, e que se perdem cem libras de carne para conseguir uns poucos centavos"*[90]. Em seu exemplo, estes oficiais encarregados *"declaram que a Igreja tem a necessidade de um cálice ou pátina; então mandam o mordomo para que a faça, e, se o mordomo com bom zelo diz que a fábrica não tem recursos, ou que está envididada, é excomungado"*[91].

É comum que, no fim das contas, compre-se do fornecedor mais caro e, por causa disso, Albornoz recomenda comprar as coisas custosas por intermédio de licitação pública (igualmente, recomenda nunca recorrer a avaliadores).

Em sua obra *De iustitia et iure,* Luis de Molina incluiu muitos argumentos em favor da propriedade privada. Se as terras fossem de propriedade coletiva, seriam mal cultivadas e pior administradas. A escassez aumentaria e as pessoas disputariam o uso e o consumo

---

[88] Idem. *Ibidem*, p. 560.
[89] ALBORNOZ, B. *Arte de los contratos*. Valencia, 1573, p. 75.
[90] Idem. *Ibidem*.
[91] Idem. *Ibidem*.

dos bens. Inevitavelmente, os poderosos explorariam os mais fracos. Ninguém teria interesse em servir ao bem público nem em realizar aqueles trabalhos que exigissem um grande esforço[92]. De acordo com Molina, a propriedade privada pôde ter existido mesmo antes do pecado original, já que nessa situação as pessoas poderiam ter acordado a divisão dos bens terrenos[93].

O mandamento de não roubar implica que a divisão de bens não contraria a lei natural[94]. Como todos os escolásticos tardios, Francisco de Vitoria dava muita importância à propriedade privada, porque permite o uso moral dos bens. Foi exatamente Vitoria quem enfatizou que os direitos da pessoa humana não dependiam da graça de Deus, mas, sim emanavam da natureza humana como seres criados à Sua imagem e semelhança. Por mais pecadores que fossem ou que tivessem sido, os indígenas possuíam direitos que deviam ser respeitados pelos espanhóis:

> *Havia aqueles que defendiam que o título de domínio é a graça e que, portanto, os pecadores, ao menos aqueles que atualmente se encontram em pecado mortal, não têm nenhum domínio sobre as coisas. Este foi um erro dos pobres de Lyon ou Valdenses, e depois de John Wiclef, um de cujos erros, condenado no Concílio de Constança, diz:* "Ninguém é senhor civil enquanto estiver em pecado mortal"[95].

---

[92] MOLINA, L. *De iustitia et iure*. Maguncia, 1614, "De dominio", col. 100-101.
[93] O texto é o seguinte: "*Quod arbitor verum esse non solum in statu naturae lapse, sed etiam in statu naturae integrar potuissent namque homines in illo statu de comuni consensu dividere inter se et appropiare obsque cuiusquam iniure res omnib. A deo concessa non secus ac in statu naturae lapsae iustissimis de causis effectum est*". Idem. *Ibidem*.
[94] "*Immo praeceptum de non furando supponit rerum divisionem. Ergo rerum divisio non est contrarius naturae (alioquin ipso iure esset nulla). Quin potius approbata est in scripturis sacra*". Idem. *Ibidem*, p. 102.
[95] VITORIA, F. "De los indios. Relección 1". qu. 1, art. 2. In: SIERRA BRAVO. Restituto. *El pensamiento social y económico de la escolástica*. Madrid: Consejo Superior de Investigaciones Científicas, 1975. Tomo II, p. 615.

Após oferecer argumentos bíblicos, Vitoria passa a argumentar usando a razão e seguindo Santo Tomás de Aquino. A falta de fé não cancela a lei humana ou a lei natural. Como todas as formas de possessão *(dominia)* derivam da lei natural ou humana, não podem ser anuladas pela falta de fé.

Vitoria conclui:

> [...] nem o pecado de infidelidade, nem outros pecados mortais impedem que os bárbaros sejam verdadeiros donos ou senhores, tanto pública quanto privadamente, e os cristãos não podem, por este título, ocupar-se de seus bens, conforme Caetano ensina ampla e generosamente em seus comentários sobre a Secunda secundae (qu. 66, a. 8)[96].

Vitoria, assim como os outros escolásticos, também esclarecia que as esmolas devem ser feitas com os próprios bens, e não com os bens comuns[97]. As virtudes da caridade, da liberalidade, da hospitalidade e da generosidade seriam bem mais difíceis em um mundo sem propriedade privada.

Não devemos estranhar o fato de que alguns autores tenham utilizado argumentos utilitaristas. Com frequência, estes eram precedidos por argumentos que provavam que a divisão de bens ocorre de acordo com a lei natural. Para os escolásticos tardios, contudo, a divisão de bens externos é matéria de *ius gentium,* que provém de princípios diferentes daqueles que fundamentam a lei natural[98]. Báñez ressaltava que a lei natural consiste em princípios evidentes e de conclusões que derivam necessariamente desses princípios.

---

[96] Idem. *Ibidem*, p. 617.
[97] VITORIA, F. *De iustitia*. Ed. Beltrán de Heredia, Madrid: Publicaciones de la Asociación Francisco de Vitoria, 1934. II-II, qu. 66, art. 2, p. 324.
[98] DE SOTO. *De iustitia et iure*. Livro IV, qu. III, fol. 105.

Utilizava o exemplo da justificação da propriedade privada partindo do princípio da lei natural que assinala que se deve tratar o próximo assim como gostaríamos de ser tratados. A partir desta regra, chega-se facilmente à conclusão de que "não se deve roubar". O *ius gentium,* por outro lado, pode ser definido como *"aquela parte do sistema jurídico, nacional ou internacional, que deriva dos costumes comuns que prevalecem entre os diversos povos"*[99]. Para Báñez, o direito dos povos não é composto de princípios autoevidentes nem das conclusões que necessariamente deles decorrem. Compõe-se, contudo, de princípios que são tão convenientes e úteis para o ser humano que toda nação deve reconhecê-los. Báñez apresenta dois exemplos de lei humana positiva (direito consuetudinário): o princípio que estabelece que a divisão da propriedade é necessária para a sociedade humana e o princípio que assinala que a propriedade deve ser dividida. Apontava que estes princípios não são evidentes em si mesmos, provêm de razões utilitaristas. São *"tão convenientes e úteis para as sociedades humanas"* que não há nação que não os admita. Por exemplo *"o cultivo dos campos é indispensável para o sustento da vida humana e para a manutenção da paz da república"*[100]. Estes princípios aos quais Báñez se refere não decorrem daqueles que são evidentes em si mesmos, mas, sim, do fato de que "a malícia dos homens é conhecida". Por isso, *"sabemos que nem os campos seriam bem cultivados coletivamente, nem haveria paz na república, portanto constatamos que é conveniente efetuar a divisão de bens"*[101].

---

[99] WU, J. C. H. "Ius gentium". *In*: *New Catholic Encyclopedia. Op. cit.*, p. 774. O texto em inglês assinala que é *"the part of a legal system, whether international or national, that is derived from common customs prevailing among different people"* [a parte de um sistema jurídico, seja internacional ou nacional, que deriva dos costumes comuns que prevalecem entre povos diferentes]. O mesmo autor amplia suas definições ao assinalar que o *ius gentium* é lei comum positiva, mais próxima do espírito da lei natural do que de qualquer lei civil e que, por esta razão, pode ser descrita como o veículo do *ius naturale*. Idem. *Ibidem.*
[100] BÁÑEZ. *De iustitia et iure decisiones.* qu. 57, *fol.* 12.
[101] Idem. *Ibidem.*

De acordo com Leonardo Lessio, uma vez ocorrido o pecado original, dividir os bens não somente é lícito, mas também proveitoso para a humanidade. Ele fundamentava muitos de seus pontos com passagens bíblicas. Para demonstrar o quão útil é a divisão de bens, Lessio utilizava argumentos aristotélicos. Sem propriedade privada, os bens não seriam bem cuidados e a paz entre os homens seria impossível. Segundo Lessio, isto foi o que aconteceu com a família de Abraão e Ló: seus ânimos somente se acalmaram quando a terra foi dividida entre eles (Gênesis, 13)[102].

Antonio de Escobar y Mendoza, após repetir argumentos semelhantes, explica que quase todos os povos, com exceção dos mais bárbaros e selvagens, aceitam a divisão da propriedade porque fomenta uma melhor administração dos bens[103].

É possível agrupar os principais argumentos dos escolásticos tardios em cinco pontos:

1º) A propriedade privada torna possível uma ordem social justa. O mal existe porque os homens são pecadores. Se os bens fossem possuídos em comum, os que mais se beneficiariam seriam os homens malvados, inclusive os avarentos e os ladrões[104]. Obteriam mais e contribuiriam com menos. O fato de que "os piores" obtenham o maior benefício constitui um elemento pernicioso e uma distorção da ordem natural;

2º) A propriedade privada é muito útil para preservar a paz e a harmonia entre os seres humanos. É inevitável que sejam produzidas fortes disputas quando os bens são possuídos coletivamente;

---

[102] LESSIO. *De iustitia et iure*. Cap. 5.
[103] ESCOBAR Y MENDONZA, A. *Universae theologiae moralis*, Tomo V, parte I; *Iustitia et iure*, Lyon, 1662, cap. III, p. 4.
[104] VITORIA. *De iustitia*. p. 325.

3º) Os bens produtivos que se têm em propriedade privada são mais frutíferos porque é natural que se tenha mais cuidado com que é próprio do que com o que é comum. Daqui o provérbio: "asno de muitos lobos acaba sendo devorado";

4º) A propriedade privada é conveniente para manter a ordem na sociedade e para promover a livre cooperação social. Se tudo fosse possuído coletivamente, todos rejeitariam realizar os trabalhos menos prazeirosos;

5º) Nenhum homem (nem mesmo um sacerdote) pode se dissociar dos bens temporais. É justamente com o pecado original que aparece o problema da escassez, o qual é a origem dos problemas econômicos (a diferença entre recursos limitados e desejos ilimitados):

Agora que estamos tão sujeitos a estas temporalidades, e temos tantas necessidades, é imprescindível que cada um tenha sua fazenda, independentemente de seu tamanho, para que cada um saiba que dela há de se valer, e deixe a alheia a fim de ela se valer de seu dono. Esta divisão e esta participação tão necessárias, por causa de nossa miséria, e fraqueza, inclusive para os religiosos que se esforçam para imitar em alguma coisa aquela inocência original, fazendo voto de pobreza, e possuindo os bens em comum, é importante. Assim, o prelado pode fazer a partição e distribuir a cada um de acordo com o uso, os hábitos, os livros, papéis e as demais coisas cujo uso a cada um é concedido para que destas se sirva e aproveite em particular: e deixem as outras para que sejam utilizadas e aproveitadas pelos demais, que também as têm como necessárias[105].

---

[105] MERCADO. *Summa*, fil. 18.

1 - A Propriedade do Subsolo

Santo Tomás e muitos de seus discípulos analisaram a propriedade dos bens que se encontram abaixo da superfície. Suas análises e conclusões são importantes para a política econômica contemporânea, pois, em muitos países, a legislação e o regime de propriedade são diferentes de acordo com a localização dos bens: sobre a superfície ou abaixo dela. Seguindo o raciocínio de Santo Antonino de Florença, Pedro de Ledesma sublinhou que aquelas coisas que nunca tiveram dono *"são de quem as encontra, e aquele que as encontra, tomando-as, não comete furto"*[106].

Quem encontra alguma coisa possui o direito natural tomá-la como propriedade. Ledesma também reconhecia que, em seu reino, havia muitas leis particulares que violavam este princípio.

Dependendo dos casos, aquelas coisas que alguma vez já tiveram dono (como os tesouros) podiam ou não permanecer com quem as encontrou. Quando os familiares de quem encontrou o tesouro sabiam onde estava, quem o encontrou não podia ficar com ele. Miguel Salón, ao analisar a propriedade dos tesouros, assinalava distintos fatores que podem provocar variações na conclusão. Um tesouro podia ser encontrado na própria terra ou na terra alheia. Às vezes, podia ser encontrado por acaso ou com "engenhosidade e arte". Este autor agostiniano, depois de distinguir entre os tesouros deixados ou escondidos em uma propriedade e a seguir esquecidos para sempre, e os outros tesouros deixados intencionalmente por alguns em túmulos, sepulcros ou simplesmente em algum lugar por qualquer tipo de razão (por exemplo, os tesouros que os índios guardavam em seus sepulcros), chega à conclusão de que este segundo

---

[106] LEDESMA, P. *Summa*. Tratado VIII, "Justicia conmutativa", p. 443.

tipo de tesouro não é de quem o encontra, mas, sim, de quem o depositou ou de seus sucessores. Criticava, portanto, os espanhóis que tomavam os tesouros dos índios. Tal ação era um roubo, sendo necessário ressarcir os prejudicados.

Os bens que se encontravam em terra de ninguém, entretanto, por direito natural pertenciam a quem os encontrasse[107]. Salón especificou que a mesma regra deveria ser aplicada quando alguém achasse um tesouro em sua terra.

Os escolásticos medievais chegaram a uma conclusão diferente quando o tesouro era encontrado em propriedade alheia. Para Salón, caso fosse encontrado por motivos fortuitos, uma metade deveria caber ao proprietário do terreno e a outra ao descobridor. No entanto, se o tesouro fosse encontrado após muito trabalho e diligências, a totalidade deveria corresponder ao dono do terreno. Este juízo estava fundamentado no raciocínio de que, caso se invista conscientemente recursos e esforços para procurar um tesouro em propriedade alheia, pode-se pressupor que já se sabia acerca de sua existência. Por essa razão, o tesouro deveria ser entregue totalmente ao proprietário, para castigar o intruso[108]. Este juízo poderia variar, caso realmente houvesse razões para supor ignorância da parte do descobridor.

A maioria dos autores tomistas provam facilmente que, se alguém compra um terreno que tem um tesouro escondido, o comprador é o verdadeiro dono, mesmo no caso em que o vendedor ignora a existência do tesouro. Cita-se a parábola de Cristo que está em Mateus 13,44: "*O reino dos céus é também semelhante a um tesouro escondido em um*

---

[107] "*Si inveniatur in loco, qui ad nullum particulare dominium pertineat, totus est inveniris*". SALÓN. *Commentariorum*, col. 1298.

[108] "*Punire audaciam ac temeritatem eius qui sine licentia domini voluit laborare, et exercere suam industriam in agro alieno*" (punir a audácia e o atrevimento daquele que, sem permissão do dono, quer trabalhar e exercer sua indústria em terreno alheio).

campo. Um homem o encontra, mas o esconde de novo. E, cheio de alegria, vai, vende tudo o que tem para comprar aquele campo". Tanto Miguel Salón, o bispo de Valencia, quanto o frei Pedro de Ledesma utilizavam este argumento. Está claro que, se o direito natural nos diz que um tesouro é de quem o encontra (totalmente, se isso ocorre no próprio terreno ou em uma terra sem dono, e parcialmente em outros casos), com maior razão concluía-se que tudo aquilo que estivesse no subsolo por natureza também pertencia ao dono da superfície. Davam os exemplos dos veios metálicos e dos minerais, especialmente ouro e prata. A regra, tal como a expressavam, dizia que *"mineralia et venae auri, argenti et cuiusque metalli stando in iure naturae sunt domini fundi et in bonis ipsius"* (os minerais e os veios de ouro e prata, e qualquer outro metal em seu estado natural, são do dono da terra e para seu bem)[109]. O que se encontra no subsolo é parte da terra, e os frutos da terra pertencem a seu proprietário. Devemos recordar que o tesouro foi colocado na terra por seres humanos, e tais autores escolásticos tardios da mesma maneira reconheciam os direitos de seu descobridor; os minerais foram colocados pela natureza. Admitida a propriedade privada dos tesouros, a das riquezas naturais do subsolo desprende-se mais facilmente.

O padre Gabriel Antoine (1678-1743) julgava que as pedras, o carvão, a cal, a areia, as minas de ferro e o chumbo que se encontram em um terreno pertencem a seu dono:

> *Em efeito, são parte da terra porque esta não consiste simplesmente de sua superfície, mas de toda a sua profundidade até o centro da Terra e é nesta extensão que podemos encontrar estes frutos. Podemos chegar à mesma conclusão com relação a outros tipos de depósitos metálicos*[110].

---

[109] SALÓN. *Commentariorum*, col. 1307.
[110] ANTOINE, G. *Theologia moralis universa*. Cracóvia, 1774. p. 369.

Estas sentenças eram comuns entre os teólogos comentadores de Santo Tomás de Aquino Já agora, o fato de que generalizassem sua análise a respeito da conveniência da propriedade privada às riquezas do subsolo não impedia que reconhecessem que, por intermédio de legislação positiva, o governo (o rei, em seu caso) poderia ficar com parte da receita produzida pela exploração do subsolo. Assinalava-se que esta porcentagem mudava de reino para reino. Enquanto alguns indicavam que o habitual era o quinto metálico (20%), outros apontavam que, em Castela, esta porcentagem era de 66% (dois terços). Este imposto era sempre cobrado deductis expensis, ou seja, deduzidos todos os gastos de exploração[111]. Não há contradição alguma entre este reconhecimento e o espírito privatista destes autores.

A única coisa que se fazia, neste caso, era generalizar sua análise sobre a tributação para a exploração do subsolo. Assim como por justa causa se podia cobrar um imposto sobre as explorações agrícolas, pela mesma razão era possível exigir um imposto pela exploração do subsolo.

Os impostos, para os escolásticos tardios, eram uma restrição ao uso e ao domínio dos bens privados, e a porção apropriada pelas autoridades se destinava a proteger a propriedade e, com ela, seus efeitos benéficos (a paz, a concórdia, a ordem e o desenvolvimento)[112].

Apesar das conclusões a que se chegava pelo direito natural, *"a respeito dos minerais, conforme o direito natural, são do senhor do lugar onde se encontram"*[113], as leis particulares podem estabelecer o contrário: *"há uma lei na Espanha segundo a qual se diz que as receitas dos metais e das ferrarias pertencem ao rei [...]. Outra diz*

---
[111] MOLINA. *De iustitia et iure*, t. 1, dis. 54, col. 242.
[112] DE SOTO. *De iustitia et iure*. Liv. IV, qu. 5, fol. 110.
[113] LEDESMA, P. *Summa*. Salamanca, 1614. Tratado VIII de "Justicia conmutativa", p. 443.

que ninguém pode cavar ou usurpar os tais sem licença ou privilégio do rei [...]". São estas as leis que o sistema colonial espanhol impôs em muitos países latino-americanos[114].

Um dos autores que mais influenciaram na Escola de Salamanca, Sylvestre de Priero assinalava que as leis que concedem ao príncipe os tesouros encontrados por outros, ainda que os encontrem em seus próprios campos e terras, são violentas e contrárias ao direito natural e civil. A maior parte dos autores opinava que tais leis não obrigavam em consciência ainda que, quando houvesse sentença judicial, deveriam ser obedecidas. Sylvestre criticava um autor, chamado Pierre Paludano (1277-1342) que apontava que, *"por costume, os tesouros, onde quer que se encontrem, pertencem ao Príncipe"*. De acordo com De Soto, este *"costume não foi introduzido em nenhuma sociedade bem organizada [...]. E, assim, se em algum lugar tal costume obteve vigência, isso ocorreu por força do direito natural e dos povos"*[115].

2 - Domínio e Uso da Propriedade

Francisco de Vitoria, citando Conradus Summenhart, definiu o domínio como a faculdade de utilizar alguma coisa em conformidade com as leis estabelecidas. É possível utilizar um bem sem ser dono do bem. Neste sentido, o domínio pode ser distinguido claramente do uso. O homem que tem domínio perfeito de um bem pode usar do mesmo como bem entender; tem inclusive o direito de destruí-lo. De acordo com Villalobos:

---

[114] Idem. *Ibidem*, p. 454.
[115] DE SOTO. *De iustitia et iure*. Liv. V, qu. III, fol. 151. Contudo, este autor aceitava um imposto de 20% (o quinto metálico) para as explorações de minérios.

> [...] *o domínio é acerca da substância da coisa: de sorte que aquele que a tem pode vendê-la, aliená-la ou, se quiser, destruí-la. O uso est potestas utendi re salva rei substantia: como quando alguém utiliza o cavalo ou a roupa alheia*[116].

De Soto especifica que o objeto do domínio é o uso. Os escolásticos tardios, desde já, argumentaram que os bens eram melhor utilizados quando sua propriedade era privada, e não comum (quando falavam em uso, falavam do uso social, político, econômico e, acima de tudo, moral).

Diego de Covarrubias afirmava que tudo aquilo que fosse frutífero em um terreno privado deveria pertencer ao dono da terra. Isso seria válido inclusive no caso de bens muito necessários para a comunidade, que deviam sua existência à natureza e não ao trabalho do proprietário[117]. Covarrubias acrescenta que as árvores que produzem frutos medicinais merecem um alto preço e grande estima. No entanto, é falso concluir que, devido a serem medicinais, o dono não teria o direito de impedir que outros se utilizem destes bens muito úteis[118]. Mais ainda, o proprietário pode modificar e inclusive reduzir o tipo de plantação que existe em seu território. Segundo este autor, não havia argumento para justificar a coletivização das plantas e ervas que se encontrassem em propriedade privada.

A forma de usar a propriedade essencial para a economia é a transferência de domínio. As trocas são, por sua natureza, uma transferência de domínio. Domingo de Soto reconheceu que *"não*

---

[116] VILLALOBOS. *Summa de la theologia moral y canónica*, p. 126.
[117] *"Quicquid nascitur in agro privato, etiam absque labore et industria domini, ad ipsum omninum pertinet"*. COVARRUBIAS Y LEIVA, D. *Opera omnia*. Salamanca, 1577, cap. 37, p. 274.
[118] Idem. *Ibidem*, p. 276.

há nada que esteja mais de acordo com a justiça natural do que respeitar a vontade de uma pessoa que deseja transferir o domínio de seus bens"[119].

"Toda pessoa possui o direito natural de doar ou transferir da maneira como bem entender as coisas que possui legalmente". De Soto acrescenta que o homem pode ser proprietário porque tem vontade livre; por esta mesma condição de liberdade, pode transferir o domínio para quem quiser[120].

Como todas as coisas foram criadas para o homem, este pode utilizá-las como desejar. Ademais, possuir alguma coisa consiste na faculdade e no direito de usar essa coisa de qualquer maneira que a lei permita, seja doando-a, transferindo-a, vendendo-a ou consumindo-a de diversas maneiras. De Soto, embora reconhecesse este direito natural, estabelecia que a lei podia restringir a vontade do dono e inclusive privá-lo de seu bem, contrariamente à sua vontade. Embora o homem seja um animal social e, portanto, considere benéfico viver em sociedade, a república precisa de uma autoridade. As principais funções da autoridade pública são defender a república e administrar a justiça. Para cumprir tal tarefa, a autoridade deve supervisionar, até o alcance máximo da sua maturidade racional, o uso que os menores fazem de seus bens. Em segundo lugar, uma certa quantidade de bens deve ser utilizada para sustentar a autoridade (bens que se transferem por intermédio de impostos). Finalmente, a autoridade tem o dever de castigar os crimes. Uma maneira de pagar pelos atos criminosos é privar a parte culpada do uso de seus bens[121].

---

[119] DE SOTO. *De iustitia et iure*. Liv. IV, qu. V, fol. 110.
[120] *"Si ergo per voluntatem constituitur dominus, per eandem potest dominium ab se quodcumque abdicare"*. Idem. *Ibidem*.
[121] Soto também acrescentava restrições ao uso que os sacerdotes podiam fazer dos bens eclesiásticos.

O fato de que o domínio e a posse não sejam idênticos ao uso de um bem (pode-se usar algo sem ser seu dono) não permite chegar à conclusão de que o domínio dos bens deve ser privado enquanto o uso deve ser comum. Esta conclusão esbarra nos argumentos escolásticos tardios em favor da propriedade privada. Tais autores medievais favoreciam a propriedade privada porque os bens seriam utilizados de maneira melhor e, portanto, contribuiriam para o bem-estar humano[122].

3 - A Necessidade Extrema

Para muitos autores liberais, a teoria da necessidade extrema é a fenda que destrói a represa da propriedade privada: caso se aceite esta teoria, não há como conter a enxurrada coletivista. Para os escolásticos, o princípio da necessidade extrema é a exceção que confirma a regra. E tal regra diz que a propriedade privada deve estar em conformidade com a natureza das pessoas e que a ela promove e facilita a conservação da vida e da liberdade humana.

Assim como em outros temas, a análise escolástica acerca da necessidade extrema e o direito de propriedade recebem forte influência dos escritos tomistas. Santo Tomás começa sua análise sobre este ponto assinalando que:

> [...] dado que são muitos os indigentes e não se pode socorrer a todos com a mesma coisa, deixa-se ao arbítrio de cada um a distribuição das coisas próprias para socorrer aos que padecem necessidades. Contudo,

---
[122] Ver ROOVER, R. *San Bernardino of Siena and Sant'Antonino of Florence: The Two Great Economic Thinkers of the Middle Ages.* Cambridge: Kress Library, 1967. p. 8-9.

se a necessidade é tão evidente e urgente, de maneira que esteja em manifesto a precisão de socorrer a necessidade iminente com aquilo que se tenha, como quando a pessoa está sob ameaça de perigo e não pode ser socorrida de outra forma, então qualquer um pode licitamente satisfazer sua necessidade com as coisas alheias, subtraindo-as seja manifestadamente, seja ocultamente. E isto não tem propriamente razão de furto ou rapinagem[123].

Santo Tomás começa colocando em destaque que enfrentamos um problema econômico. De um lado, temos uma grande demanda de ajuda por parte dos indigentes. Do outro lado, temos bens escassos para satisfazer a essa necessidade. É necessário escolher quem receberá ajuda, e isso é deixado ao livre-arbítrio dos donos dos bens. O aquinate continua sua análise:

A utilização de coisas alheias subtraídas de maneira oculta em caso de extrema necessidade não tem razão de furto propriamente dito, dado que tal necessidade torna nosso o que tomamos para sustentar nossa própria vida[124].

Nestes casos, também se pode tomar clandestinamente a coisa alheia para prestar socorro ao próximo indigente. Em outras palavras, a apropriação de bens alheios somente pode ser justificada quando não há outro meio para evitar a morte de uma pessoa. Se um pequeno

---

[123] AQUINO. *Summa theologica*, II-II, qu. 66, art. 7. "*Si tamen adeo sit evidens et urgens necessitas, ut manifestum sit instant necessitate de rebus occurrentibus esse subveniendum (puta cum imminent personae periculum et aliter subveniri non potest), tunc licite potest aliqui et rebus alienis suae necessitate subvenire, sive manifeste sive occulte sublatis*".
[124] Idem. *Ibidem*, II-II. qu. 66, ad. 2. "*Non habet rationem furti proprie loquando, quia per talem necessitate effecitur suum id, quod quis accipit ad sustentandam propriam vitam*".

avião cai em uma plantação no meio da selva e um dos passageiros, ferido, não tiver como buscar os frutos necessários por si mesmo, é justificável, de acordo com o pensamento tomista, que outra pessoa tome tais frutos alheios para socorrer o acidentado[125].

Quase todos os comentadores de Santo Tomás de Aquino chegam a esta mesma conclusão. Domingo de Báñez, o atento confessor de Teresa de Ávila (1515-1582), parte da comum distinção escolástica entre uso e domínio da propriedade utilizando o exemplo dos padres franciscanos menores que têm o uso dos bens, mas não seu domínio. Devido aos votos franciscanos de pobreza, o Sumo Pontífice é o único que tem domínio legal sobre eles. Percebe, corretamente, que nos bens que desaparecem com o uso (bens de consumo) não se pode distinguir entre uso e domínio, e então é evidente que, nos bens duráveis, o uso pode ser diferente do domínio[126].

Ato seguido, Báñez define que, nos casos em que uma ou mais pessoas enfrentam um caso de necessidade extrema, os bens de consumo se tornam comuns quanto a seu uso, mas não quanto ao domínio (*"non sunt communia quantum ad dominium"*[127]). Como

---

[125] Diego Covarrubias chegou a conclusões semelhantes. A necessidade extrema ocorre "*quanto imminet vitae periculum, cui aliter quam per hanc acceptionem subveniri non potest*". Somente em casos de extrema necessidade pode-se "*comedere uvas in vinea alterius*" (comer as uvas das vinhas alheias). COVARRUBIAS Y LEIVA. *Opera omnia*.

[126] "*Ubi contendit dominium & usum res esse distinctas, ac proinde quod fratres Minoris Divis Francisci (ait) habent verum usum rerum, non tamen dominium: sed dominium illarum rerum, quibus utuntur, residere apud summum Pontificem, etiam usu consumptibilium, ut potabilium. Usus non distinguitur a dominio*". Em segundo lugar, "*usus rerum, quae usu proprio consumptibles sunt, et vero usu extraneo non consumuntur*". Em terceiro lugar, "*usus proprius in habitu, qui dicitur usus iuris, distinguitur a dominio*". BÁÑEZ. *De iustitia*, p. 117.

[127] Báñez acrescentava que é necessário ser muito cuidadoso ao definir a necessidade extrema. De acordo com ele, caso se enfrente o raro caso de não poder subsistir com as esmolas, sempre resta o recurso de se alistar "a serviço do rei", p. 406. A análise deste dominicano está imbuída de um forte respeito pela propriedade privada.

isso é possível, se não se pode distinguir entre uso e domínio? A meu ver, esta contradição só pode ser resolvida se aquele que utiliza um bem de consumo alheio adquire, ao mesmo tempo, não somente o domínio, mas também uma dívida de valor igual para com o antigo possuidor do bem.

Francisco de Vitoria, o "pai" da escolástica hispânica, ressaltou que os casos de necessidade grave não justificam tomar a propriedade alheia, mas que *"a extrema necessidade não deve ser observada apenas quando alguém está arquejando, mas quando alguém está ferido ou quase inanimado por falta de alimento e com a morte não distante"*[128].

Este raciocínio é uma aplicação prática da filosofia aristotélico-tomista. Se, devido às circunstâncias, alguém se encontra em situação que indica perigo de morte, não se deve esperar a chegada do momento da morte para agir. Utilizando o mesmo exemplo do pequeno avião, podemos supor que ele caiu na colina mais elevada no centro de uma vasta propriedade particular. De sua posição, a pessoa acidentada não pode ver resquícios de vida humana, porém percebe que existe uma plantação de árvores frutíferas. Parece lógico que, embora a morte por inanição não seja iminente, esta pessoa possa tomar vários frutos para evitar um dano extremo no futuro. O argumento determinante continua sendo a necessidade extrema que, em um caso pode estar presente, mas em outros poderá ser iminente e, ainda em outros, muito possível.

---

[128] VITORIA, F. *Comentarios a la II-II de Santo Tomás*, Cuestión 66, a. 7, vol. 2, p. 340. Textos traduzidos da edição destes pelo padre Vicente Beltrán de Heredia (1885-1973), publicado na Biblioteca de Teólogos Españoles, vol. 3, Salamanca, 1932.

Que os ricos tenham obrigação de dar aos pobres em necessidade grave e que estes não possam tomá-lo com suas mãos é compreensível, porque é obrigação de caridade, e não de justiça, e o pobre não é, nesse caso, juiz; nem deve se supor que reconheça a necessidade de outros pobres mais necessitados, nem sequer que possa resolver quais bens supérfluos e disponíveis o rico possui[129].

Tal como o restante dos autores escolásticos, Vitoria considera que há uma diferença entre o roubo em necessidade grave e extrema:

Respondo que não desejaria conceder que é lícito; não é licença louvável que alguém possa roubar licitamente sem chegar a estar em necessidade extrema, especialmente porque então o mesmo pobre se colocaria no lugar do juiz, o que não se pode defender porque, por exemplo, acha-se muito pobre e ocorre que outros o são mais do que ele, ou também porque julga que aquele rico possui bens supérfluos e acontece que isso não é verdade, pois tem muitos filhos e filhas. Conforme defendo, dado que seja mais pobre e o outro rico, e constando que estava obrigado a dar, contudo não lhe seria lícito tomar do rico, pois somente está obrigado a socorrê-lo por débito de caridade e não de justiça. Quando se deve algo a alguém que não pode recuperá-lo e o toma, deve-se-lhe, em efeito, por débito de justiça. Entretanto, o rico não está obrigado a socorrer aquele que sofre de grave necessidade por débito de justiça, mas, sim, por débito de caridade, e por isso não deve ser inferida a força aos ricos de maneira que seu próprio bem seja roubado. Pelo que não vale aquela consequência: alguém está obrigado a dar e não deseja. Logo, posso tomá-lo licitamente, porque aquilo ainda é seu e não meu.

---

[129] VITORIA, F. *Sentencias morales*. Seleção e Prólogo do padre Luis Getino O. P. Ediciones Fe, 1939, Cuestión 66, a. 7; vol. 2, p. 340. *Comentarios a la II-II de Santo Tomás*. Idem. *Ibidem*.

Até aqui, o argumento de Vitoria parece estar alinhado com o pensamento liberal. Entretanto, sem dúvida será difícil para alguns membros desta escola aceitarem as razões que Vitoria oferece em favor do *"roubo dos ricos em casos extremos":*

Ocorre de maneira diferente em caso de extrema necessidade, porque então tudo é comum e aquilo já é meu e não do rico. Digo também que esta conclusão sobre a necessidade extrema deve ser entendida de maneira ampla. Não se deve favorecer os ricos e tratar mal os pobres. Não se deve conceder tanta licença aos ricos, de maneira que esperem pela necessidade extrema, quando já se chegou ao último sopro de vida: "quando está arquejando"; nem se deve entender assim a extrema necessidade, senão quando estivesse a morrer mediata ou imediatamente. Basta, pois, ver o indigente que jaz no leito, angustiado por seus padecimentos, ou quando a fome tolerada por tanto tempo chega a ser tanta que caminha rapidamente para a morte caso não seja socorrido. Então, certamente, há necessidade extrema e é lícito roubar dos ricos, caso possa ser feito sem escândalo. Este é o caso do homem que tem filhos e mulher; contudo, não tem com o que sustentá-los, nem leito para que repousem suas fadigas, e se encontram próximos da morte por maus-tratos; então lhes é lícito tomar o que é do rico, excluído o escândalo.

Martín de Azpilcueta, o "Doutor Navarro", em seu célebre *Manual de confesores y penitentes* (Salamanca, 1556), também analisou o tema da necessidade extrema, e sua análise é mais respeitosa da propriedade privada:

[...] ninguém é obrigado a doar nada ao que se encontra em extrema necessidade: porque basta que lhe empreste o necessário para livrá-lo dessa situação, e o tal necessitado não tem o direito de tomar mais da fazenda alheia do que o dono dela tem necessidade de lhe dar: e por isso basta que o tome como empréstimo e não como algo seu[130].

Tampouco está provado *"que a necessidade extrema torna o necessitado senhor absoluto do que é alheio, mas sim que lhe dá direito de usar daquilo o quanto lhe for necessário para sair dessa situação [...]. Somente a necessidade extrema não o torna senhor para usar do alheio sem obrigação de restituir"*. Por exemplo, dizemos que uma pessoa que se encontra ferida ou debilitada em uma selva tropical pode pegar os frutos, mesmo sem autorização do dono. Entretanto, se logo se depara com o dono, que requer compensação, esta deverá ser realizada tão rápido quanto for permitido pelas circunstâncias. Não há dúvida de que é mais ético pedir emprestado do que tomar emprestado, porém ambas as alternativas são moralmente superiores ao roubo.

Atribuindo-se uma grande importância à propriedade privada, podemos estar de acordo com Azpilcueta que diz que *"aquele que toma alguma coisa em necessidade extrema é obrigado a restituí-la depois, quando puder: ora tenha bens em outra parte ou não; ora a tivesse consumido ou não"*[131].

Domingo de Soto torna a análise mais complexa dizendo que:

---

[130] AZPILCUETA. *Manual de confesores y penitentes*, p. 206.
[131] Idem. *Ibidem*, p. 207. O jesuíta Leonardo Lessio cita Azpilcueta e compartilha de sua posição: "*in extrema necessitate, omnia sunt communia, ut habet receptum axioma, non quod per illam statim transferatur dominium (ut recte probat Navarrus cap. 17, num. 61), sed quia quoad ius utendi, communia sunt, ita ut licite quius illis*". LESSIO. *De iustitia et iure*, dub. XIX, cap. 12, p. 145-146.

Quem padece de necessidade extrema pode se remediar com o pão alheio, porém não para vendê-lo; pelo que parece que, neste caso, não se transfere o domínio, o que ocorre é que se pode usar do que é alheio. Contudo, quem padecesse de escassez de pão, poderia se apoderar de outra coisa alheia, para trocá-la pelo pão?

De Soto coloca o peso da responsabilidade naqueles que não prestam socorro aos que padecem de extrema necessidade:

Quem não ajudasse um necessitado que se encontra em tal situação, ficaria obrigado a restituir. Porque caso estivesse obrigado a transferir o domínio para outro, agiu como se retivesse uma coisa alheia.

Esta obrigação de ajudar o próximo é uma obrigação de misericórdia e não de justiça[132].

O cardeal Juan de Lugo, em sua obra *De iustitia et iure*, amplia ainda mais a análise deste ponto:

Nesta questão, estimo que se deve distinguir de maneira a conceder, em parte, alguma coisa de ambos os argumentos. Assim, pois, digo que a necessidade extrema dá direito ao indigente para que possa tomar a coisa alheia e adquirir, por este mesmo fato, um direito na coisa em si, ou em seu uso, segundo a necessidade exija, conforme se há de indicar abaixo; contudo, o mesmo dono não tem obrigação de justiça de dar essa coisa, mas, sim, obrigação de misericórdia; no entanto, depois que o indigente faz uso de seu direito e a recebe, o

---
[132] DE SOTO. *De iustitia et iure*, Liv. IV, Cuestión I, p. 283.

dono está obrigado pela justiça (ex iustitia) *a não impedir seu uso, nem tomá-la de volta*[133].

Quando a necessidade grave parece conduzir irremediavelmente à necessidade extrema, *"o indigente pode prover para si do que é alheio, ao menos quando não se trata de meios requintados ou extraordinários, dos quais os homens em geral precisam em necessidades semelhantes, e aquilo que, devido a isso, aquele outro estava obrigado a lhe dar por caridade"*. Porém, quando se corre perigo de perder bens que não são comuns, *"o indigente não pode, por sua própria autoridade, usurpar para si o que é alheio, e é assim mesmo que às vezes aquele outro se vê obrigado, por caridade, a socorrer"*.

Lugo prova sua afirmação utilizando o senso comum:

[...] porque se alguém, fugindo dos inimigos que o perseguem, dos quais teme se tornar cativo e perder a liberdade, precisa do cavalo alheio, mostra-se duríssimo e absolutamente incrível que não possa tomar o cavalo sem que o dono o saiba, ainda que depois não possa nunca restituir ao dono nem o cavalo, nem seu preço. Pelo que parece que o mesmo há de se afirmar caso o cavalo fosse necessário para fugir de gravíssima infâmia positiva, enquanto esta, com frequência, não é menos sentida do que o cativeiro. E o mesmo ocorre no caso de doença perpétua ou duradoura, ou de males semelhantes, pela mesma razão[134].

---

[133] Lugo elabora uma análise assinalando que "a necessidade e a indigência não tornam o indigente dono formalmente, mas, sim, remotamente e, nesse sentido, torna as coisas comuns, isto é, faz com que as coisas que não são de alguém possam ser ocupadas justa e validamente da mesma maneira como se não pertencessem a ninguém; além do mais, enquanto não sejam por ele ocupadas, o dono não perde seu domínio, mas somente tem obrigação de dá-las por caridade e misericórdia, e não por justiça". *De iustitia et iure*, Tomo I, disput. 15, lec. 7.
[134] Idem. *Ibidem*.

Deus criou os bens visíveis para que os homens, por intermédio de seu uso, possam viver; a divisão das posses nunca pode derrogar este primeiro destino dos bens materiais. O direito à liberdade e à vida é, em um certo sentido, superior ao direito de propriedade. Estes direitos surgiram para preservar a liberdade e a vida. Em casos extremos, quando ambos os direitos parecem estar em contradição, o direito à liberdade e à vida deve ter primazia. Por esta razão, pode-se tomar frutos alheios ou fugir dos inimigos no cavalo ou na motocicleta do vizinho. Aquele que se beneficia destes bens alheios tem a obrigação de restituir, o que prova que o que se altera não é o domínio, mas, sim, o uso dos bens.

Entendo a preocupação de diversos intelectuais diante desta teoria da necessidade extrema. Aqueles que acreditam que aceitar esta limitação abre as portas para a invasão de todos os direitos de propriedade deveriam observar os fatos históricos. A teoria escolástica da propriedade privada serviu para fomentar um respeito crescente pela liberdade pessoal. A deterioração alarmante na proteção deste direito humano à propriedade privada ocorreu devido ao apogeu das ideias totalitárias de matiz socialista ou nacional-socialista. Os inimigos da propriedade privada não entraram pela porta da casuística escolástica, mas, sim, penetraram pelos fundamentos do edifício, enfraquecendo, como cupins insaciáveis, o pilar fundamental da civilização: a liberdade da pessoa humana. A meu ver, era por respeito a esse direito supremo de viver em liberdade que os escolásticos limitavam o direito de propriedade naquelas circunstâncias em que o respeito dele produziria a morte ou a escravidão do inocente.

4 - Pensamento Escolástico e Ecologia

Os autores escolásticos não dedicaram muito tempo à análise dos problemas ecológicos. As tensões entre o desenvolvimento econômico e o meio-ambiente somente adquiriram importância em períodos de alto crescimento ou de grande aumento da pobreza. Aqueles que viveram em cidades com atividade industrial, como Santo Antonino, que foi testemunha das condições sociais e econômicas durante períodos de auge da indústria têxtil em Florença, certamente enfrentaram alguns dilemas parecidos com os atuais. Os efluentes das tintas, por exemplo, causavam impacto na natureza, no solo e nas águas. No entanto, a atividade econômica e a população não eram suficientes para causar impacto no rio Arno, que atravessa sua belíssima cidade. O mesmo talvez acontecesse com os moralistas que viviam às margens do rio Tejo, na Espanha, ou do Tiber, em Roma. Decerto, havia pessoas que despejavam lixo ou líquidos perigosos no Tejo, porém ele preservava sua limpidez. Uma realidade muito distinta da frequente imagem das águas negras, espumosas e malcheirosas que, ao final do século XX, circulavam por seu canal.

Um dos temas de que trataram foi o das zonas de pastoreio comuns. Notaram como sempre estavam em piores condições do que as terras sob regime de propriedade privada. Entretanto, as críticas às ações humanas ou aos marcos jurídicos que levavam à maior aridez dessas terras se encontravam mais fundamentadas no dano que se fazia contras as pessoas do que no que se fazia contra a própria terra. Isso era natural para eles, dado que todos tinham uma visão semelhante acerca do lugar da pessoa humana na criação e seu papel na natureza.

Estes filósofos morais e juristas baseavam suas ideias sobre o homem e a criação nas passagens bíblicas, especialmente no Gênesis

(1,26-31). Deus criou o homem à sua imagem e à sua semelhança, e a ele deveriam estar sujeitados os peixes do mar, as aves do céu, o gado, as feras da Terra e todos os animais, inclusive os que se arrastam sobre o solo. Deus deu ao homem o domínio sobre toda a criação. E toda a criação é boa aos olhos de Deus.

Santo Antonino escreveu:

> *Deus instituiu a natureza humana de tal modo que a ela concedeu o domínio de todas as coisas, dizendo:* "dominai as aves do céu, os peixes do mar e as bestas da terra" *(Gênesis, 1)*[135].

Não somente faziam alusão às terras e aos animais, mas também à capacidade de domínio do homem, que alcançava o céu e as estrelas, como vimos em seus escritos sobre a propriedade do subsolo, e penetrava até o centro da Terra.

Conforme assinala Vitoria, Deus *"deu a todos os homens todos os bens criados e todas as criaturas, ou seja, deu o domínio sobre todas as coisas".* Além de o homem ser dono de todas as criaturas, *"é dono do céu, da lua e do sol, da maneira como deles se pode fazer uso, porque o céu também foi criado para os homens"*[136].

Desde os primórdios da raça humana, houve pessoas e grupos sociais com ideias muito diferentes acerca da importância do ser humano com relação a outros seres criados, animados ou inanimados. Os moralistas cristãos preocuparam-se em desterrar estes mitos e, em muitos casos, colocaram em risco suas vidas. Talvez o mais ilustrativo aqui seja citar o testemunho de São Bonifácio (672-754). São Bonifácio,

---

[135] *Suma teológica moral*, parte 2, tít. 1, cap. 14; vol. 2, col. 224. Tradução da edição de Verona de 1740, Restituto Sierra Bravo. *El pensamiento social y económico de la escolástica*. CSIC, Madrid, 1975. p. 484.
[136] Restituto Sierra Bravo, p. 591-592.

da ordem beneditina, foi um dos precursores da escolástica e ajudou a assentar, talvez como nenhum outro, o cristianismo na Europa[137].

Embora São Bonifácio tenha nascido na Inglaterra (Winfrid ou Wynfrid), costuma ser conhecido como São Bonifácio de Mainz e é um dos santos padroeiros da Alemanha. Foi ali que realizou grande parte de seu trabalho apostólico. De todas as suas ações para atrair os pagãos à fé cristã, recorda-se de uma muito especial. Bonifácio derrubou uma árvore que era considerada sagrada pelas culturas locais. Passaram-se muitos séculos desde essa época, e durante este período esta ação provocou mais surpresa do que alarme. Atualmente, tal ação seria considerada como radical, inclusive criminosa.

Sua ação foi bem conhecida no continente europeu. Enquanto realizava, entre 723 e 725, seu trabalho na Hessia menor uma zona na região central da atual Alemanha, chegou a seu conhecimento que a população venerava um majestoso carvalho antigo, que fora consagrado a Thor, deus do trovão (Júpiter, segundo algumas narrativas), em Geismar, ao norte da abadia de Fritzlar.

Bonifácio derrubou a árvore com um grande machado, e as diversas narrações deste evento mencionam que o ato proporcionou muitos frutos. Uma multidão de pagãos converteu-se ao cristianismo quando descobriram que seu deus era falso. Com a madeira da árvore derrubada, São Bonifácio construiu uma capela dedicada a São Pedro. Conta-se que, quando caiu, a árvore se partiu em quatro partes e em forma de cruz. Diz-se também que abetos brotaram dos escombros da árvore derrubada. Inspirado neles, São Bonifácio começou a utilizar o abeto como símbolo natalino.

---

[137] DAWSON, C. "St. Boniface". In: CARAMAN, S. J. P. (ed.). *Saints and Ourselves*. New York: P. J. Kennedy & Sons, s/d. p. 1-8. Cit. p. 1.

Talvez seja impossível determinar com certeza por que essa população venerava esse carvalho pensando que era seu deus. Outras tribos certamente endeusaram colinas, montanhas e outros acidentes geográficos. Se não havia vítimas humanas diretas, os moralistas católicos nunca levantaram sua voz contra as atividades econômicas que afetavam a natureza. A exploração mineira, especialmente nas Américas, oferecia-lhes ampla oportunidade para comentar. Nunca se preocuparam, contudo, com a extração de metais, caso esta fosse realizada sem a exploração injusta dos trabalhadores.

Em caso de dúvida e preocupação acerca de se as atividades humanas poderiam estar causando dano à criação, é lógico supor que os escolásticos tardios utilizariam a mesma metodologia que usaram para determinar que tipo de terras eram as mais esgotadas. Perguntariam-se, em primeiro lugar, o que dizem as Sagradas Escrituras. A seguir, utilizariam a razão e sua concepção de natureza humana para analisar argumentos contrários e favoráveis e tentariam corroborar suas respostas com a análise empírica.

Outra situação que impeliu clérigos à ação foi a poluição atmosférica urbana. A poluição acompanhou, durante séculos, a história da capital britânica. Na Idade Média, a poluição atmosférica levou o rei Eduardo I (1239-1307) a proibir o uso do carvão para o fogo. Eduardo I assumiu o trono em 1272 e reinou até sua morte em 1307. Os romanos chamavam o carvão de "a melhor pedra da Bretanha" e, inclusive, chegaram a criar joias com ele. Por sua abundância, às vezes se encontrava o carvão de pedra no litoral, e alguns o chamavam de "carvão de mar". Durante o século XIII, depois de uma grande escassez de madeira, o carvão tornou-se a principal fonte de combustível. A rainha Eleonor da Provença (1223-1291), viúva do rei Henrique III (1207-1272) e mãe do rei Eduardo I, doente por causa da poluição provocada pelo carvão, teve de ir ao castelo de Nottingham para melhorar. Talvez isso tenha influenciado Eduardo I para decidir proibir a queima de carvão e até para impor a pena de morte aos que violassem a norma. Um grupo de pessoas ricas e o clero fizeram uma petição para que essa proibição fosse imposta. Entretanto, os incentivos econômicos foram mais fortes do que as proibições; e as grandes cidades inglesas, especialmente Londres, continuaram sofrendo problemas ecológicos. Em 1661, John Evelyn (1620-1706), escritor inglês e um dos fundadores da Royal Society, sugeriu, em sua obra *Fumifugium,* a necessidade de trocar o carvão pela madeira para reduzir o problema da poluição em Londres. Sobre este tema, como em tantos outros, vemos que a preocupação é com o efeito sobre o ser humano, e não sobre a natureza (por exemplo, a poda de árvores, ou o consumo de um bem não renovável, como o carvão mineral).

Nenhuma das grandes figuras religiosas e peritos escolásticos, nem aqueles que, como São Francisco de Assis (1182-1226), são hoje recordados por sua proximidade e sua comunhão com a natureza, condenaram a caça ou a criação de animais. Nem mesmo quando eram realizadas por diversão.

Em 1567, o papa São Pio V (1504-1572) condenou as touradas. Não punia com a excomunhão somente os participantes diretos, mas, também, os espectadores. A Igreja não demorou muito para mudar de posição. O papa Gregório XIII (1502-1585) revogou-a e condenava somente os clérigos que participavam[138].

Juan de Mariana abordou o tema das touradas em seu tratado *Contra los juegos públicos.* Mariana apresenta argumentos favoráveis e contrários:

---

[138] "Bullfighting". In: *The Catholic Encyclopedia.* New York: Robert Appleton Company, 1908. Vol. 2, p. 882.

As pessoas mais distintas em bondade e modéstia as reprovam por fomentarem muitos males, espetáculo cruel, indigno dos costumes cristãos; outros, que parecem mais prudentes, defendem-nas como apropriadas para deleitar a população, que convém entreter com semelhantes exercícios, e os que dizem isto são em maior número, como muitas vezes acontece que a pior parte supera a melhor em número de votos[139].

Mariana assinala que Juan de Medina, Bartolomé de Medina e, com algumas ressalvas, Martín de Azpilcueta, o Doutor Navarro, eram favoráveis à licitude das touradas. O que está claro para Mariana é que *"a corrida de touros não é matéria de religião"*[140]. Com suas incomparáveis sinceridade e franqueza, Mariana assinala que *"é miserável não poder negar o que é vergonhoso confessar, grande vergonha de nossa profissão, que não exista coisa tão absurda que não seja defendida por algum teólogo"*[141].

Nas proibições do papa São Pio V, as corridas de touros não são criticadas por violação dos *"direitos dos animais"*, mas, sim, por causa do escândalo, já que podiam causar *"grande dano aos costumes do povo"*. Ainda assim, o Pontífice assinalava na bula de 14 de abril de 1586 que:

[...] alguns da universidade de estudos gerais de Salamanca, catedráticos, tanto de sagrada teologia quanto do direito civil, não somente sentem vergonha de se mostrar presentes nas ditas

---

[139] MARIANA, J. Tratado Contra los Juegos Públicos. Biblioteca de Autores Españoles. *Obras del padre Juan de Mariana*. Madrid: Ediciones Atlas, 1950. t. II, p. 452.
[140] Idem. *Ibidem*, p. 452.
[141] Idem. *Ibidem*, p. 453.

festas de touros e espetáculos, porém também afirmam e ensinam publicamente em suas lições que os clérigos de ordem sagrada, por se encontrarem presentes nas ditas festas e espetáculos, contrariando a proibição, não incorrem em pecado algum, mas licitamente podem estar presentes[142].

Juan de Mariana abordou, com sua típica independência de julgamento, o tema do cuidado e do cultivo dos campos. Olhava com bons olhos a que o príncipe ou os povoados nomeassem um magistrado para que percorresse os campos e propriedades com o propósito de observar se eram bem cuidados. Deveria-se premiar os bons e castigar os mais indolentes. Entretanto, tais recomendações não eram feitas por motivos ecológicos, mas, sim, com o objetivo de obter maior produção de alimentos. Outra de suas propostas, na qual recomendava a liderança dos conselhos dos povoados, tinha o efeito de melhorar a ecologia espanhola.

Com os custos e gastos correspondendo aos conselhos, poderiam-se cultivar os campos hoje improdutivos e, com a abundância de frutos, uma vez cobertos os gastos, *"seria muito difícil que houvesse carência, por muito que as chuvas fossem escassas, mal de que padece grande parte da nação espanhola, posto que a lenha é escassa em muitos lugares e muitos morros, devido à sua aspereza, negam-se a todo cultivo "*[143]. Recomendava que fossem plantados mais pinheiros e azinheiras, já que isto produziria mais lenha para combustível e madeira para a construção de edifícios. Porém tudo isto também traria benefícios para a ecologia espanhola:

---
[142] Idem. *Ibidem*, p. 456.
[143] MARIANA, Juan de. Del Rey y de la Institución Real. Biblioteca de Autores Españoles. *Obras del padre Juan de Mariana*. Madrid: Ediciones Atlas, 1950. t. II, p. 550.

E se, portanto, sangrando os rios em todos os lugares praticáveis, que não são poucos, os campos que agora estão secos fossem transformados em terrenos irrigados, não somente os grãos se tornariam mais abundantes, mas nosso país também seria mais saudável, assim temperada e modificada em grande parte a sequidão natural de nossa atmosfera. As chuvas seriam então mais frequentes e copiosas, pois havendo mais terrenos irrigáveis, haveria mais evaporação e as nuvens se formariam com mais facilidade[144].

---

[144] Idem. *Ibidem.*

Capítulo IV
Finanças Públicas

Muitos estendem o poder dos reis e o aumentam mais do que o requerido pela razão e pelo direito; uns, por ganharem sua graça por este caminho e, pela mesma razão, por melhorarem suas fazendas, ralé de pessoas do tipo mais prejudicial que há no mundo; outros, por entenderem que, por este caminho, aumentam a grandeza real e sua majestade, no que consiste a saúde pública e particular dos povos e no que se enganam enormemente, pois, assim como a virtude, também o poder tem sua medida e seus limites, e, caso os ultrapasse, não somente não se fortalece, mas se enfraquece e mingua; pois, de acordo com diversos autores, o poder não é como o dinheiro, com o qual se é mais rico quanto mais se tem, mas, sim, como o manjar comparado com o estômago, que caso lhe falte ou caso se lhe dê em excesso, enfraquece-se; e se averigua que o poder destes reis, o quanto se estende para além de seus limites, tanto degenera em tirania, que é um gênero de govero não somente ruim, porém fraco e pouco duradouro, por ter como vassalos seus próprios inimigos, e contra cuja indignação não é suficiente força ou exército[145].

---

[145] MARIANA, J. *Tratado sobre la moneda de Vellón*. Biblioteca de Autores Españoles, Rivadeneyra, vol. 31; Madrid: Ediciones Atlas, 1950. p. 578.

1 - A Natureza do Governo

Os escolásticos entenderam corretamente que as ideias prevalecentes acerca de quais devem ser as funções do governo apresentam uma influência decisiva nas opiniões a respeito da legitimidade e do montante do gasto público. Para a maioria dos escolásticos que analisaram as estruturas políticas, o mais importante não era tanto o sistema político, mas, sim, os direitos e as condições desfrutadas pelos cidadãos. *"Os políticos perguntam repetidamente qual é a melhor forma de governo; mas esta questão é, para mim, secundária, pois já vi estados florescerem tanto sob a república quanto sob a monarquia"*[146].

Parece que, para Mariana, a teoria subjetiva da utilidade pode se aplicar também à análise dos sistemas políticos.

> *Ocorre em tudo, nas vestimentas, nos calçados, na habitação e em muitas outras coisas, que mesmo o melhor e mais elegante agrada a uns e desagrada a outros; e tenho, para mim, que o mesmo deve ocorrer com as formas de governo, pois não é por uma levar vantagem sobre as outras que há de ser aceita pelos povos de diferentes instituições e costumes*[147].

Para Mariana, uma república existe quando os cidadãos participam do governo de acordo com sua hierarquia e seu mérito. Na democracia, estipulava, as honrarias e os cargos no Estado são concedidos independentemente do mérito ou da classe social, o que, segundo ele, contraria as forças estabelecidas pela natureza ou por

---
[146] Citado no discurso preliminar. Biblioteca de Autores Españoles, vol. 30, pp. XXVI-XXVII.
[147] MARIANA. *Del rey y de la institución real*, p. 471.

forças superiores irresistíveis[148]. Mariana percebeu acertadamente que a sociedade é anterior ao poder governamental:

> *Somente depois de constituída a sociedade, poderia surgir entre os homens a ideia de criar um poder, fato que, por si só, bastaria para provar que os governantes são para os povos, e não os povos para os governantes, quando não sentíssemos para confirmá-lo e colocar para além de qualquer dúvida o grito de nossa liberdade individual, ferida desde o ponto no qual um homem estendeu sobre outro o cetro da lei ou a espada da força[149].*

A existência de governos significa, em si mesma, um limite para a liberdade. Para Mariana, tal limite era necessário, mas, para ser válido, deveria estar fundamentado na vontade popular:

> *Se para nosso próprio bem-estar precisamos de alguém que nos governe, somos nós que devemos lhe dar o império, e não ele quem deve impô-lo a nós com a ponta da espada[150].*

Como a necessidade de adotar medidas para preservar a paz é uma das principais justificativas para a existência de governos, parece apropriado concluir que uma das principais funções de um governo legítimo é a de proteger os direitos de propriedade. Mariana era um crítico ferrenho de notórios governantes que não respeitaram os direitos pessoais da maneira como se deve. Declarou que:

---

[148] Idem. *Ibidem*.
[149] MARIANA, J. Citado no discurso preliminar. Biblioteca de Autores Españoles, vol. 30, p. XXVII.
[150] Idem. *Ibidem*.

Nino, Ciro, Alexandre, César, que foram os primeiros a fundar e constituir impérios grandes e dilatadíssimos, que foram reis, porém não legítimos, que longe de domar o monstro da tirania e de extirpar os vícios, como aparentemente desejavam, não exerceram outras artes além do roubo, por mais que o vulgo celebre ainda seus feitos com imensos e gloriosos louvores[151].

Os tiranos, *"no começo brandos e risonhos"*, afirmam-se no poder. *"Não pretendem senão injuriar e derrubar a todos, principalmente os ricos e os bons"*. Compara-os a médicos que *"se esforçam para expelir os maus humores do corpo com sucos saudáveis, trabalham para desterrar da república aqueles que mais podem contribuir para seu esplendor e sua fortuna"*[152]. E prossegue:

Esgotam os tesouros dos particulares, impõem novos tributos todos os dias, semeiam a discórdia entre os cidadãos, ligam as guerras umas com outras, colocam em jogo todos os meios possíveis para impedir que os demais possam se revoltar contra sua mordaz tirania. Constroem grandes e espetaculares monumentos, porém às custas das riquezas e dos gemidos de seus súditos. Ou por acaso crês que outra foi a origem das pirâmides do Egito e dos subterrâneos do Olimpo em Tessália?[153]

De acordo com Mariana, o rei não é dono e senhor das propriedades privadas. Os reinados foram estabelecidos para defender a república; mais tarde, deu-se aos reis a potestade para combater o crime e castigar as injustiças: *"Para exercer estes cargos com a*

---

[151] MARIANA. *Del rey y de la institución real*, p. 469.
[152] Idem. *Ibidem*.
[153] Idem. *Ibidem*.

autoridade e a força convenientes (a república), assinalou-lhes suas rendas certas e o modo como se devem recolher". O rei tem domínio sobre estes bens (que resultam dos impostos e de outras de suas propriedades), porém não sobre os bens privados. É por isso que os reis: "[...] *sem o consentimento do povo, não podem fazer coisa alguma em seu prejuízo, ou seja, privá-los de toda a sua fazenda ou de parte dela. O tirano é aquele que tudo atropela e considera tudo como seu"*[154].

Mariana considera que o príncipe que toma parte da fazenda de seus vassalos, sem ter a autoridade ou a permissão da república, deve ser excomungado[155].

2 - Os Gastos Públicos

"O quão triste é para a república, e o quão odioso para os bons, ver muitos entrarem pobres e sem renda alguma na administração das rendas públicas, e poucos anos depois vê-los felizes e opulentos"[156]. Mariana definiu claramente o princípio diretor de uma política fiscal saudável: *"O príncipe deve, antes de tudo, buscar que, uma vez eliminados todos os gastos supérfluos, os tributos sejam moderados".* A principal preocupação do governante deve ser que os gastos públicos *"não sejam maiores do que as rendas reais, para que não se veja obrigado a contrair empréstimos nem a consumir as forças do império para pagar juros que hão de crescer a cada dia"*[157].

---

[154] MARIANA. *Tratado sobre la moneda de Vellón*, p. 578.
[155] Idem. *Ibidem*, p. 579.
[156] MARIANA. *Del rey y de la institución real*, p. 548.
[157] Idem. *Ibidem*.

Nosso principal e maior cuidado deve consistir, conforme dito há pouco, em que os gastos estejam nivelados com as receitas, e que as rendas vão entrando à medida em que haja a necessidade de verificar os pagamentos, a fim de que a república não se veja envolta em males maiores por não poder cumprir pontualmente com suas obrigações. Se os gastos da Coroa chegam a ser bem maiores do que os tributos, o mal será inevitável; haverá, todos os dias, a necessidade de impor novos tributos, os cidadãos se farão surdos e os ânimos irão se exasperar[158].

Em 1619, Pedro Fernández de Navarrete (1564-1632), "Cônego da Igreja Apostólica do Senhor" e capelão de "suas Altezas Majestades" publicou um livro com recomendações acerca de como conservar o reino da Espanha[159]. De acordo com ele, o maior problema da Espanha era a emigração causada pelos altos impostos necessários para cobrir os gastos públicos. Por isso, chegava à conclusão de que *"a moderação nos gastos é o melhor meio para engrandecer o reino"*[160]. Somente o rei que vive com moderação *"não se vê na necessidade de impor tributos intoleráveis"*[161]. Catalogava os imperadores romanos Nero (37-68) e Domiciano (51-96) como *"grandes monstros do mundo"*, observando que os gastos excessivos foram a causa principal de seus atropelos:

Pois que outra coisa obrigou Nero e Domiciano a arrancar a pele dos vassalos do Império, a fraudar os soldados de seus pagamentos e soldos, a deixar as armadas desprovidas e os presídios sem sustento

---

[158] Idem. *Ibidem*.
[159] NAVARRETE, P. F. *Conservación de monarquías*. Madrid, 1619. Nova edição desta obra em Biblioteca de Autores Españoles. Rivadeneyra, vol. 25. Madrid: Ediciones Atlas, 1947.
[160] Idem. *Ibidem*, p. 218.
[161] Idem. *Ibidem*, p. 217.

e a despojar os templos, senão a superfluidade dos gastos em fábricas impertinentes, em comidas requintadas, em trajes extraordinários [...] em contínuas festas e espetáculos [...][162].

Navarrete criticava o elevado número de pessoas que viviam do Estado "sugando o patrimônio real tal como se fossem harpias", enquanto o miserável lavrador está *"se sustentando de escasso pão de centeio e algumas pobres ervas"*[163]. Distintamente dos autores mercantilistas, Navarrete assinalava que não se deve considerar mais rica a província que tem mais ouro e prata, dado que nelas só em ser *"mais caras as coisas que se vendem"*[164]. A riqueza das províncias depende de sua produtividade e esta diminui quando os impostos são elevados e quando a inflação destrói o valor da moeda.

Dos altos impostos:

> A pobreza teve sua origem nos altos impostos e dela nasceu a impossibilidade de muitos vassalos para sustentarem a carga do matrimônio, sem cujos grilhões e vínculo leva os pobres, com facilidade, à inclinação de desamparar de suas terras [...] temendo, a cada dia, a vinda dos cobradores de impostos e tributos, inclinam-se a desampará-las, para evitar as vexações que deles recebem: pois, como disse o rei Teodorico, é agradável somente aquela propriedade na qual não se temem os feitores e coletores de impostos[165].

Mais ainda, como bem assinalou Casiodoro de Reina (1520-1594), *"O que pede quantidades grandes termina recebendo de*

---
[162] Idem. *Ibidem*, p. 218.
[163] Idem. *Ibidem*.
[164] Idem. *Ibidem*, p. 144.
[165] Idem. *Ibidem*, p. 105-06.

poucos. "[166] [*A paucis accipit, qui nimium quaerit*]. Navarrete explicava que, *"na mesma medida em que vão faltando os vizinhos, as imposições se tornam maiores e mais penosas, por serem mais fracos os ombros dos poucos que sobram para carregá-las"*[167]. Reforçando seu argumento, cita Francisco Petrarca (1304-1374) recomendando ao rei da Sicília que procure manter mais ricos seus vassalos do que o fisco, assegurando que não pode haver rei pobre com vassalos ricos. Isso porque *"as riquezas estão melhor guardadas nas mãos dos vassalos do que nas arcas de três chaves dos tesoureiros, que quebram a cada dia"*[168].

Para ele, aqueles que cobram altos impostos são semelhantes aos camponeses que arrancam as plantas pela raiz, ou ao lavrador que, por *"não fazer mais do que colher a fruta, e não beneficiar as árvores, será inevitável que, em poucos dias, transforme-se a horta em um terreno baldio"*[169]. Nos casos em que o rei é supreendido por alguma emergência, Navarrete recomenda que se peçam doações voluntárias, fundamentando seu julgamento com uma multidão de exemplos[170]. Se enfrenta problemas financeiros, o governante não deve ter medo de informar ao público, pois "encobrir as doenças quando são públicas, não somente não tem utilidade; mas isso impossibilita o remédio que consiste em sua manifestação"[171].

Navarrete declarou que os impostos crescem porque o governo incrementa os gastos. Dedica mais de 20 capítulos de seu livro (discursos XXIX ao L) à análise do gasto público. Grande parte do problema emanava da quantidade excessiva de cortesãos (os burocratas dos

---

[166] Idem. *Ibidem*, p. 130.
[167] Idem. *Ibidem*, p. 107.
[168] Idem. *Ibidem*, p. 109.
[169] Idem. *Ibidem*, p. 111.
[170] Idem. *Ibidem*, p. 114.
[171] Idem. *Ibidem*, p. 121.

séculos XVI e XVII) e, por isso, "é bom se desfazer de boa parte deles". Não é suficiente

> *[...] proibir e obstaculizar que a corte fique mais inchada de gente, mas, sim, deve-se limpá-la e purgá-la de grande parte dos que nela estão nos dias de hoje. E, ainda que se julgue que esta proposição seja muito rigorosa, por serem as cortes pátria comum, a utilização deste remédio é inevitável, dado que se chegou a um dano tão grande e tão evidente*[172].

Estes burocratas podem tornar-se perigosos quando, "*[...] através de gastos excessivos, cheguem a ficar na pobreza; pois então esta, como má conselheira, poderia incitar a buscar nas revoluções da pátria aquilo que, com perdularismo, desperdiçou-se em vícios*"[173]. É por causa destes gastos que as dívidas e os pleitos aumentam. Outra razão para diminuir o número de cortesãos era a confusão criada por eles: *"É inevitável que, na tão intrincada selva de tão povoada corte, haja enormes delinquentes"*[174].

Suas críticas também se dirigiam àqueles religiosos *"que se inclinam mais a frequentar os palácios dos reis, do que à reservada habitação de suas celas"*[175]. A corte não estava somente repleta de pessoas de alta patente, mas também de *"muitas outras pessoas de hierarquia inferior [...], que são lacaios, cocheiros, carregadores, vendedores de água, vendedores de súplicas e cortadores de gargantas (sic)"*. Por isso, prescrevia *"uma copiosa sangria mesmo do sangue bom, que corresponde aos senhores, para que, junto*

---
[172] Idem. *Ibidem*, p. 171.
[173] Idem. *Ibidem*, p. 173.
[174] Idem. *Ibidem*, p. 175.
[175] Idem. *Ibidem*, p. 177.

com ele, saia também o sangue mau daqueles que se sustentam à sua sombra"[176.]

O Discurso XXXI desta obra tem o título sempre atual: "Sobre os gastos excessivos". Nele, Navarrete começa citando Tito Lívio (59 a.C.-17 AD) e seus julgamentos a respeito de que a perda das monarquias se origina nos gastos excessivos, pois, quando *"se dissipa o patrimônio com excessos, busca-se restaurar com culpas"*. Quando se gasta muito e os fundos se tornam escassos

> *[...] com facilidade ficamos inclinados aos subornos, aos furtos e a outros males médios, com os quais se atropelam as leis da justiça [...], porque onde os gastos excedem a possibilidade das fazendas não há honestidade segura, nem ministros incorruptos, nem juízes retos*[177].

O padre Mariana, no último capítulo de seu tratado monetário, assinala que o gasto público excessivo é a causa essencial da depreciação da moeda. Embora advertisse que não era um especialista no tema orçamentário (*"meu assunto não foi este nem tenho capacidade para tão grande coisa"*)[178], seus comentários, tão bem fundamentados, pareciam desmenti-lo.

De acordo com ele, o gasto da casa real poderia ser reduzido: *"o moderado, gasto ordenadamente, resplandece mais e representa maior majestade do que o supérfluo desordenado"*[179]. A seguir, explicava que, em 1429, durante o reinado de rei João II (1405-1454), o orçamento apresentava gastos de somente oito contos de maravedis[180].

---

[176] Idem. *Ibidem*, p. 179.
[177] Idem. *Ibidem*, p. 209.
[178] MARIANA. *Tratado sobre la moneda de Vellón*, p. 591.
[179] Idem. *Ibidem*.
[180] Um conto equivale a um milhão. De um marco de prata (oito onças), cunhavam-se 67 reais (moedas de prata). Um real valia quatro maravedis.

> *[...] alguém poderá dizer que esta conta é muito antiga, que as coisas mudaram muito, que os reis são muito poderosos e que, por isso mesmo, são obrigados a maior representação, o sustento é muito mais caro, é verdade; mas tudo isso não chega à desproporção que há entre os oito contos e o que deve se gastar, hoje, na Casa Real[181].*

Durante o reinado de Felipe II (1527-1598), os gastos reais chegaram a 118 contos. Muitos se perguntavam "no que se poderia reduzir o gasto?". Mariana respondia: *"Disso não entendo; os que lidam com isso devem sabê-lo; o que se diz é que se gasta sem ordem e que não há livro nem razão de como se gasta aquilo que entra na despensa e na casa"*[182].

Mariana recomendava ao rei que reduzisse o montante dos subsídios porque *"o rei não pode gastar a fazenda que lhe dá o reino com a liberdade com que o particular gasta os frutos de seu vinhedo ou de sua propriedade"*[183]. Lamentava-se de que não há, no mundo, *"reino que tenha tantos prêmios públicos, encomendas, pensões, benefícios e ofícios"*[184]. Àqueles governantes que concediam estas subvenções com o objetivo de conseguir amigos e apoio político, Mariana recordava que *"os homens se movem mais por esperança do que por agradecimento"*[185]; aqueles que recebem os favores logo se tornam improdutivos e se transformarão em inimigos assim que diminuírem suas expectativas de receber subsídios. Os reis deveriam evitar gastar dinheiro em *"empresas e guerras desnecessárias"* e, tal como Navarrete, sugeria ao rei que cortasse os *"membros cancerosos*

---

[181] Idem. *Ibidem*.
[182] Idem. *Ibidem*.
[183] Idem. *Ibidem*, p. 592.
[184] Idem. *Ibidem*, p. 591.
[185] Idem. *Ibidem*.

e que não se podem curar"[186]. Finalizava com uma forte crítica contra os abusos burocráticos:

> *[...] é coisa miserável o que se diz e o que se vê; diz-se que, de poucos anos para cá, não há ofício ou dignidade que não sejam vendidos pelos ministros com presentes e atos de submissão etc., inclusive audiências e bispados; não deve ser verdade, porém é muita miséria que se diga.* Vemos os ministros, que saíram do pó da terra, em um momento repletos de uma renda de quantidades enormes de ducados; de onde isso veio senão do sangue dos pobres, das entranhas de negociantes e pretendentes?[187]

Mariana citava o caso de um rei castelhano, *"creio que Dom João II ou seu pai"*, Dom Henrique III (1379-1406), que seguiu as sugestões de um de seus almoxarifes judeus, que sabia que os tesoureiros encarregados de cobrar as rendas reais fraudavam o rei em troca de uma comissão. O judeu, que ignorava o montante da fraude, convocava as partes envolvidas e perguntava se se contentavam em devolver a metade do que haviam roubado. Estes, convencidos de que o judeu sabia o montante verdadeiro, retornavam a metade do dinheiro desviado. Mas então o judeu, em vez de deixá-los livres, prendia-os até que devolvessem todo o dinheiro[188]. Para refrear alguns destes abusos, Mariana recomendava que todos os funcionários do rei, antes de ocuparem seus cargos, apresentassem o inventário de seus bens. Os funcionários deveriam ser auditados com frequência, e o inventário serviria *"para que no momento da visita prestassem minuciosamente contas a respeito de como tinham adquirido o resto"*[189].

---
[186] Idem. *Ibidem*, p. 592.
[187] Idem. *Ibidem* (grifo do autor).
[188] Idem. *Ibidem*, p. 592.
[189] Idem. *Ibidem*.

Parte do problema era gerado porque aqueles que ocupavam cargos públicos chegavam ao poder tão comprometidos que se sentiam obrigados a favorecer injustamente quem *"secretamente lhes molhava as mãos"*[190]. Tamanha era a corrupção ("não se terminaria de contar os subornos e artimanhas") que faziam com que, de cada peso que correspondia à fazenda real, somente a metade chegasse às mãos do rei, pois, como o dinheiro passava por muitas mãos, *"em cada parte deixava algo"*[191].

Tal como acontece hoje em dia, naqueles tempos era frequente tentar justificar os abusos do governo argumentando-se que se tratava de atos necessários para o "bem comum". Bartolomé de Albornoz abordou este tema ao recomendar ao rei que respeitasse a propriedade privada:

> *[...] é regra geral que o bem público há de se antepor ao particular, porém há dificuldade em saber qual é o bem público [...]. Muitas vezes, Satanás se transforma em Anjo de Luz e tomamos por bom aquilo que não é razoável [...]. Peço ao Leitor que leia (nas histórias portuguesas) sobre o palácio construído por um rei infiel e, sendo a obra muito suntuosa, deixou ao lado de sua parte principal a casinha de uma pobre velha que não a quis vender. E a mostrava como a coisa mais destacada daquele edifício, para deixar constância a todos a respeito de sua justiça e da liberdade com a qual se vivia em suas terras, obra verdadeiramente digna de rei que não era pagão, pois, se um infiel sem o lume da fé domasse desta maneira seus apetites, por que um religioso desejaria levar adiante os seus, colocando Deus como escudo? Plínio (Livro 8, cap. 45) escreve que seus deuses não consideravam aceitável o sacrifício que se fazia com animal alheio, pois, se o demônio não quer de seus servos senão o que*

---
[190] Idem. *Ibidem*.
[191] Idem. *Ibidem*.

lhes é próprio, Deus haveria de se servir dos seus com o que é alheio? – o qual como ninguém sabe fazer agravos, tampouco quer que em seu nome ninguém o faça a outro, e muito menos que se lhe faça serviço do alheio contra a vontade de seu dono, ou sacrifício pela força[192].

Albornoz chega ao ápice de sua análise dizendo que os religiosos *"antes devem perder algo de seu direito do que alcançá-lo mediante a força"*[193]. O secular deve seguir o exemplo de Cristo, que não tomou nada pela força[194].

3 - Princípios de Tributação

"Via de regra, os impostos são o açoite dos povos e o pesadelo de todos os governos. Para aqueles, são sempre excessivos; para estes, nunca são excessivos e suficientes"[195]. Os doutores escolásticos definiram os impostos como aquilo que o príncipe ou a república toma dos particulares para sustentar a comunidade, por exemplo, uma transferência legal da propriedade de um indivíduo para o governo. Tanto o rei quanto os governantes, assim como os particulares, podiam cometer injustiças neste campo.

Para Pedro de Navarra (1454-1523), os impostos são tirânicos não somente quando aquele que os impõe não tem a potestade necessária, mas também quando uns são mais tributados do que outros e quando os fundos de impostos, em vez de serem utilizados para o benefício comum, destinam-se a satisfazer o bem particular do gover-

---

[192] ALBORNOZ. *Arte de los contratos*, p. 69.
[193] Idem. *Ibidem*.
[194] Idem. *Ibidem*.
[195] MARIANA, J. Biblioteca de Autores Españoles. Discurso Preliminar, p. XXXVI.

nante. Acrescentava que, em casos de necessidade extrema ou grave, o povo não tinha, em consciência, obrigação de pagar os tributos[196].

Estabelecendo que, dentro dos limites estabelecidos pela justiça legal, as pessoas podem fazer o que quiserem com sua propriedade, os escolásticos contemplavam três exceções. A primeira são as pessoas não adultas, que têm pleno direito à posse dos bens, porém somente um direito limitado ao uso e à disposição desses bens. A corte também pode limitar o uso que um criminoso pode fazer do que é sua propriedade, e também pode determinar que parte dessa propriedade seja transferida a outro por motivos de justas restituição e compensação. A terceira, e de longe a forma mais comum de limitar a propriedade privada, são os impostos.

Nem todo imposto é justo nem toda evasão é injusta. Para que uma lei (impositiva ou de qualquer outro tipo) fosse justa, deveria cumprir com os requisitos de toda lei[197]. Assim também deveria levar em consideração a necessidade (é realmente necessário aumentar ou modificar os impostos?), a oportunidade (este é o momento oportuno para modificar os impostos?), a forma (estes impostos propostos são equitativos e proporcionais?) e o nível (as reformas impõem cargas moderadas ou excessivas?). De acordo com Pedro de Navarra, o príncipe que utiliza fundos de impostos para seus interesses pessoais

---

[196] NAVARRA, P. *De restitutione*. Toledo, 1597, p. 124-125.
[197] Na doutrina tomista, aquilo que não é justo nunca pode ser considerado lei verdadeira. AQUINO. *Summa theologica*, I-II, qu. 95, art. 2. Este argumento remonta a Santo Agostinho: *"parece que aquilo que não é justo não pode ser lei"*, *De Lib. Arb.*, i. 5. Para que uma lei seja justa, deve derivar da lei natural e estar em concordância com as regras da razão e da utilidade humana. Ademais, esta lei deve ser de cumprimento possível de acordo com os costumes do país em questão. Devem ser formuladas pelo poder governante, porém sem que este se exceda em suas faculdades legislativas. O peso da lei deve recair sobre todos de maneira proporcional e equitativa. Santo Tomás argumentou que uma lei imposta em prol do bem comum se torna injusta quando o peso da lei não é igual para todos os membros da comunidade. *"Mais do que leis, estes são atos de violência"*. *Summa theologica*, I-II, qu. 96, art. 4.

comete um roubo, e caracteriza tal ação como confisco tirânico e rapinagem[198]. Estabeleceu ainda que, quando a razão da criação de um imposto deixa de existir, por direito natural os cidadãos não estão obrigados a pagá-lo[199].

A respeito da matéria tributável, de acordo com a maior parte dos autores do período, o mais apropriado é tributar as mercadorias que não são de primeira necessidade e que são movidas de um lugar a outro. A moderação é a regra de ouro dos impostos.

Villalobos declarou que:

> [...] muito devem ter em conta dos conselheiros dos reis, considerando que os tributos emagrecem muito os povoados e assolam de tal maneira os lavradores, que os lugares que ontem estavam de pé e, com certa quantidade de vizinhos, hoje os vemos pelo chão, e transformados em pastagens, porque os labradores não conseguem suportar os tributos[200].

Aqueles que viram o poder predatório das políticas coletivistas aplicadas no século XX facilmente podem entender por que este franciscano utiliza o termo "pastagens" (terrenos extensivos de propriedade comum) como sinônimo de devastados ou inférteis. À luz das circunstâncias políticas de seu tempo, os escolásticos analisaram com grande coragem o tema dos impostos. Diversos autores modernos compartilham do juízo do rei Teodorico (454-526) citado por Villalobos, em que *"é agradável somente aquela propriedade na qual não se temem os feitores e coletores de impostos"*[201].

---

[198] "Si enim ad privatum finem princeps tributa exigeret, ad imbursanda, vel inutiliter consumenda, esset tyrannica exactio, & rapiña". NAVARRA. *De restitutione*, p. 135.

[199] "Idem. *Ibidem*, p. 137. Um caso típico no século XX são os chamados impostos de emergência que frequentemente continuam sendo aplicados depois que a emergência passou.

[200] VILLALOBOS. *Summa de la theologia moral y canónica*, 1632, p. 91.

[201] NAVARRETE. *Conservación de monarquías*, p. 106.

Capítulo V
Teoria Monetária

Os escolásticos desenvolveram suas teorias monetárias a partir da análise aristotélica. Aristóteles descreveu o processo mediante o qual certas mercadorias começaram a ser demandadas para facilitar as trocas e substituir o escambo. Diversas mercadorias foram descartadas até que finalmente os metais preciosos, acima de tudo o ouro e a prata, transformaram-se no meio de troca mais frequentemente utilizado. Santo Tomás de Aquino também repete este conceito aristotélico de que a moeda foi "inventada" para facilitar as trocas[202] e de que o principal uso da moeda é o de servir como meio de troca. Esta moeda, contudo, também cumpria as funções de reserva de valor e unidade de medida, funções estas características de todo meio de troca.

Seguindo por esta tradição, Domingo de Soto esclareceu que a palavra moeda *(nummus ou numisma)* significa lei ou norma e acrescentou que a moeda "[...] *se utiliza para duas coisas. A primeira é servir de medida, proporcionando igualdade em todas as coisas. A construção de uma casa não poderia ser avaliada de maneira exata com sapatos, nem com meias, nem com outras manufaturas"*[203].

---
[202] AQUINO. *Summa theologica*. II-II, qu. 78, art. 5, resp. O texto latino diz: "*Pecunia autem, secundum philosophum, principaliter est inventa ad commutations faciendas*".
[203] DE SOTO. *De iustitia et iure*, Liv. III, Cuestión Y, art. 4.

Prossegue com um julgamento que demonstra claramente que este autor considerava o intercâmbio monetário como um intercâmbio direto:

> *Além disso, aquele que em um momento não tem necessidade dos bens de outro, pode ter necessidade de outros bens, ou pode ter necessidade dos mesmos posteriormente, ou em outro lugar; neste caso, a moeda irá garanti-los como se fosse um fiador. Porque, onde quer e quando quer que apresentares tal moeda, poderás conseguir o que sirva para a tua necessidade.*

De Soto conclui que, para julgar o valor da moeda, há de ter em conta não somente a natureza da matéria (por exemplo, ouro, prata, bronze), mas também *"o selo e a determinação da nação (república), ou chefe do Estado, que imprime sua autoridade em tal moeda, assim se declarando fiador de todos"*[204]. É por isso que, ao menos em princípio, em tempos de necessidade, quase qualquer bem de fácil transporte ("ainda que seja depreciável como o ferro e as peles") pode servir como moeda. De Soto, apesar disso, recomendava que se escolhesse o metal mais sólido e de maior durabilidade como moeda de uma região e, por isso, preferia as moedas de ouro. Entre as diversas vantagens do ouro, uma das principais era sua resistência ao fogo, *"permanecendo incólume em incêndios e fogueiras"*.

Azpilcueta, em sua análise monetária, também refletiu acerca da natureza do dinheiro. Quando há um padrão monetário metálico, está-se obrigado somente a devolver a mesma quantidade de moedas recebidas em empréstimo, e não uma cifra de valor equivalente. Já que quando a moeda muda de valor *"por ordem do príncipe [...] não muda sua matéria nem forma, nem deixa de ser o mesmo que*

---
[204] Idem. *Ibidem.*

era antes; pois o que se muda é a coisa extrínseca e acidental, e não sua essência"[205]. O preço da moeda metálica *"se funda mais em seu ser natural do que no artificial, como fica dito"*[206]. *"A bondade intrínseca do dinheiro"*, continuava, *"não é o preço que lhe é dado pela república, mas, sim, a qualidade e bondade da matéria, daquilo que é"*[207].

1 - A Teoria Quantitativa

Os autores escolásticos também eram muito claros a respeito deste ponto. Para analisar o valor de um bem, é necessário fazer alusão à quantidade desse bem. Martín de Azpilcueta esclarecia que, mesmo que *"mais precioso seja [em si mesmo] o ouro do que o chumbo, [contudo] mais vale um quintal de chumbo do que um grama de ouro"*[208]. Citava Domingo de Soto e seus argumentos de que *"muita quantidade de um pode valer mais do que pouca quantidade do outro"*[209].

De acordo com Azpilcueta, é por ser tão comum a opinião de que o valor do dinheiro depende principalmente da quantidade que *"por isso parece voz de Deus e da natureza"*[210]. Ainda mais, como toda mercadoria encarece quando há pouca oferta e muita demanda, também o dinheiro se encarecerá, por ser também uma mercadoria (*"visto que se trata de coisa vendável, trocável ou comutável"*)[211].

---

[205] AZPILCUETA. *Manual de confesores y penitentes*, p. 70. Com o atual papel-moeda sem respaldo, de valor intrínseco desprezível, esta análise muda completamente.
[206] Idem. *Ibidem*.
[207] Idem. *Ibidem*, p. 71.
[208] Idem. *Ibidem*, p. 219.
[209] Idem. *Ibidem*, p. 220.
[210] Idem. *Ibidem*, p. 74.
[211] Idem. *Ibidem*.

> *[...] nas terras onde há grande falta de dinheiro, todas as demais coisas vendáveis, e ainda as mãos e trabalhos dos homens, dão-se por menos dinheiro do que onde dele há abundância; pela experiência, vê-se que na França, onde há menos dinheiro do que na Espanha, o pão, o vinho, os panos, as mãos e os trabalhos custam muito menos; e ainda na Espanha, no tempo em que havia menos dinheiro, davam-se por muito menos as coisas vendáveis, as mãos e os trabalhos dos homens, do que depois que as Índias descobertas a cobriram de ouro e prata. A causa disso é que o dinheiro vale mais onde e quando dele há falta, do que onde e quando o há em abundância, e o que alguns dizem de que a falta de dinheiro diminui as outras coisas nasce de que seu sobrado aumento faz com que as outras coisas pareçam mais baixas, assim como um homem ao lado de outro que é muito alto parece menor do que quando está ao lado de outro homem de sua altura*[212].

Azpilcueta não somente assinalou o efeito que as mudanças na qualidade da moeda tinham sobre seu valor, porém advertiu corretamente que a mera dúvida acerca do valor do dinheiro, fruto das contínuas mudanças, era causa suficiente para diminuir seu valor[213]. Era claro para este autor que o valor da moeda não era objetivo: *"pela falta da moeda de ouro, com razão seu valor pode crescer, para que por ela se dê mais moeda de prata ou de outro metal"*[214]. O Doutor Navarro notava que naquele então se pagava de 22 a 25 reais de prata por dobrão de ouro, embora *"pela lei e o preço do reino, não valha mais do que 12"*[215].

Alguns assinalam que, com padrões metálicos de moeda, o preço do dinheiro é fixado por lei. Portanto, *"não sobe, nem des-*

---
[212] Idem. *Ibidem*.
[213] Idem. *Ibidem*, p. 67.
[214] Idem. *Ibidem*, p. 75.
[215] Idem. *Ibidem*.

ce". Assinalar que uma unidade monetária será equivalente a uma certa quantidade de metal não significa que o dinheiro está taxado, *"visto que é mercadoria"*. Àqueles que mantinham uma atitude *"legalista"*, Azpilcueta dizia:

> [...] *a taxa que se coloca sobre o dinheiro é colocada para que valha somente aquilo e não mais, estando as coisas naquele estado; mas não para que, mudando tanto, a ponto de haver grande falta e necessidade daquele dinheiro taxado, não possa valer mais*[216].

Bartolomé de Albornoz também abordou o tema do valor do dinheiro, que segundo ele tinha um valor particular e outro geral. O primeiro era determinado pela lei e pela cunhagem; o segundo, pelo metal – a moeda guarda seu valor de todas as maneiras. Não se pode dar preço ao preço, assinalava este autor: *"quantas pesetas custa uma peseta?"*[217]

Sua análise torna-se cada vez mais relevante: por haver *"mais ou menos dinheiro, cresce ou diminui a estima do dinheiro, porém não seu valor [particular]"*[218]. A seguir, Albornoz descreve que não são os preços que sobem, mas, sim, a moeda que diminui:

> *Este é o ponto mais sutil e mais substancial de toda esta matéria, de onde entenderemos o fundamento da carestia destes reinos, porque tudo o que há custa caro, exceto o dinheiro, que é o mais barato [...], porque é estimado como menos e seu valor é diferente de sua estima, sendo que o valor de um real sempre foi e é 34 maravedis*[219].

---
[216] Idem. *Ibidem*, p. 82.
[217] ALBORNOZ, *op. cit.*, f. 131.
[218] Idem. *Ibidem*, f. 132.
[219] Idem. *Ibidem*.

Não é exagero assinalar que a análise segundo a qual a quantidade de moeda era um dos determinantes essenciais de seu valor era doutrina comum para os escolásticos. Luis de Molina analisou detalhadamente a influência da escassez no valor do dinheiro.

> Caeteris paribus, *ali onde a moeda for mais abundante, ali também será menos valiosa para comprar bens e para comparar o valor deles. Assim como a abundância de bens produz uma diminuição de seu preço (permanecendo constantes a quantidade de dinheiro e de mercadores), a abundância de moeda faz com que os preços aumentem (permanecendo constantes a quantidade de moeda e o número de mercadores). A razão é que a moeda, em si, tende a valer menos para comprar e comparar bens. Por isso, vemos que, na Espanha, o poder aquisitivo da moeda é bem menor do que há 80 anos. Um bem que poderia ser adquirido, naquela época, por dois ducados, hoje custa cinco, seis ou inclusive mais. Os salários aumentaram na mesma proporção e assim também os dotes, os preços das fazendas, as rendas dos benefícios e as demais coisas. Do mesmo modo, vemos que, no Novo Mundo, especialmente no Peru, onde é mais abundante, a moeda vale bem menos do que na Espanha. Porém será mais cara nos lugares onde é mais escassa do que na Espanha*[220].

Molina assinalou também que, inclusive em um mesmo país, a moeda tende a ter diferentes valores, devido a variações em sua quantidade. Era em Sevilha, onde chegavam os barcos carregados com ouro do Novo Mundo, que a moeda valeria menos. No entanto, Molina não era um rígido quantitativista e também assinalava que *"sempre ali onde*

---

[220] MOLINA, L. *De iustitia et iure*. Maguncia, 1614. Disp. 406, cols. 704-05.

a demanda por moeda for maior, maior será seu valor"[221]. *"São estas coisas [a oferta e a demanda]"*, acrescentava, *"que causam que o valor da moeda mude de tempos em tempos, em um lugar ou em outro"*[222].

As ideias das pessoas também influenciavam o valor do dinheiro. A utilidade não é a única fonte de valor. Este é determinado pela combinação da utilidade com a escassez[223].

Frei Tomás de Mercado especificou que, na troca direta de bens [escambo], assim como no intercâmbio monetário, o que importa não é o valor intrínseco, mas, sim, o extrínseco, que é acidental e depende tanto da estima quanto da utilidade, pois:

> *[...] na moeda há duas coisas: uma é seu valor e lei, que é sua substância e natureza em ser moeda: e a outra é a estima. Desse modo, aquilo que no demais é extrínseco e variável, na moeda é essência e natural: a estima é acidental*[224].

Juan de Mariana deu duas razões semelhantes para explicar a queda no valor da moeda:

> *Uma é ser, como será, muita e sem número e sem conta, o que faz baratear qualquer coisa que seja, e, pelo contrário, encarecer o que por ela se troca; a segunda é ser a moeda tão baixa e ruim que todos quererão tirá-la de suas casas e os que têm as mercadorias não as quererão dar senão em troca de quantias maiores*[225].

---

[221] Idem. *Ibidem.*
[222] Idem. *Ibidem.*
[223] Trat. 2, disput. 348; MOLINA, L. *La teoría del justo precio*. Ed. por Francisco G. Camacho. Madrid: Editora Nacional, 1981, p. 167-168; Restituto Sierra Bravo, op. cit., p. 695.
[224] MERCADO, T. *Suma de tratos y contratos*. Madrid: Editora Nacional, 1975. p. 331-32.
[225] MARIANA. *Tratado sobre la moneda de Vellón*, p. 587.

Uma moeda que sofre deterioração constante tende a servir cada vez menos. As pessoas tentarão reduzir a quantidade de riqueza mantida em forma monetária[226], e isto fará com que seu valor diminua ainda mais. Tal fato ocorrerá sempre, dado que *"não sei de jamais ter sido feita esta mudança sem que se seguisse o aumento de preços"*[227].

Duas coisas eram certas para Mariana: o rei, primeiramente, tinha autoridade para mudar a forma e a cunhagem da moeda; em segundo lugar, em casos de grande necessidade, o rei poderia diminuir a qualidade da moeda desde que:

1) A redução fosse por um curto período de tempo.

2) Uma vez superada a crise, devia-se reparar o dano causado à população.

Disso decorre que Mariana considerava que a degradação monetária era uma espécie de imposto[228]. Frei Tomás de Mercado também atribuiu considerável importância à influência da estima no valor da moeda e dos bens:

[...] há de ter em conta que o valor e o preço do dinheiro, e sua estima, não são a mesma coisa. Exemplo claríssimo disto é que, nas Índias, o dinheiro vale o mesmo que aqui (convém saber), um real vale 34 maravedis. Um peso de minas, 13 reais, e o mesmo vale na Espanha, porém ainda que o valor e o preço sejam os mesmos, a estima é muito diferente nas duas partes. Pois muito

---

[226] No jargão econômico, fala-se em uma diminuição nos saldos reais.
[227] MARIANA. *Tratado sobre la moneda de Vellón*, p. 587.
[228] Idem. *Ibidem*.

menos se estima nas Índias do que na Espanha [...]. Depois das Índias, onde menos se tem é em Sevilha, como cidade, que recebe em si tudo o que é bom que vem de lá, e depois as demais partes da Espanha. Estima-se muito em Flandres, em Roma, na Alemanha, na Inglaterra[229].

Domingo de Soto aplicou estas doutrinas para analisar a situação econômica de seu tempo:

> *Quanto mais abundante é o dinheiro em Medina, mais desfavoráveis são os termos de troca e maior é o preço que deve ser pago por quem quer que deseje enviar dinheiro da Espanha para Flandres, já que a demanda deste é menor na Espanha do que em Flandres. Quanto mais o dinheiro escasseia em Medina, menos deve se pagar nesse lugar, já que há mais pessoas que precisam de dinheiro em tal lugar do que as que enviam a Flandres.*[230]

De Soto reconhecia o poder da autoridade em tempos de crise para modificar o valor da moeda, e ainda para criar moeda de ferro, pele ou qualquer bem desprezível, mas isso somente poderia se justificar em raríssimas ocasiões. Sobre o tema, De Soto também se apoia em Aristóteles. A moeda, assim como as leis, deve permanecer o mais fixa possível[231]. O príncipe que repetidamente altera o valor da mesma, a rigor, perderá a confiança de seus súditos.

O cardeal Juan de Lugo realizou uma análise semelhante:

---

[229] MERCADO. *Suma de tratos y contratos*, p. 327.
[230] DE SOTO. *De iustitia et iure*, Liv. VII, qu. 5, art. 2. Citado também por GRICE-HUTCHINSON. *El pensamiento económico en España. Op. cit.*. p. 143.
[231] Idem. *Ibidem*, Liv. III, qu. V, art. 4.

Devemos observar com Molina, Lessio e Salas, que o excesso deste valor desigual que o dinheiro tem em diferentes lugares se deve não somente ao maior valor intrínseco do dinheiro, que deriva de seu maior conteúdo metálico ou montante legal mais elevado, mas que pode ter também como causa a diversidade em seu valor extrínseco. Assim, pois, no mercado para o qual se envia o dinheiro, pode haver uma carência geral deste, ou talvez seja demandado por mais indivíduos, ou talvez haja oportunidades melhores para fazer negócios com o dinheiro e obter um benefício. Ademais, dado que em tal lugar o dinheiro será mais útil para satisfazer às necessidades humanas, com a mesma quantidade de dinheiro serão comprados mais bens do que em outros pontos e, portanto, em tal mercado considerar-se-á corretamente que o dinheiro tem mais valor[232].

Covarrubias também declarou que a estimação do dinheiro varia de acordo com a pureza de seu conteúdo metálico[233]. Juan de Medina apontou que, embora o valor legal da moeda deva permanecer imutável, a qualidade dela fará com que seu preço varie, valorizando-se mais aquela moeda que possa durar por mais tempo e que seja mais fácil de transportar[234].

Medina citou, além disso, outros fatores que influenciavam no valor da moeda:

1) Sua capacidade para servir como reserva de valor[235];

---

[232] LUGO, J. *De iustitia et iure*. Lyon, 1642, dis. 26, secc. 4, pars. 41-44, citado em GRICE-HUTCHISON. *El pensamiento económico en España. Op. cit.*, p. 146-147.
[233] COVARRUBIAS Y LEIVA. *Opera omnia*. Liv. 1, cap. 7, p. 1055.
[234] MEDINA. *De contractibus*, p. 148.
[235] Idem. *Ibidem*. O ouro era a melhor moeda neste sentido, já que *"quia melius domi conservatur aurea quam alia moneta"*.

2) O número de lugares onde essa moeda é aceita[236];

3) A variabilidade de seu valor legal[237] (quanto maior a flutuação, menor o valor).

Medina concluiu que o valor corrente do dinheiro difere do valor legal imposto pela autoridade. Esta diferença poderia ser causada não somente por diferenças na qualidade objetiva do dinheiro, mas também na utilidade do tipo de dinheiro em questão[238].

Outros autores, raramente aludidos pelos historiadores, escreveram de maneira semelhante. Pedro de Navarra assinalou que, quando as pessoas têm liberdade, se uma moeda for desvalorizada em peso e qualidade, seu valor e sua estima também serão reduzidos, tanto quando alguém aceita essa moeda em uma troca quanto quando quiser utilizá-la para pagar[239]. Para Cristóbal de Villalón, a moeda flutua diariamente, *"de acordo com o lugar"*[240].

Estas teorias continuaram sendo populares durante o século XVIII. Domínguez, por exemplo, explicou que a moeda tem um valor extrínseco e outro intrínseco. Enquanto este último depende do padrão legal estabelecido pelas autoridades, o primeiro é variável e depende do preço de mercado do conteúdo metálico da moeda.

---

[236] Idem. *Ibidem*. "*Quia una universalius est distrahibilis, quia in pluribus regnis & locis currit & expenditur quam alia*".
[237] Idem. *Ibidem*. "*Quia not ita facile valor legalis bonae pecunie variatur, sicut valor aliarum pecuniarum inferiorum, quae magis sunt periculo diminutionis exponiter*".
[238] Idem. *Ibidem*. A citação em latim diz: "*Itaque non solum aurea pecunia valet plus quam alia inferior moneta: ratione materiae, sed etiam quatenus pecunia est, & talis qualitatis dicitur plus valere ob praefatas & alias utilitates, in quibus una moneta aliis monetiis est praeferenda: ideo dicunt hac ratione posee pecuniam vendi carius, quam sit valor eius legalis*".
[239] NAVARRA, P. *De restitutione*. Toledo, 1597, Liv. II, p. 177. O texto latino versa: "*Sed illi liberi sunt, ut si moneta diminuta sit in materia, & pondere, ipsi etiam de valore et aestimatione diminuant, eam sic recipendo, et expendendo*".
[240] VILLALÓN, C. *Provechoso tratado de cambios y contrataciones de mercaderes y reprobación de usura*. Valladolid, 1542, fol. XI.

> *O que foi dito se confirma porque uma moeda, ou pelo transcurso do tempo, ou por outro motivo dos que se colocam, vale mais em um lugar do que em outro, ainda que seja do mesmo peso, medida e bondade [cita oito autores], porque o valor deve, sem dúvida, ser como todas as coisas que há debaixo do Sol, segundo o preço em que se queira estimar*[241].

Domínguez ridicularizou aqueles que sustentavam que a troca de dinherio deveria ser analisada de maneira diferente da troca de outros bens. Caso isso seja aceito, é possível *"que houvesse tantos nomes de contratos quantas são as coisas que se podem reduzir à venda, o que caso se dizesse, seria um grande absurdo"*[242].

2 - Propriedade Privada e Degradação Monetária

Muitos dos autores escolásticos desaprovavam o mecanismo de redistribuição de riquezas por intermédio da adulteração monetária. Reconheciam que o governante poderia obter vantagens de curto prazo mediante tal mecanismo, porém os benefícios de uma política monetária saudável e estável eram muito mais importantes. Mercado notou que:

> *Entre muitas coisas extremamente necessárias para o bom governo e tranquilidade do reino, uma é que o valor e lei da moeda, e ainda seu cunho e sinal, sejam duráveis, e o mais invariáveis quanto for possível*[243].

---

[241] DOMÍNGUEZ, J. M. *Discursos jurídicos sobre las aceptaciones, pagas, intereses y demás requisitos, y qualidades, de las letras de cambio*. Madrid, 1732, p. 65. O autor era originário de Sevilha, e o livro foi dedicado ao arcebispo de Valencia. A obra foi aprovada pela Inquisição *"por não conter coisa que se oponha à nossa Santa Fé Católica e aos bons costumes"*.
[242] Idem. *Ibidem*.
[243] MERCADO. *Suma de tratos*, p. 264.

Além disso, criticou a degradação monetária:

> *[...] diminuir ou aumentar a moeda é aumentar ou diminuir a fazenda de todos, pois tudo em última análise é dinheiro; portanto, em resolução corresponde a mudar tudo, que os pobres sejam ricos, e os ricos sejam pobres. Por este motivo, diz Aristóteles que uma das coisas fixas e duráveis que se deve ter na república é que o dinheiro valha continuamente um mesmo preço e dure, se possível, 20 gerações, e saibam os bisnetos aquilo que herdaram de seus avós e aquilo que, sendo bons, acrescentaram, ganharam e deixaram para seus pais*[244].

O padre Juan de Mariana comparou o ato de transferir riquezas mediante a adulteração monetária ao ato do ladrão que se intromete nos celeiros privados e rouba uma parte dos cereais. Tal prática, apontou, é contrária à razão e ao direito natural:

> *O rei não é senhor dos bens particulares, nem pode tomá-los em sua totalidade ou em parte. Vejamos, pois, seria lícito que o rei se metesse nos celeiros de particulares e tomasse para si a metade de todo o trigo, e os quisesse satisfazer em que a outra metade fosse vendida ao dobro de antes? Não creio que haja pessoa de juízo tão estragado que aprovasse isto; mas é exatamente isto o que se faz com a letra na antiga moeda de cobre*[245].

De acordo com Mariana, sempre que o rei cunhava esta moeda de baixa qualidade, seu antigo detentor ficava com um terço de seu

---
[244] Idem. *Ibidem*, p. 265-66. Este parágrafo demonstra que tal autor não cometeu o erro do ramo de "Chicago" da escola keynesiana de pensar que as trocas monetárias não afetam, a longo prazo, os preços relativos. Além disso, é claro também que aprovava o enriquecimento material e o direito à herança.
[245] MARIANA. *Tratado sobre la moneda de Vellón*, p. 586.

valor real; e o rei, com os dois terços restantes. Não é de surpreender que este astuto moralista qualificasse tal prática como *"infame latrocínio"*[246]. Tais políticas monetárias empobrecem o reino e geram um ódio comum contra seus autores[247].

3 - Inconvenientes Adicionais da Degradação Monetária

Mariana atribuía grande importância ao padrão monetário estável. O dinheiro, junto com os pesos e medidas, é o fundamento *"sobre o qual repousa toda contratação e os nervos com que toda ela é travada, porque as demais coisas se vendem por peso e medida, e todas pelo dinheiro"*[248]. Por isso, acrescentava que, para evitar que cambaleie e confunda todo o comércio, há que evitar as mudanças na moeda, dado que "a fundação do edifício deve ser firme e estável"[249].

Mariana citava o Levítico, 27,25[250] e narrava que a moeda *"se guardava em sua pureza e no preço justo no templo, para que todos acudissem àquela mostra e ninguém se atrevesse a baixá-la nem de lei, nem de peso"*[251]. Também se apoiava em Santo Tomás de Aquino, que em sua obra sobre a instituição real[252] aconselhava que os príncipes não alterassem a moeda de acordo com seus caprichos:

---

[246] Idem. *Ibidem*, p 587.
[247] Idem. *Ibidem*, p. 588.
[248] Idem. *Ibidem*, p. 581.
[249] Idem. *Ibidem*.
[250] Idem. *Ibidem*. "*Omnis aestimatio siclo sanctuari ponderatur*".
[251] MARIANA. *Tratado sobre la moneda de Vellón*, p. 581.
[252] AQUINO. *De regim. princ.*, Livro 11, cap. 14.

> *Isto causa grande confusão para ajustar o antigo ao moderno e umas nações a outras, e bem parece que os que andam no governo não são pessoas muito eruditas, pois não chegaram a seu conhecimento as turbulências e revoltas que ocorreram em todas as épocas por causa disso, tanto entre as outras nações quanto dentro de nossa casa, e com quanto cuidado se deve proceder em matérias semelhantes. Seria muito fácil entender que o arbítrio de baixar a moeda seria muito vantajoso para o rei em curto prazo, e que muitas vezes dele se utilizou; no entanto, é de razão advertir juntamente os efeitos negativos que se seguiram e como isso sempre resultou em notável prejuízo para a população e para o próprio príncipe, obrigando-o a voltar atrás e a tentar remediar o problema, às vezes por meios ainda piores, conforme veremos*[253].

Mariana comparava os efeitos da degradação monetária aos efeitos dos narcóticos: *"[é] como a bebida que se dá ao enlutado em momento inoportuno, que no momento refresca, porém a seguir causa acidentes piores e aumenta o enlutamento"*[254]. Também declarou que, em curto prazo, a produção aumenta *"porque com os trabalhos que se avivam, teremos maior quantidade de quase tudo o que é necessário para a vida"*[255]. Acrescentava que o rei *"obterá, desta maneira, grande valor, com o qual socorrerá suas necessidades, pagará suas dúvidas [...]. Não há dúvida senão que o valor no presente será grande"*[256]. As moedas de baixo grau eram utilizadas pela maioria dos tiranos, moedas sem ouro ou sem prata[257]. Mariana

---
[253] Idem. *Ibidem*, p. 581. Estes males maiores são os controles de preços. Estes controles generalizados são "um remédio que piorou a chaga e não se pôde nele persistir, pois ninguém queria vender". Idem. *Ibidem*, p. 586.
[254] Idem. *Ibidem*.
[255] Idem. *Ibidem*, p. 582.
[256] Idem. *Ibidem*.
[257] Idem. *Ibidem*, p. 583.

formulou também uma versão da lei de Gresham: *"A verdade é que o cobre, quando é muito, desterra a prata e a afunda [...] porque todos querem gastar mais o cobre do que a prata"*[258].

No décimo capítulo de seu tratado monetário, Mariana listou os maiores inconvenientes deste processo inflacionário. Seu primeiro ponto era que tal prática era contrária às leis espanholas. Segundo ele, somente seria aceitável utilizar moeda de cobre em transações comerciais de pouquíssima importância. A moeda foi inventada *"para facilitar o comércio"*, e a moeda mais forte é a que cumpre esta função da melhor maneira. A moeda de cobre produz muito desperdício, devido à quantidade de tempo que se gasta para contá-la, bem como pelos gastos adicionais para transportá-la. Não recomenda que a moeda de cobre seja declarada ilegal, tal *"como ocorre na Inglaterra por ordem da rainha"* Elizabeth I (1533-1603), mas tampouco haveria de chegar ao outro extremo, de *"que a moeda de cobre inundasse a terra como a crescente de um rio"*[259].

Ademais, Mariana disse que tal prática era contrária à razão e ao direito natural e divino. A degradação monetária era equivalente a um roubo, ou a que o rei se metesse em um celeiro particular levando consigo, sem permissão, parte dos bens. Segundo ele, a única razão pela qual este furto não se realiza também com os demais bens é *"porque o rei não é tão dono deles como da moeda, por serem suas as casas onde se trabalha e serem seus todos os seus oficiais"*[260]. Ademais, caso se pretenda que *"as dívidas do rei e de particulares sejam pagas com esta moeda, isso será uma nova injustiça"*[261].

---

[258] Idem. *Ibidem*, p. 585. Algumas páginas depois, Juan de Mariana analisa o que aconteceria com as moedas não degradadas: "Se circular pelo mesmo preço da nova, será injusto, pois vale mais e terá mais prata e todos a preferirão em vez da nova". Idem. *Ibidem*, p. 589.
[259] Idem. *Ibidem*, p. 586.
[260] Idem. *Ibidem*.
[261] Idem. *Ibidem*.

Um dos efeitos mais negativos da degradação monetária era o dano político provocado por ela. O rei sofre uma deterioração em seus rendimentos, a atividade comercial diminui e isto gera pobreza no povo, o que, por sua vez, empobrecerá todo o reino. Concluía descrevendo que *"o maior inconveniente de todos é o ódio comum, em que o príncipe necessariamente incorreria por esta razão"*[262]. Apesar da certeza de suas afirmações e dos claros exemplos históricos, Mariana sabia que a solução era difícil, porque:

> *A cobiça cega, as necessidades apertam, o passado se esquece; assim, facilmente voltamos aos erros de antes. Confesso a verdade, que me maravilho dos que andam no governo não terem sabido acerca destes exemplos*[263].

A degradação monetária não era mais *"do que um novo tributo bastante ruim de suportar, além das demais taxações que há neste triste reino, sem número e sem conta"*[264]. Com base em argumentos tão fortes, Mariana conclui: *"entendo que qualquer alteração na moeda é perigosa, e diminuir seu grau nunca pode ser bom, nem dar mais preço pelo grau ao que de seu, e em estima comum, vale menos"*[265].

Este renomado jesuíta recomendava que se deixasse a moeda tal como estava, pois, por intermédio da degradação, a única pessoa que obteria algum proveito seria o príncipe, *"o que nem sempre deve se pretender, ainda mais por intermédio destes métodos"*[266].

Diego de Saavedra Fajardo (1584-1648) também recomendava ao príncipe que se abstivesse de adulterar a moeda. Assim como

---

[262] Idem. *Ibidem*, p. 588.
[263] Idem. *Ibidem*.
[264] Idem. *Ibidem*, p. 589.
[265] Idem. *Ibidem*, p. 590-91.
[266] Idem. *Ibidem*.

com as mulheres jovens, é uma ofensa tocar e aviltar a moeda. Os problemas monetários criam problemas nos contratos, e, como isto dificulta o comércio, a república inteira sofre os efeitos negativos[267]. Os reis, antes de assumirem o poder, deveriam prometer que não adulterariam a moeda. Deveriam cuidar para que a moeda mantivesse sua substância, sua forma e sua quantidade. Para Saavedra Fajardo, uma moeda forte seria aquela que tivesse um preço semelhante a seu conteúdo metálico, mais o custo de cunhagem. As moedas locais deveriam ter o mesmo conteúdo metálico que as moedas mais correntes, e as moedas estrangeiras também deveriam poder circular no reino[268].

---

[267] SAAVEDRA FAJARDO, D. *Idea de un príncipe político-cristiano*. Biblioteca de Autores Españoles, Rivadeneyra, vol. 25 (última edição pela Editorial Maxtor Librería, Valladolid, 2004).
[268] Idem. *Ibidem*, p. 593.

Capítulo VI
O Comércio

A atitude dos moralistas com relação ao comércio é de extrema importância para o desenvolvimento de uma economia de mercado. O comércio era pouco estimado pelos moralistas de diversos países, épocas e origens. Embora a maior parte dos escolásticos julgasse que as atividades comerciais eram moralmente indiferentes, delinearam as vantagens do comércio e dirigiram seus comentários à análise dos argumentos críticos dos canonistas e dos padres da Igreja.

A justificativa tomista para os lucros mercantis proporcionou exemplos abundantes dos benefícios para a sociedade provocados pelo comércio. Santo Tomás de Aquino descreveu explicitamente três tipos de comércio que são muito úteis para a sociedade.

1) A conservação e armazenamento de bens;

2) A importação de bens úteis e necessários para a república;

3) O transporte de mercadorias dos lugares onde são abundantes aos lugares onde escasseiam[269].

---
[269] AQUINO. *Summa theologica*, II-II, qu. 77, art. 4.

Domingo de Soto, seguindo o método característico da escolástica, analisou os argumentos favoráveis e contrários. Começou com os argumentos anticomerciais:

> *Se as trocas ocorressem somente entre coisas e coisas, isto é, se as coisas não se trocassem com base na moeda, mas, sim, fossem trocadas por outras coisas, a vida dos homens seria mais tranquila e mais livre dos tumultos que nascem da multidão dos negócios [...]. Muitos séculos transcorreram sem que se precisasse da moeda*[270].

Passando para os argumentos a favor do comércio, De Soto termina justificando de um modo tipicamente aristotélico:

> *O Gênero Humano caminhou do imperfeito ao perfeito. Por este motivo, no princípio, como era rude e inculto, e precisava de poucas coisas, tinha o suficiente com as trocas; mas depois, empreendendo uma vida mais culta, mais civilizada e distinta, teve a necessidade de inventar novas formas de comércio, entre as quais a mais digna de louvores é a prática do comércio, mesmo que não exista nada que a avareza dos homens não consiga perverter*[271].

De Soto apoia-se em Santo Agostinho para assinalar que, desde o ponto de vista moral, o comércio é como se alimentar, algo que pode ser mau ou bom, dependendo da finalidade e das circunstâncias. Citando Santo Agostinho, *"aos homens nunca é lícito fornicar; porém negociar às vezes é lícito, às vezes não é; é lícito aos seculares, mas não para os sacerdotes"*[272]. De Soto conclui dizendo que *"o comércio*

---
[270] DE SOTO. *De iustitia et iure*, Livro VI, qu. II, art. 1, p. 541.
[271] Idem. *Ibidem*, p. 543.
[272] Idem. *Ibidem*.

é necessário para a sociedade. Efetivamente, nem toda província tem em abundância aquilo de que precisa; pelo contrário, por causa da diversidade de climas, uma tem de sobra frutos e ocupações de que outra carece [e vice-versa]"[273].

É necessário, portanto, que existam pessoas que transportem os bens de onde são abundantes para onde são escassos. *"E o que dizemos a respeito do lugar, pode ser dito também do tempo [...]. Se não houvesse quem os comprasse a fim de guardá-los por tanto tempo, a sociedade não poderia ficar sem prejuízo"*[274].

Dado o grande benefício que o comércio proporciona à sociedade, este dominicano se pergunta se por acaso não seria mais prudente encarregar que isso também fosse realizado pelo pessoal do governo. Responde negativamente, dizendo que *"certamente não se poderia, com comodidade, atender tantas mercadorias por este meio"*[275].

O jesuíta Juan de Mariana elaborou mais este ponto:

> *Entretanto, sabia Deus, criador e pai do gênero humano, que não há tal coisa como a amizade e a caridade mútua entre os homens, e que para excitá-las era necessário reuni-los em um só lugar e sob o império das mesmas leis [...]. [Por isso], criou-os sujeitos a necessidades e expostos a muitos males e perigos, para satisfazer e prevenir, para que fosse indispensável a conjugação de forças e habilidades de muitos. Deu aos demais animais o que comessem e para que se cobrissem contra a intempérie [...], mas abandonou o homem às misérias da vida, deixando-o nu e indefeso, assim como o desgraçado náufrago que acabou de ver sua fortuna submergir ao fundo dos mares*[276].

---

[273] Idem. *Ibidem*.
[274] Idem. *Ibidem*, p. 545.
[275] Idem. *Ibidem*.
[276] MARIANA. *Del rey y de la institución real*, p. 467.

Enquanto os animais foram dotados de garras e presas, os homens *"não sabemos sequer buscar o peito que há de nos alimentar"*[277]. Devido às limitações em nossa natureza, continuamos "privados de uma infinidade de coisas, que não somente não podemos nos proporcionar individualmente, mas nem mesmo com a ajuda de um número reduzido de pessoas". Mariana prossegue antecipando alguns dos argumentos Smithianos acerca da divisão do trabalho:

> *Quantos artesãos e quanta indústria não são necessárias para cardar o linho, a seda e a lã, para tecê-las, para transformá-las nos diversos tecidos com os quais cobrimos nossas carnes? Quantos operários para domar o ferro, forjar ferramentas e armas, explorar as minas, fundir os metais, transformá-los em joias? Quantos, finalmente, para a importação e exportação de mercadorias, o cultivo dos campos, o plantio das árvores, a condução das águas, a canalização dos rios, a irrigação dos campos, a construção dos portos artificiais por intermédio de pedras enormes atiradas ao seio dos mares, coisas todas que, quando não são absolutamente necessárias, servem para tornar a vida mais agradável e bela?*[278]

O que tornou necessário o comércio foi a natureza dos homens e das coisas.

---

[277] Idem. *Ibidem.*
[278] Idem. *Ibidem,*

1 - O Comércio Internacional

Os doutores analisaram o comércio internacional utilizando os mesmos parâmetros da análise do comércio doméstico. Talvez a única diferença tenha sido a análise dos impostos[279].

Uma das contribuições escolásticas mais importantes foi o reconhecimento de que o comércio internacional deveria ser regido por normas jurídicas baseadas no direito natural. Assim foi estabelecido por Francisco Vitoria, em seu *De indis et de iure belli relectiones*[280]. O ponto de vista de Vitoria fez com que Teófilo Urdánoz (1912-1987) declarasse que a visão de Vitoria acerca do direito à livre troca dos bens representou um avanço explícito dos princípios econômicos do neoliberalismo e de um mercado internacional livre[281]. Descrevendo as vantagens do comércio entre índios e espanhóis, Vitoria condenava os chefes tribais que queriam impedir que os membros de sua tribo fizessem comércio com os espanhóis. A mesma condenação valia para os príncipes espanhóis. A lei eterna, a lei natural e inclusive a lei positiva *(ius gentium)* eram favoráveis ao comércio internacional. Renegar isto seria violar o princípio de amar ao próximo como a si mesmo.

---

[279] De acordo com o que foi escrito por alguns escolásticos, nem sempre os impostos alfandegários foram muito elevados. Leonardo Lessio mencionou que eles ficavam em torno de 12,5 por cento. Ver: LESSIO, L. *De iustitia et iure*, Antwerp, 1626, Livro 2, cap. 32, p. 404. Ademais, a maioria dos escolásticos propôs impostos mais elevados para os bens "de luxo" importados do que para qualquer outro bem. Por intermédio deste mecanismo, buscavam que se arrecadasse dinheiro e que se evitasse que impostos sobre a importação de alimentos prejudicassem os pobres.

[280] VITORIA, F. *De indis et de iure belli relectiones*. Ed. Ernest Nys. New York, 1964. p. 153.

[281] URDANOZ, Teófilo. "Síntesis teológica-jurídica de las doctrinas de Vitoria". *In*: VITORIA, F. *Relectio de indis o libertad de los indios*. Corpus Hispanorum de Pace, vol. V, edição crítica de L. Pereña e J. M. Pérez Prendes. Estudios introductorios por V. Beltrán de Heredia, R. Agostino Iannarone, T. Urdanoz, A. Truyol e L. Pereña. Consejo Superior de Investigaciones Científicas. Madrid, 1967, p. CXL.

No comércio internacional, deveria-se respeitar a opinião diferente dos povos de diversas nações e regiões. A esse respeito, Luis de Molina dizia:

> [...] não parece que devam ser condenadas as trocas que os homens realizam de acordo com a estima comum das coisas em suas respectivas regiões, ainda que algumas vezes possa causar riso devido ao primitivismo e aos costumes dos que fazem as trocas, tema do que já nos ocupamos ao falar dos escravos. Em resumo, o preço justo das coisas depende, principalmente, da estima comum dos homens de cada região; e, quando em alguma região ou lugar se costuma vender um bem, de modo geral, por um determinado preço, sem que nisso exista fraude, monopólio ou outras astúcias ou armadilhas, esse preço deve se considerar como medida e regra para julgar o preço de tal bem nessa região ou lugar, desde que não mudem as circunstâncias com as que o preço justificadamente flutue para cima ou para baixo[282].

Cristóbal de Villalón apoiava-se no juízo de *"todos os sábios"* que opinaram sobre este ponto e declararam que o comércio se originou por duas razões principais:

> [...] uma é o proveito particular de cada um aumentar sua fazenda e suas posses; outra é o proveito e a nobreza do comum: para que uma república se comunique com outras naquelas boas coisas de que são abundantes em particular, de modo que se uma província carece de alguma coisa para viver melhor ou mais facilmente, precisa: se a quer trazer de outra província onde é mais abundante, é necessário ir até lá para comprar [...]. E, assim, agora há muita comunicação e união

---
[282] MOLINA. *La teoría del precio justo*, p. 169.

nas mercadorias e negócios entre todos os reinos e províncias do mundo: e com muita facilidade se comunicam por intermédio destas habilidades e agudezas todas aquelas coisas prezadas e estimadas que são abundantes para uns e estão em falta para outros: assim, todos as possuem com menos custos e trabalho, e delas gozam com grande alegria e prazer[283].

Juan de Mariana prescreveu que seria conveniente proteger

[...] com tributos módicos o comércio que mantemos com outras nações, e não o tributar com impostos exagerados, pois, ainda que o vendedor cobre do comprador tudo o que se lhe toma por intermédio de tributos, é indubitável que, quanto maior for o preço das mercadorias, menor será o número de compradores, e tão mais difícil será a troca de produtos. Hão de se facilitar, seja por mar, seja por terra, a importação e a exportação dos artigos necessários para que se possa trocar, sem grandes esforços, o que em umas nações sobra com o que falta em outras, que é o que principalmente constitui a natureza e o objeto do comércio[284].

Frei Bartolomé de Albornoz fala a respeito das trocas comerciais no mundo todo:

[...] compreendi brevemente a totalidade do mundo habitável, de que hoje se tem notícia, para mostrar como esta parte dos contratos é a mais natural que há no gênero humano, e que onde quer e como quer, faz-se e se usa de uma mesma maneira, entre povos que não

---
[283] VILLALÓN. *Provechoso tratado de cambios y contrataciones de mercaderes y reprobación de usura,* fol. X.
[284] MARIANA. *Del rey y de la institución real,* p. 550.

se entendem pela língua, mas, sim, por sinais. E, assim como é mais natural, é mais incomparável, e menos sujeita a mudanças e alterações do que as demais partes do Direito Civil[285].

Albornoz forneceu muitos exemplos de comércio internacional com as nações bárbaras, que *"nos dão seu peixe, peles, capacidades, mel e cera"*, com as Índias Orientais, que *"nos provêm de suas pedras preciosas, especiarias aromáticas, remédios e outras coisas"*, e com as *"Índias do Poente"*. Também existia um importante intercâmbio entre as províncias da Espanha. Toda esta previsão é feita mediante o trato entre comerciantes. Concordava com a análise de São Bernardino acerca do que o que abunda em uma terra, escasseia e será pouco comum na outra, onde será mais caro[286]. É justamente uma função essencial dos comerciantes comprar bens nos lugares em que são abundantes e baratos, para vendê-los onde escasseiam e são caros.

Toda esta análise permite-nos entender a sabedoria que há por trás da conclusão de Leonardo Lessio acerca de que os magistrados que excluem vendedores estrangeiros sem causa justa deveriam compensar os cidadãos se a medida produzir um incremento nos preços[287].

---

[285] ALBORNOZ. *Arte de los contratos*, fol. 1.
[286] SÃO BERNARDINO DE SIENA. *Opera omnia*. O texto latino versa o seguinte: *"Quia quod in una terra est abundans & vile, hoc idem in alia terra est necessarium, rarum & carum"*.
[287] LESSIO. *De iustitia*, p. 280. *"Sicut si Magistratus sine causa excluderet alios venditores, & ita mercium tuarum pretium valde excrescerent tenetur ille civibus compensare damnum illius incrementi"*.

Capítulo VII
Valor e Preço

Nos escritos dos escolásticos tardios, podemos encontrar quase todos os elementos de uma teoria moderna do valor e do preço. As conclusões de muitos historiadores modernos contradizem, em geral, o que R. H. Tawney (1880-1962) escreveu, em 1926, há quase um século: *"A teoria valor-trabalho é a verdadeira herança das doutrinas de Santo Tomás de Aquino. Karl Marx é o último dos escolásticos"*[288].

O conceito de utilidade como fundamento do valor ocupa um lugar preponderante no pensamento ocidental. Podemos rastrear referências a tal relação de causa e efeito desde os primeiros escritos de autores gregos. Xenofonte (430-355) escreveu que a propriedade é aquilo que se mostra útil e proveitoso para nossas vidas, e o útil é tudo aquilo que sabemos usar[289]. Também sublinhou que as riquezas são aquelas coisas com as quais o homem pode obter um ganho. De acordo com este discípulo de Sócrates, para aqueles que não sabem usá-lo, nem mesmo o dinheiro é riqueza.

Os doutores medievais derivaram seus preceitos dos ensinamentos de Aristóteles. Como a terminologia aristotélica deu lugar a

---

[288] TAWNEY, R. H. *Religion and the Rise of Capitalism*. New York: Harcourt Brace, and Co., 2ª ed., 1937, p. 36. Bernard W. Dempsey, Raymond de Roover, Marjorie Grice-Hutchison, Emile Kauder e Joseph Höffner criticaram esta conclusão de R. H. Tawney. Ver, por exemplo: ROOVER, R. "The Concept of the Just Price: Theory and Economic Policy". *Journal of Economic History*, Vol. 18 (Dec. 1958): 418-34.
[289] XENOFONTE. *Economía*. Clásicos Jackson Buenos Aires: Jackson, 3ª ed., 1956. p. 138-39.

traduções distintas, seus comentários sobre tal ponto também foram interpretados de maneira diversa e são a fonte de duas correntes divergentes de pensamento. Na Ética a *Nicômaco,* utiliza-se a palavra grega χρεία (*chreía*), que em geral era traduzida para o latim como *indigentia* (necessidade), embora também possa significar *utilitas* (uso, utilidade)[290]. Em geral, os escolásticos trabalharam com a primeira acepção, indicando que o preço dos bens não é determinado pela natureza deles, mas, sim, pelo grau em que satisfazem as necessidades humanas. Aristóteles dizia que a necessidade é a razão do comércio e que por ela deve ser julgado (medido). Se ninguém precisasse dos bens ou do trabalho dos demais, os homens deixariam de trocar seus produtos.

Santo Agostinho intitulou um dos capítulos de sua célebre obra *Cidade de Deus* como "A gradação nas criaturas. Critérios desta". Seus raciocínios serviram como ponto de partida para a análise escolástica tardia. Em tal capítulo, Santo Agostinho assinala:

> *Entre os seres que têm algo de ser e não são o que é Deus, seu autor, os viventes são superiores aos não viventes, como os que têm força gerativa ou apetitiva aos que carecem desta virtualidade. E, entre os viventes, são superiores os sencientes aos não sencientes, como os animais às árvores. Entre os sencientes, são superiores os que têm inteligência aos que dela carecem, como os homens às bestas. E, ainda entre os que têm inteligência, são superiores os imortais aos mortais, como os anjos aos homens. Esta gradação parte da ordem da natureza. Existe outro modo de hierarquizar, partindo do uso ou da estima de cada ser. De acordo com este modo, antepomos alguns seres que carecem de sentido a alguns sencientes, de tal maneira que, se*

---

[290] ARISTÓTELES. Ética a *Nicômaco*. Livro 5, cap. 5, pars. 10-13 (1133a 26-28).

pudéssemos, os afastaríamos da natureza das coisas, seja ignorando o lugar que ocupam entre elas, seja, ainda que o saibamos, adiando-os de acordo com as nossas comodidades. Quem não prefere ter em sua casa pão em vez de ratos, dinheiro em lugar de pulgas? Mas o que isto tem de particular, se na estima dos homens, com sua natureza de tão elevada categoria, com frequência se paga mais por um cavalo do que por um servo, por uma pedra preciosa do que por uma escrava? Assim, há uma grande diferença, devida à liberdade de juízo, entre a razão que considera a necessidade do indigente e o prazer do que deseja. A razão se atém ao que o ser vale por si na gradação cósmica, e a necessidade, ao que vale para o fim que pretende. A razão busca o que aparece como verdadeiro à luz da mente, e o prazer, que é suave e deleitoso para os sentidos do corpo[291].

Daqui, pois, estes autores deduziram a ideia de que o valor dos bens depende da utilidade que deles decorre. Como nossas necessidades e desejos são subjetivos, a utilidade também o é. Santo Alberto Magno (1200-1280) e Santo Tomás de Aquino, em suas disquisições acerca do valor, incluíram o elemento da "estima comum". Tal princípio já tinha sido exposto pelo jurista romano Paulo (160-230)[292].

Entre os escolásticos, Pedro de João Olivi (1248-1298) foi o primeiro em delinear a relação existente entre a escassez e a utilidade objetiva e subjetiva. Devido a suspeitas de heresia, quase todas as suas obras foram destruídas. Por isso, suas dis-

---

[291] AGOSTINHO. *La ciudad de Dios*, XI, 16. Biblioteca de Autores Cristianos. Madrid, 1958. tt. XVI-XVII, p. 742-43.
[292] Os preços das coisas não são determinados de acordo com o capricho ou a vontade dos indivíduos, mas, sim, conforme a estima comum. *Corpus iuris civilis*, ed. Rueger-Mommsen. Berlim, 1928. *Ad legem falcidiam*, Digests, XXXI, 2, 63, p. 556, citado em: DEMPSEY, B. W. "Just Price in a Functional Economy". *American Economic Review*, vol. 25 (Sep. 1935): 473-74.

cussões não puderam ser analisadas totalmente. Uma das poucas cópias que sobreviveram à censura traz, na margem, anotações da pena de São Bernardino de Siena. Em seu próprio tratado, São Bernardino estabeleceu que as coisas têm dois valores: um objetivo, fundamentado na natureza, e outro baseado no uso e influenciado essencialmente por sua utilidade subjetiva. Os bens vendáveis valoram-se de acordo com esta última. Tal valor em uso pode ser considerado a partir de três perspectivas:

1ª) Virtuositas, *valor em uso objetivo;*

2ª) Raritas, *escassez;*

3ª) Complacibilitas, *desejabilidade*[293].

Em sua análise acerca da influência da *virtuositas* nos preços, os escolásticos tardios costumavam se referir ao fato de que se pode derivar utilidade muito diferente de um mesmo produto. É devido a diferenças na *virtuositas* que o trigo bom tem um preço maior do que o estragado e um cavalo forte tem um preço mais elevado do que outro que seja velho e improdutivo[294].

A análise de São Bernardino acerca da influência da escassez nos preços resolve o paradoxo do valor:

A rigor, a água é abundante, porém pode acontecer que, em alguma montanha ou em outro lugar, ela seja escassa e não abunde, e então

---

[293] SÃO BERNARDINO DE SIENA. *Opera omnia.* Liv. 2, Sermão XXXV, cap. 1, p. 335.
[294] Idem. *Ibidem.*

será mais estimada do que o ouro; é pela abundância da água que os homens estimam mais o ouro do que a água[295].

Por isso, São Bernardino utilizava a frase *"baixo preço tem aquilo que é abundante"*[296].

O terceiro elemento, *a complacibilitas,* utilizava-se como sinônimo da estima comum. Os escolásticos entendiam que o prazer que as pessoas obtêm dos bens é algo subjetivo e fruto da sempre variável opinião humana: *"pessoas distintas irão estimar os mesmos bens de modos diversos"*[297]. Para determinar os preços, sublinhavam, há de ter em conta a estima comum, e não a individual.

Santo Antonino sustentava uma teoria de valor semelhante. A grande influência que este dominicano exerceu na escolástica hispânica pode ser explicada pela participação decisiva de Francisco de Vitoria. Vitoria, considerado o pai fundador da escolástica hispânica e da Escola de Salamanca, difundiu a obra de Antonino, da qual foi um dos principais tradutores. Os demais moralistas que influenciaram decisivamente o pensamento de Vitoria (Conradus Summenhart, Sylvestre de Priero e Tomás de Vío) tinham uma teoria do valor parecida. As ideias de Tomás de Vío, o cardeal Caetano, estão repletas de elementos subjetivos. Definia o preço justo como aquele geralmente pago *"em um lugar determinado e em um modo de venda particular"* (em um leilão público, mediante intermediários etc.). Por isso, concluiu que, se uma casa valorada em 4.000 é vendida por 1.000, *"dizemos que hoje o preço justo é 1.000, já que nenhum comprador está disposto a pagar mais"*[298]. Sylvestre realizou uma minuciosa

---

[295] Idem. *Ibidem*, Liv. IV, Sermão XXX, p. 136.
[296] Idem. *Ibidem*.
[297] Idem. *Ibidem*.
[298] CAYETANO. *Commentarium in summam theologicam S. Thomae.* Lyon, 1568, qu. 77, p. 264.

análise da estimação[299]; Conradus Summenhart incluiu a *virtuositas, raritas* e *complacibilitas* em sua análise[300].

1 - A Teoria do Preço Justo

Depois de completar suas discussões acerca do valor, tais autores prosseguiram com uma análise do preço, tratando o valor e o preço às vezes como sinônimos, às vezes como termos distintos. Embora este tratamento tenha dado lugar a confusões, podemos dizer que, em geral, estes autores extraem sua teoria dos preços a partir de sua teoria do valor. São Bernardino assinalou que o preço justo é aquele determinado ou que decorre da estima comum no mercado[301]. Esta definição durou décadas. Um século e meio depois, Villalobos enfatizou:

> *O valor das coisas, que provém da estimação comum dos homens, não baixa pelo que algum sabe em particular [...]. O valor que nasce da abundância, ou da falta de mercadorias, é extrínseco à mercadoria, e não varia o preço, a não ser que seja pela estima comum, e isso é importante que se saiba*[302].

Conradus Summenhart ofereceu uma das análises mais completas de todos os fatores que afetam os preços. Enumerava os seguintes:

---

[299] SYLVESTRE. *Summa summarum quae sinvestrina dicitur*. Bolonha, 1514, p. 50.
[300] Ver, mais adiante, neste capítulo, minha análise sobre a temática.
[301] BERNARDINO. *Opera omnia*. "*Secundum aestimationem fori ocurrentis, secundum quid tunc res, quae venditur, in loco isso communiter valere potest*". Livro II, Sermão XXXIII, p. 319.
[302] VILLALOBOS. *Summa de la theologia moral y canónica*, tomo II, p. 351.

1) Abundância ou superabundância de mercadorias;

2) Defeitos acidentais (pragas);

3) Capacidade dos produtores (assinalava que seria benéfico eliminar os produtores ociosos e incapazes);

4) As características do bem (se é de fácil transporte ou transformação em outros produtos úteis);

5) O estado de pobreza da região;

6) A escassez do bem (a raritas pela qual bens da mesma "nobreza" ou qualidade podem ter preços muito distintos);

7) A complacibilitas (o desejo de um bem ou o grau de prazer que se pode dele derivar)[303];

8) O conselho de homens verazes.

O vendedor de um bem não deve cobrar mais de um comprador, pela simples razão de que a utilidade do bem é maior para este último do que para outros (por exemplo, o caso de um doente que precise com urgência de um medicamento). O que importa, assevera Conradus, é a utilidade, a estima e a *affectione comum*, e não a singular.

---

[303] Conradus utilizava argumentos semelhantes aos de Santo Antonino de Florença e São Bernardino de Siena acerca de que há de se ter em conta a *complacibilitas* comum e não a individual "*attamen sub nominem complacibilitatis non debet intelligi utilitas emptori perventura ex merce pro eius industriam apponendam [...] es communis complacibilitatis*". *De contractibus*, 1515, tratado III, questão LVI.

Este preço não é único, dado que, ademais de ser influenciado pelos gastos, cuidados, trabalhos e perigos, também é afetado pela estima. A estima pelas mercadorias para um é 10, para outros é 11 e para outros é 12, e todas são lícitas. Isto dá origem a três níveis de preços: o piedoso, o medíocre e o rígido. A negociação, para Conradus, foi instituída para a utilidade comum do comprador e do vendedor. Assim, explica o princípio de reciprocidade nas trocas. A análise de Conradus foi repetida por tantos autores que, com justiça, podemos afirmar que a tradição neoescolástica tem para com ele uma grande dívida intelectual.

As ideias de Francisco de Vitoria eram muito semelhantes:

Onde quer que haja alguma coisa venal, de modo que dela existem muitos compradores e vendedores, não se deve ter em conta a natureza da coisa, nem o preço ao qual foi comprada, ou seja, o caro que custou ou com quantos trabalhos e perigo, por exemplo, Pedro vende trigo; ao comprá-lo, não se devem considerar os gastos feitos por Pedro e os trabalhos, mas, sim, a estima comum "a quanto custa". Pelo que se agora, de acordo com a estima comum, o módio de trigo custa quatro peças de prata e alguém o comprasse por três, ocasionaria uma injúria ao vendedor, porque a estima comum do módio de trigo é que vale quatro moedas de prata. E assim, se o mesmo vendedor vendesse o trigo mais caro, tendo em conta os gastos e os trabalhos, venderia injustamente, pois deve vendê-lo somente de acordo com a estima comum na praça, "a quanto custa na praça"[304].

---

[304] VITORIA, F. "De justitia". Publicaciones de la Asociación Francisco de Vitoria. Madrid, 1934-1936, Livro 2, qu. 77, art. 1, p. 117-118 (última edição: *La justicia*. Madrid: Tecnos, 2003).

Após esclarecer que os preços dos bens de natureza distinta (por exemplo, uma mesa e um homem) são determinados não pela essência deles, mas, sim, pelo acordo e pela estima comum, Francisco de Vitoria repetiu os argumentos de Santo Tomás de Aquino e de Santo Agostinho referentes ao valor das coisas animadas (que podem ter uma natureza superior e um preço inferior) e das inanimadas (com uma natureza inferior e, às vezes, preços superiores). Entre os bens com muitos compradores e vendedores, Vitoria mencionava o trigo, o vinho e o tecido. Excluídas a fraude e o dolo, o preço justo destes bens, "essenciais" para os consumidores daqueles tempos, deveria ser determinado pela estima comum dos homens. Nenhuma outra coisa, especialmente os gastos e os trabalhos, deverão se ter em conta para apreciar os bens[305].

Embora muitos autores modernos interpretassem a análise do preço justo escolástico assinalando que este é semelhante ao *"preço de mercado em concorrência perfeita"*, não creio que a conclusão seja apropriada[306]. A concepção de "concorrência perfeita" é uma construção mental com um significado muito específico. Descreve uma situação que somente pode ser imaginada se aceitarmos pressupostos irreais incompatíveis com a natureza da ação humana.

A ideia escolástica é mais identificável com o princípio de livre entrada. Alguns autores modernos argumentam que os monopólios violam o ideal da concorrência perfeita. De acordo com os escolásticos tardios, o preço cobrado por um monopolista podia ser, em certos casos, um preço justo[307].

Nos casos em que não existia concorrência, alguns escolásticos recomendavam o estabelecimento de preços legais. Para estes casos

---
[305] Idem. *Ibidem*.
[306] Para uma análise moderna deste ponto, ver ZORRAQUÍN DE MARCOS, L. *An Inquiry into the Medieval Doctrine of the Just Price*. Dissertação de mestrado. Los Angeles: International College, 1984.
[307] Ver a discução abaixo, neste capítulo.

de monopólio, Vitoria, Báñez, Medina e García, entre outros, prescreviam a regra do "custo-plus"[308]. Tomando de empréstimo ideias de Conradus, Covarrubias declarou que, na determinação do preço justo, o que deveria prevalecer era a estima humana, e não a natureza do bem, inclusive quando esta consideração fosse ridícula (insana)[309]. Covarrubias dava o exemplo do trigo que, embora fosse de uma mesma qualidade, era mais caro nas Índias do que na Espanha[310].

Luis de Molina compôs um dos melhores resumos da teoria do preço justo:

Deve-se observar, em primeiro lugar, que o preço se considera justo ou injusto não com base na natureza das coisas consideradas em si mesmas – o que levaria a valorá-las pela sua nobreza ou sua perfeição –, mas na medida em que servem à utilidade humana; pois é nesta medida que os homens as estimam e têm um preço no comércio e nas trocas. Mais ainda, com este propósito Deus as entregou aos homens e, com o mesmo fim, os homens dividiram entre si o domínio delas, ainda que, no momento de sua criação, todas fossem comuns. O que acabamos de expor explica por que os ratos, ainda que por

---

[308] VITORIA. *De justitia*, p. 120; MEDINA, J. *De contractibus*. Salamanca, 1550, qu. XXI, fol. 92; BÁÑEZ, Domingo de. *De iustitia et iure decisiones*. Salamanca, 1594, p. 562; GARCÍA, F. *Tratado utilísimo de todos los contratos, cuantos en los negocios humanos se pueden ofrecer*. Valencia, 1583, p. 252; ARAGÓN, Pedro de. *De iustitia et iure*. Lyon, 1596, p. 437.

[309] COVARRUBIAS Y LEIVA. *Opera omnia*. Livro II, cap. 3, p. 257. "*Nec consitui iustum pretium e natura rei: sed ex hominum aestimatione: tametsi insana sit aestimatio*".

[310] Idem. *Ibidem*. "*In contractibus emptionum & venditionum [...] nec constitui iustum pretium ex natura rei: sed ex hominum aestimatione tametsi insana sit aestimatio: nam si natura rei foret observanda, pluris esset aestimandus equus, quam gemma ob utilitatem eqqui, & quod omne vivium & animatum pretiosius est mortuo & inanimato ex natura sua secundum Conradum de contractib. quaest. 56. secunda suppositione. Sic apud Indos triticum maiori pretio venditur, quam in Hispania inspecta quidem communi hominum aestimatione non ipsiuss rei natura, quae eadem est apud Hispanos & Indos*".

sua natureza sejam mais nobres do que o trigo, não sejam estimados nem apreciados pelos homens, pois não lhes são de utilidade alguma. Também se explica assim que se costume vender a casa justamente por um preço maior do que se vende um cavalo e inclusive um escravo, mesmo que tanto o cavalo quanto o escravo sejam, por natureza, muito mais nobres do que a casa[311].

Indubitavelmente, as ideias de Molina são uma reprodução das ideias de Santo Agostinho. Entretanto, as ideias agostinianas podiam ser interpretadas significando que o valor dos bens depende de sua utilidade objetiva. Os ratos não são valorados, pois, em essência, são inúteis. Se os raciocínios de Molina tivessem terminado com o parágrafo citado anteriormente, seria possível argumentar que o autor também sustentava uma teoria objetiva do valor. Mas este não é o caso, e Molina esclarece, a seguir, que, quando fala de utilidade, tem em mente a utilidade subjetiva:

> *Devemos observar, em segundo lugar, que o preço justo das coisas tampouco se fixa atendendo somente às coisas mesmas enquanto são de utilidade para o homem como se,* caeteris paribus, *fosse a natureza e a necessidade do emprego que se lhes dá o que, de maneira absoluta, determinasse a quantia do preço; mas sem esta quantia depende, principalmente, da maior ou menor estima em que os homens desejam tê-las para seu uso. Assim se explica que o preço justo da pérola, que serve somente para adornar, seja maior do que o preço justo de uma grande quantidade de grãos, vinho, carne, pão ou cavalos, embora o uso destas coisas, por sua própria natureza, seja mais conveniente e superior ao da pérola. Por isso, podemos afirmar que o preço justo*

---

[311] MOLINA. *La teoría del justo precio*, p. 167-68.

da pérola depende de que os homens quiseram estimá-la nesse valor como objeto de adorno[312].

No caso das pérolas "[...] é evidente que esse preço, que para eles é justo, não provém da natureza de tais coisas e nem de sua utilidade, mas sim de que os japoneses se afeiçoaram a elas e assim quiseram estimá-las"[313].

Juan de Lugo especificou que a estima humana deve ser respeitada, inclusive quando ela parece carecer de fundamento, dado que os preços flutuam

> *[...] não por causa da perfeição intrínseca e absoluta dos artigos – já que os ratos são mais perfeitos do que o milho e, não obstante, têm um valor inferior – mas, sim, como consequência de sua utilidade com respeito à necessidade humana, e, por conseguinte, somente por causa da estimação, já que as joias são muito menos úteis em uma casa do que o milho e, contudo, seu preço é bem mais elevado. Ademais, devemos ter em conta não somente a valoração dos homens prudentes, mas também a dos imprudentes, caso em um lugar sejam suficientemente numerosos. Esta é a razão pela qual as quinquilharias de cristal na Etiópia sejam trocadas exatamente por ouro, pois em geral tais bugigangas são mais estimadas na Abissínia. No Japão, os velhos objetos feitos com base no ferro, assim como os de cerâmica, que carecem de valor para nós, alcançam um elevado preço devido à sua antiguidade. A valoração comum, ainda nos casos em que é*

---

[312] Idem. *Ibidem*, p. 168.
[313] Idem. *Ibidem*. A utilidade também era um elemento essencial nos escritos de Pedro de Aragón. De acordo com este último, os bens que tinham um alto custo de produção, mas que careciam de utilidade, teriam um preço igual a zero. Por outro lado, um bem de muita utilidade pode ter um alto preço ainda em casos nos quais seu custo de produção seja quase nulo. Ver MOLINA. *De iustitia et iure*, p. 180. Para este último autor, toda ação humana útil merece um preço. Idem. *Ibidem*, p. 182.

disparatada, aumenta o preço natural dos bens, já que este depende da estimação. A abundância de compradores e dinheiro incrementa o preço natural, enquanto os fatores opostos o diminuem[314].

Em suas explicações sobre as relações entre o valor dos bens e a estima humana, Medina determinava que, *caeteris paribus,* quanto maior a estima, maior o valor de um bem e vice-versa[315]. O mesmo vale para Francisco García, que esclarecia que, embora a qualidade de um bem influencie em seu preço, não devemos confundir o valor com a qualidade. Assinalava que o valor e o preço das coisas

> *[...] nasce de sua qualidade: de tal modo que, quanto forem mais úteis e proveitosas para o uso humano as qualidades de uma coisa, tanto mais será aquela estimada, e de maior valor e preço [...], mas o valor daquelas e sua qualidade não é o mesmo. Isto é manifesto, pois, sem variar a tal qualidade, varia-se o preço: como vemos que um mesmo livro para um é de muito valor e preço, para outro de pouco, e para outro de nenhum, sendo aquele sempre de uma mesma qualidade. O mesmo vale para uma espada, um cavalo e todas as demais coisas*[316].

De acordo com García, o preço consiste na *"opinião humana"*, porque cada qual estima e aprecia as coisas *"conforme lhe são mais ou menos úteis a seu serviço. Assim, se olharmos bem, a qualidade é intrínseca à coisa e o preço lhe é extrínseco, o qual depende da*

---
[314] LUGO. *De iustitia*, disp. 26, sec. 4, parr. 41-44. Também citado por GRICE-HUTCHINSON. *El pensamiento económico en España. Op. cit.*, p. 140-41.
[315] O texto latino é: "*Tum etiam communis hominum estimatio & rerum appreciatio confert ad cognoscenduum valorem rerum: & quo maior est aestimatio, ceteris paribus, maior est valor rerum: sicut e contra minor est valor, si minor sit hominum communis estimatio*". MEDINA. *De contractibus*, p. 102.
[316] GARCÍA. *Tratado utilísimo de todos los contratos, cuantos en los negocios humanos se pueden ofrecer.* p. 182-83.

estima e do parecer humanos, e nele se sustenta, e segundo ele varia"[317]. Definitivamente, o preço das coisas *"de tal maneira depende da opinião humana, que somente nela reside"*[318].

Estes parágrafos são claros e não admitem nenhuma ambiguidade. Para tais autores, o valor de troca depende do valor de uso. Este valor de uso não é uma qualidade objetiva do bem. Como a utilidade, encontra-se mais influenciado pelas preferências e pelos estados de ânimo dos consumidores (*complacibilitas*) do que pela capacidade inerente do bem para satisfazer necessidades, e os doutores não encontraram nenhuma regra objetiva para determinar o preço justo. As ideias escolásticas devem ser consideradas como impulsionadoras e defensoras da teoria subjetiva do valor. Tais autores foram precursores dos economistas do século XIX que "descobriram" os fundamentos subjetivos do valor econômico dos bens.

2 - O Preço Legal e os Controles de Preços

Coerentes com sua teoria de que em toda transação que não seja ilegal "as coisas valem tanto quanto possam ser vendidas", muitos escolásticos tardios chegaram à conclusão de que as autoridades podiam fixar o preço legal de alguns produtos, particularmente nos casos de monopólio ou quando os vendedores ou compradores de um *"bem muito necessário"*[319] eram poucos (oligopólio). Diversos autores opuseram-se à fixação arbitrária de preços e concluiram que isso faria mais mal do que bem. Raymond de Roover resumiu este ponto de vista da seguinte maneira:

---

[317] Idem. *Ibidem*, p. 183-84.
[318] Idem. *Ibidem*, p. 188-89. No mesmo parágrafo, García assinala que *"a estima e o preço não ocorrem senão no julgamento e no parecer humanos"*.
[319] VITORIA. *De iustitia*, qu. 77, art. 1, p. 120.

Os escolásticos tardios insistiram em que o preço justo era estabelecido pela comunidade. Isto poderia ser realizado de duas maneiras: pelo processo de mercado ou por decretos públicos. Este último era o "preço legal", em oposição do "preço natural", que era determinado pela estima comum (a valoração do mercado)[320].

Sua postura era de que o preço legal deveria ser semelhante ao preço de mercado. O preço justo natural devia ser estabelecido pela estima comum na ausência de fraudes, na coerção ou nos monopólios. Tanto os preços legais quanto os naturais derivam do preço justo.

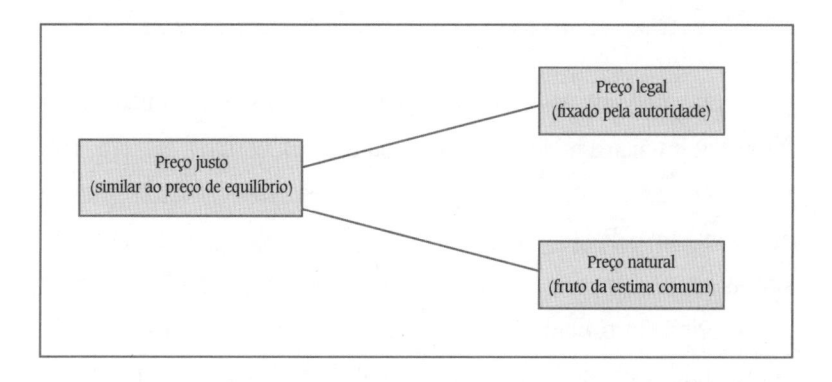

```
                              ┌──────────────────────┐
                              │     Preço legal      │
                              │ (fixado pela autoridade) │
                              └──────────────────────┘
   ┌─────────────────────┐   ╱
   │     Preço justo     │──
   │ (similar ao preço   │   ╲
   │   de equilíbrio)    │    ┌──────────────────────┐
   └─────────────────────┘    │    Preço natural     │
                              │ (fruto da estima comum) │
                              └──────────────────────┘
```

Reconheceram, ademais, que é impossível determinar apenas um preço justo natural. Os moralistas podem qualificar como justos todo um leque de preços. Do ponto de vista jurídico, os escolásticos consideravam que este leque compreendia um grande espectro. Do ponto de vista moral, sua posição era mais estrita. A doutrina comum estabeleceu que, embora fosse legal cobrar 50% acima da média do preço justo, o comprador também podia comprar legalmente um artigo a um preço 50% menor do que o preço médio.

---

[320] ROOVER, R. "Scholastic Economics". *In*: *New Catholic Encyclopedia*. Op. cit., p. 68.

Lessio apresenta o caso de um bem cujo preço médio é 10. Do ponto de vista jurídico, o preço máximo seria 15 e o mínimo seria 5. Do ponto de vista moral, o preço poderia ser 11 (o preço rigoroso), 10 (o preço médio) ou 9 (o preço ínfimo)[321]:

	Ponto de vista moral	Ponto de vista jurídico
Preço máximo	15	15
Preço rigoroso	11	1
Preço médio	10	10
Preço ínfimo	9	
Preço mínimo	5	5

Juan de Lugo assinalou que, diante de todas as circunstâncias e fatores mutáveis, a maior parte dos doutores concordava que era *"impossível estabelecer uma regra fixa"*[322]. Os escolásticos tardios nunca questionaram o direito governamental de fixar preços[323]; questionaram, sim, a conveniência de fixá-los. De acordo com a teoria escolástica da propriedade privada, a propriedade sobre um bem específico é determinada pela lei humana (positiva). O proprietário pode utilizar seus bens como bem entender, desde que não exceda as limitações legais. A lei humana positiva também estabelecia o direito do Estado de restringir o uso da propriedade e da posse. O exemplo mais claro

---

[321] LESSIO. *De iustitia et iure*, p. 275. Esta explicação pode ser considerada como doutrina comum. Ver ARAGÓN. *De iustitia*, p. 436; ESCOBAR Y MENDOZA, A. *Universae theologiae moralis*. Lyon, 1662, p. 159; GARCÍA. *Tratado utilísimo de todos los contratos, cuantos en los negocios humanos se pueden ofrecer*. p. 240; COVARRUBIAS Y LEIVA. *Opera omnia*, Livro II, cap. III, p. 524. De acordo com a doutrina escolástica, podia-se obter um ganho vendendo o mesmo bem "no mesmo lugar e no mesmo tempo" desde que esta "intermediação pura" fosse realizada respeitando a latitude do preço justo (p. ex., comprando ao preço ínfimo e vendendo ao máximo). GARCÍA. *Tratado utilísimo de todos los contratos, cuantos en los negocios humanos se pueden ofrecer*. p. 256.
[322] LUGO. *De iustitia et iure*, Livro II, disp. XXVI, sec. IV, p. 279.
[323] ROOVER, R. "The Concept of the Just Price". *Op. cit.*, p. 425.

é o dos impostos, já que não somente são uma restrição ao uso de uma parte da propriedade, mas também um confisco autoritário para sustentar o "todo" (o reino e suas leis). Como aquela porção que o Estado toma para si por intermédio do imposto é propriedade da qual não se pode dispor, era lógico que os escolásticos raciocinassem que, se o Estado poderia confiscar, também poderia restringir e regular o uso. Novamente, convém recordar que os que raciocinam dessa maneira não têm motivos para considerar como convenientes a regulação e a fixação de preços[324].

Um preço oficial, para ser justo, deveria considerar várias circunstâncias. Juan de Medina advertiu que, do ponto de vista do vendedor (a oferta), deveriam considerar-se primeiramente os gastos, o trabalho, a manutenção, a indústria e os riscos e perigos inerentes ao transporte e ao armazenamento dos bens. Do ponto de vista do consumidor (a demanda), os elementos principais eram a *complacibilitas,* a *utilitas* e o número de compradores potenciais. No que diz respeito aos bens em si, as características mais importantes eram a escassez, a abundância e a fertilidade ou a infertilidade da área, assim como a avaliação a respeito de se foram melhorados ou deteriorados. Medina concluiu que, quando se fixam os preços, o mercador prudente deveria recuperar, além de outros custos, seus próprios gastos, trabalhos e riscos. Também se deu conta de que nenhum destes fatores que influem nos preços é estático – são mutáveis e se modificam frequentemente. Como os gastos, o trabalho e os perigos podem aumentar ou diminuir com o passar do tempo, este também é um elemento que deve ser incluído na análise dos preços. Devido ao transcurso do tempo, os bens podem mudar tanto em sua natureza (por exemplo,

---

[324] Raymond de Roover assinala corretamente que Martín de Azpilcueta se opôs à regulação de preços por ser *"desnecessária quando havia abundância e ineficiente ou prejudicial quando havia escassez"*. Também reconhecia que *"muitos outros, entre eles Molina, olhavam para a regulação de preços com a mesma reprovação"*. ROOVER, R. "The Concept of the Just Price". *Op. cit.*, p. 426.

amadurecendo ou estragando) quanto em sua escassez. A necessidade de um bem também pode flutuar, assim como o número de compradores e vendedores, e a mesma variação pode ocorrer com a estimação humana: *"Conforme ensina a experiência, se perguntarmos para alguém o quanto é o preço de alguma coisa, uns dirão 10, outros 12, enquanto outros irão se opor e dirão que o preço não é 10 ou 12, mas sim 8 ou 9"*[325].

Nenhum destes fatores pode ser deduzido ou estabelecido tomando como exemplo o que ocorre com um vendedor ou um comprador em particular. O que conta não é a estima ou a *complacibilitas* individual, mas, sim, a comum. Por esta razão, tais teólogos declararam que, em tempos de pestes e pragas, seria legítimo cobrar um preço alto (quantumcumque precium exigere) pelo pão em momentos de fome universal, ou preços elevados pelos remédios em tempos de peste[326].

À luz destes raciocínios, Medina criticou a regra de Johannes Duns Scotus (1266-1308) recomendando que os preços sejam sempre superiores aos custos[327]. Estabelecendo que a estima comum não precisa considerar os custos nos quais o vendedor incorre, observou que estar exposto às perdas e aos ganhos é um dos riscos de todo comerciante (é parte da natureza dos negócios justos). Em outras palavras, Medina especificou que aqueles que querem se dedicar aos negócios devem compreender que podem chegar a perder dinheiro[328].

---

[325] MEDINA. *De contractibus*, qu. XXXI. *"De iusto rerum venalium precio"*, p. 88-89; Aragón chegou às mesmas conclusões em *De iustitia*, p. 438.
[326] MEDINA. *De contractibus*, p. 88-89.
[327] *"[S]e existisse um bom legislador em uma pátria necessitada, deveria contratar por um preço os mercadores desta classe, que proporcionam as coisas necessárias e depois as armazenam, garantindo a eles não somente o sustento necessário e o de sua família, mas também recompensando sua solicitude, sua perícia e seus perigos; assim, podem também fazer isso ao vender"*. DUNS SCOTUS, J. *Cuestiones sutilísimas sobre las sentencias*, disp. XV, qu. 2, nn. 22-23, Amberes, 1620. Textos traduzidos da edição citada por Hugo Cavellum (1571-1626) e publicados em: SIERRA BRAVO. *El pensamiento social y económico de la escolástica*, p. 439.
[328] O texto latino diz: *"Si iuste res suas vendere volunt, aliquando lucrari, aliquando perdere: talis est ipsorum mercatorum conditio, ut sicut lucro, ita & damno se exponant"*. *De contractibus*, p. 95.

Isso não significa que, para o comerciante, seja vedado utilizar a regra de fixar os preços acima dos custos para estabelecer seus preços de venda. Medina declarou que isso é tanto lícito quanto justo, desde que esses bens sejam valorados em utilidade e estimados pela comunidade a um preço igual ou superior ao que se pretende vendê-los. Esta estima comum estabelece o preço justo e, como esta estimação é variável, não podemos determinar um preço justo único.

A escolástica hispânica reconheceu a importância do preço de estima comum para determinar os ganhos. Entendeu claramente, também, os consideráveis esforços que os homens de negócios devem realizar para produzir, transportar, trocar ou armazenar bens. Já Caetano disse que os mercadores *"não têm por que servir gratuitamente para nosso conforto"*[329].

Partindo da premissa de que "o rei não tem a potestade para fazer coisas injustas e carentes de lógica", Molina criticou a fixação arbitrária de preços. O governante que, em épocas de grande escassez de trigo quisesse valorar este cereal com o mesmo preço de em épocas de abundância, estaria fixando um preço irracional e injusto:

> *E não se diga que sua atuação é correta por ser conveniente ao bem comum que o trigo seja vendido, em tempo de escassez, ao mesmo preço que em tempos de abundância; que agindo assim, os pobres não serão taxados e poderão comprar o trigo comodamente, pois, insisto, essa não é razão*[330].

Molina oferece quatro argumentos poderosos e contrários à fixação de preços. Primeiramente, quando *"a própria natureza do problema,*

---

[329] TOMÁS DE VIO (Cayetano), qu. 77, p. 267.
[330] MOLINA. *De iustitia et iure*, disputa CCCLXIV, ponto 3, p. 383-384.

as condições de oferta e demanda" e a justiça e equidade exigem que o preço aumente, *"não deve causar preocupação se, acidentalmente, os pobres sofrerem por isso alguma dificuldade na compra do trigo; devem ser ajudados mais com a esmola do que com a venda [a fixação de preços injustos]"*[331]. Este brilhante teólogo jesuíta não se esquece dos pobres nem do dever da esmola. Contudo, como bom moralista, compreende que é uma injustiça violar os direitos do vendedor para favorecer a terceiros. Como segundo argumento, assinala que estes preços artificialmente baixos não ajudarão aos mais necessitados:

> *Especialmente quando sabemos que, em tempos de escassez e fome, os pobres raramente compram o trigo ao preço taxado e que, pelo contrário, somente o compram a esse preço os poderosos e ministros públicos, a quem os donos do trigo não puderam resistir em sua pretensão*[332].

Em terceiro lugar, Molina acrescenta que, se por motivos de equidade e em prol do bem comum devemos ajudar algumas pessoas, a justiça requer que *"todos, de acordo com suas possibilidades e seu estado, sejam taxados proporcionalmente e contribuam na medida em que a equidade o solicita"*, seria injusto que o peso de socorrer os pobres recaísse somente sobre os produtores de alimentos. Seu último argumento, raciocinando com categoria de grande economista, assinala que nenhum critério de equidade pode aprovar que o governo fixe um preço legal abaixo do custo de produção. Os agricultores sofreriam uma nova injustiça se, ao mesmo tempo em que seus preços de venda são controlados, fosse permitido que os demais preços subissem *"em momentos nos quais diminui sua oferta e aumenta sua demanda"*.

---

[331] Idem. *Ibidem*, p. 50.
[332] Idem. *Ibidem*, p. 384.

Caso se taxe o calçado e não o preço do couro, ou o pão e não a farinha, e por este motivo o produtor não possa recuperar seus custos, as leis são injustas e não obrigam em consciência. *"E o mesmo deve ser dito sobre as outras coisas que, em sua fabricação, dependem de outros bens que não se taxam"*[333].

Toda a análise de Molina baseia-se na existência de um preço natural, por ele definido de maneira muito semelhante à dos economistas clássicos do século XIX. Este jurista defende preços que estão de acordo com a natureza do problema, e isto significa, segundo ele, que se devem levar em consideração a oferta e a demanda, bem como todos os demais fatores que influenciam em tais forças. Existe um preço natural que nenhum governante pode modificar justamente. Se as autoridades insistirem, *"em tempos de escassez, os homens não estariam obrigados a continuar vendendo seu trigo ao preço taxado em condições de abundância"*, já que deveriam supor que não era vontade das autoridades cometer esta injustiça. No entanto, se esta fosse a vontade do governante, *"a lei já não seria razoável e justa, e portanto não obrigaria no foro da consciência"*[334].

Martín de Azpilcueta declarou que, de acordo com a doutrina comum dos doutores, um preço oficial injusto *"não obriga"*. Tal preço pode ser a causa de muitos pecados e não ofende a Deus quem vende seus bens a um preço que *"diante de Deus seja justo, ainda que exceda a taxa, tanto quanto a justiça natural o permitir"*[335].

Juan de Mariana também criticou a fixação de preços. Baseando seus argumentos na experiência presente e passada, sublinhou que estes controles costumam ser prejudiciais e inapropriados[336].

---
[333] Idem. *Ibidem*, p. 386.
[334] Idem. *Ibidem*, ponto 4, p. 385.
[335] AZPILCUETA. *Manual de confesores y penitentes*, p. 476-77; ARAGÓN. *De iustitia*, p. 435.
[336] Ver acima, a discução sobre a temática no presente capítulo.

Villalobos também deu razões lógicas contrárias à fixação de preços:

Parece-me que seria melhor se não houvesse taxa de trigo, como não há em muitas outras partes, e se saem bem com isso, e diz Rebelo que em Lisboa pereceriam de fome se houvesse taxa. A razão do que digo é porque vemos que, [n]os tempos baratos, a taxa não é necessária, nem nos médios: porque o valor do trigo não a alcança, e o preço se baixa ou sobe conforme sua abundância: e naqueles caros, não obstante a taxa, aumenta-se o preço por uma razão ou por outra, e não acharão um grão de trigo pela taxa de maneira alguma, e, se o há, será com mil trapaças e enganos. E também porque parece coisa lastimável que, sendo para os lavradores em geral muito mais caro o trigo em tempos rigorosos, e sendo a estima comum a preço maior, tenham que vendê-lo segundo a taxa[337].

Entre os fatores que influenciam o aumento do preço do trigo, este franciscano mencionou os monopólios, a exportação e a especulação. A importação de trigo pode chegar a ser *"muito importante para o bem comum"*[338].

Para muitos destes moralistas, as leis que fixam preços careciam de um valor absoluto, e os preços injustos não obrigavam em consciência.

E assim, para Juan de Mariana, Navarro, Rebelo, Molina e, segundo Ledesma, esta opinião é seguida pelos padres da Companhia de Jesus. O fundamento desta opinião é que, para que o preço seja justo, deve ser razoável, o que não seria se fosse notavelmente menor do que a coisa vale segundo a estima comum, o que não acontece aqui:

---

[337] VILLALOBOS. *Summa de la theologia moral y canónica*, p. 344.
[338] Idem. *Ibidem*, p. 346.

porque de outra maneira não se preservaria a igualdade no preço, e os senhores do trigo sofreriam um grande erro[339].

Villalobos cita a seguir, textualmente, os argumentos de Molina[340] contrários aos preços oficiais injustos e adverte que esta proposição não pode ser condenada, mas que este é um tema opinável *"e em opiniões prováveis, qualquer um pode seguir a que quiser, principalmente se tiver fundamentos superiores, pois então será mais provável"*[341].

3 - Preços e Equidade

Uma das principais regras utilizadas pelos escolásticos para determinar a justiça de uma transação era verificar se ela havia sido realizada voluntariamente. Utilizavam frequentemente a frase de Aristóteles de que *"àquele que quer não se lhe faz injustiça"*[342], e a teoria de preços estava baseada nesse princípio[343]. Francisco de Vitoria esclareceu que a justiça e a legalidade nas mudanças do seguinte modo:

> [...] *se fundamenta em um princípio universal e muito certo, de que não sou obrigado a fazer nenhum benefício ou prazer a meu primo [próximo], gratuitamente e sem primo [por prêmio], ainda que não me custe nada e nem me dê trabalho. Que se me roga que dance, digo-lhe que não quero, se não me dás um ducado: e o mesmo posso dizer de qualquer outra coisa que me peça*[344].

---

[339] Idem. *Ibidem*, p. 347.
[340] Idem. *Ibidem*. Em latim, o texto citado diz: "*Si superveniente ingente sterilitate Princeps vellet, ut triticum pretio venderetur, qui rationabiliter tempore abundantiae vendebatur, lex esset irrationabilis, et iniusta*".
[341] Idem. *Ibidem*, p. 348.
[342] "*Volenti non fit injura*". ARISTÓTELES. Ética a *Nicômaco*, 1138a.
[343] Por exemplo: MEDINA. *De contractibus*, p. 97.
[344] VITORIA. *Opera omnia*, vol. VI, p. 514.

Vitoria aceitava duas exceções à regra: os benefícios espirituais[345] e os empréstimos. Cada qual é árbitro e moderador de sua propriedade[346]. Villalobos assinalava e acrescentava que *"é contra a razão e a justiça querer que outro compre ou alugue pelo preço que não quer, pois é livre, como diz Rebelo"*[347]. De acordo com Albornoz, para que uma transação seja equitativa, é necessário que não exista coerção

> *[...] porque como quer que façam com que alguém venda alguma coisa sua pela força, ainda que lhe deem por preço dez vezes mais do que vale, não lhe dão o valor dela, pois estimará mais sua coisa do que o preço que lhe dão, e assim a coisa não é igual ao preço (que, como vimos, é o ponto em que consiste a justiça do preço). O mesmo para a compra, se fazem com que alguém seja forçado a comprar o que não quer, ainda que o deem por dez vezes menos do que vale*[348].

Os escolásticos qualificavam uma venda como involuntária quando esta ocorria em um contexto de violência, fraude ou ignorância[349]. García especificou que a violência podia ser implícita ou explícita. Um juiz exerce violência explícita quando, para fazer justiça, sentencia que um acusado deve perder parte de sua propriedade para restituir os prejuízos. García acrescenta que, para que o governo possa forçar justamente uma transação, não somente se requer que esta seja útil para o bem comum, mas que também seja necessária, pois, caso contrário, *"não seria coisa lícita cometer tal violência"*. Tal violência expressa

---

[345] Os sacerdotes estão obrigados a proporcionar gratuitamente certos bens espirituais aos fiéis que os demandem.
[346] *"In re sua quilibet est moderatur & arbiter"*.
[347] VILLALOBOS. *Summa de la theologia moral y canónica*, p. 407.
[348] ALBORNOZ. *Arte de los contratos*, p. 69.
[349] GARCÍA. *Tratado utilísimo de todos los contratos, cuantos en los negocios humanos se pueden ofrecer*. p. 368.

torna-se injusta quando é praticada de modo privado à margem do poder judicial. A violência implícita, ou tácita, poderia ocorrer tanto por práticas monopolísticas quanto por açambarcamento[350].

García delineou sua teoria da seguinte maneira:

1) VIOLÊNCIA:
   a) Expressa:
      – Justamente
      – Injustamente
   b) Tácita:
      – Monopólio
      – Açambarcamento

2) ENGANO
   a) Em substância
   b) Em quantidade
   c) Em qualidade

3) IGNORÂNCIA
   a) Em substância
   b) Em quantidade
   c) Em qualidade[351]

A respeito do monopólio, García comenta que Palacio, em seu comentário à *Summa de Caetano,* condena como *"pecado mortal pedir ao rei privilégio para que somente um ou dois possam vender tela ou pano, ou outras coisas semelhantes"*[352]. Com relação ao açambarcamento,

---
[350] Idem. *Ibidem*, p. 375.
[351] Idem. *Ibidem*, p. 379.
[352] Idem. *Ibidem*, p. 213.

García condena certos excessos. No entanto, apoiando-se em Gênesis 41, reconhece que comprar e açambarcar para vender em tempos de necessidade *"não é prejudicial, mas, sim, útil para o bem comum"*[353].

Um preço justo é o que surge do *"curso natural e comum dos tratamentos e negócios humanos feitos claramente, retirada toda violência e engano"*. Estes enganos ou fraudes poderiam ocorrer tanto na substância (por exemplo, *"vender gato por lebre"*) e na quantidade (peso ou medidas falsas) quanto na qualidade (vender um cavalo doente por um saudável). Qualquer um desses transformaria uma troca em involuntária. A ignorância (acerca da substância, quantidade e qualidade) também pode fazer com que uma troca seja involuntária.

De acordo com García, o contrato

> *[...] resulta igualmente em utilidade daquele que vende e daquele que compra, pois aquele tem necessidade do dinheiro deste e este tem necessidade da mercadoria do outro, e por isso uma destas duas coisas é dada em recompensa da outra*[354].

Estes doutores medievais declararam que a coerção e a violência e proporcionar informação falsa ou inadequada violam a equidade de uma transação e, portanto, são contrárias à justiça. Quando ambos os participantes recebem utilidade, podemos dizer que um intercâmbio é equitativo. Muitos são os historiadores que consideram que a *"reciprocidade nas trocas"* é a essência da teoria escolástica dos preços. No pensamento aristotélico, esta reciprocidade ocorria quando, após um intercâmbio, ambos os sujeitos ficavam com a mesma riqueza que tinham antes da transação. Nas palavras de Santo Tomás de Aquino:

---

[353] Idem. *Ibidem*, p. 376.
[354] Idem. *Ibidem*, p. 213.

> *[...] o comércio parece ter sido instituído no interesse comum de ambas as partes, dado que cada um dos contratantes tem necessidade da coisa do outro, o que é claramente exposto por Aristóteles. Mas o que se estabeleceu para a utilidade comum não deve ser mais oneroso para um do que para outro outorgante, pelo que deve se constituir entre eles um contrato fundamentado na igualdade da coisa*[355].

É meu parecer que a reciprocidade nas trocas pode ser melhor entendida do ponto de vista contábil. Quanto trocamos dinheiro (um ativo) por bens (outro ativo), em primeira instância a única coisa que aparece no nosso balancete é uma mudança na composição dos ativos. O ativo total não se altera, e a situação é semelhante à que existia antes da transação. Albornoz parecia compartilhar de uma análise semelhante ao dizer que, em uma troca justa *"tanto entra com o preço em poder do vendedor quanto pelo preço que saiu de sua quantidade de bens, e tanto entra pela coisa vendida em poder do comprador quanto pelo preço saiu de sua quantidade de bens"*[356].

4 - A Doação

As extensas análises acerca da doação nos ajudam a entender vários aspectos da análise econômica escolástica. Toda pessoa com perfeito domínio de um bem pode, por sua vez, doá-lo livremente a outra pessoa[357]. Como o dono de um bem também é proprietário de seu uso, a doação pode ser do bem ou do uso[358]. Os presentes

---
[355] AQUINO. *Summa Theologica*, II-II, qu. 77, art. 1, resp.
[356] ALBORNOZ. *Arte de los contratos*, p. 63.
[357] O domínio imperfeito, como aquele que um sacerdote exerce sobre os bens da Igreja, não inclui este direito. As crianças que não alcançaram a idade da razão também não podem exercer um domínio perfeito.
[358] GARCÍA. *Tratado utilísimo de todos los contratos, cuantos en los negocios humanos se pueden ofrecer*. p. 213.

(esmolas ou doações) são ações essenciais para uma ética cristã. São Bernardino definiu a doação como o ato de prodigalidade, de dar sem esperar recompensa[359]. Assim, o "problema" do preço justo desaparece. Não é necessário levar em consideração nem a utilidade do bem, nem a equidade.

Os escolásticos estipularam que todo comprador que deliberada e conscientemente pagasse um preço acentuadamente superior ao preço de mercado estaria acrescentando uma doação à transação. Quando isto se faz livremente, esta *donationis admixtae* é perfeitamente legítima. Juan de Medina determinou que, quando um comprador paga um preço excessivo, e sua intenção é doar essa soma, não podemos catalogar essa troca como uma venda pura[360]. As três condições seguintes, de acordo com este autor, deveriam estar presentes para que possamos assumir a existência de uma doação:

O comprador deve ser uma pessoa sagaz, com conhecimento do preço de mercado do bem em questão;

Não deve existir a presunção de que o vendedor não foi totalmente veraz na estipulação de seu preço;

O comprador não deve ter uma grave necessidade do bem[361].

---

[359] *"Per actum mere liberalem (quando transferos nullam expectat redditionem)"*. BERNARDINO. *Opera omnia*, Sermão XXXII, art. 3.
[360] *"Sit, quando ipse emens dar precium excesivum, cuius excessum donare libere intendit: quia tunc non est venditio & emptio pura, sed mixta dinationi, rationi cuius licitum est venditori illum excessum recipere in his casibus est licitum rem vendere pro precio excedente latitudinem iusti pretii"*. MEDINA. *De contractibus*, p. 98.
[361] Pedro de Aragón chegou à mesma conclusão, e para ele se podia pressupor a existência de uma doação quando o comprador não estivesse compelido pela necessidade. Cito Diego de Covarrubias y Leiva dizendo: *"Quod quando nulla necessitate coactus quis emit orem pro maiori pretio, commo de praesumitur donare"*. ARAGÓN. *De iustitia*, Liv. 2, cap. 4, n. 11.

Nestes casos, a existência de preços superiores aos de mercado não viola a regra do preço justo.

5 - Os Preços e a Ignorância

Embora os escolásticos tenham argumentado que a ignorância poderia tornar uma troca involuntária, paralelamente raciocinaram que era lícito lucrar com os próprios conhecimentos e a ignorância alheia. Do ponto de vista do comerciante, não constitui fraude vender um bem defeituoso se não se sabia a respeito desta imperfeição. O comprador, contudo, pode argumentar que não era sua intenção comprar o bem nessas condições. Para provar que é legítimo obter ganhos por ter um conhecimento melhor do mercado, os escolásticos costumavam repetir o exemplo utilizado por Santo Tomás acerca de um mercador que, sabendo que no futuro haveria um incremento na oferta do bem que tem para vender, apressa-se em vender todo o seu estoque antes que a oferta maior chegue ao mercado. Também citavam os escritos bíblicos, em especial o Gênesis 41, a história de José, que aconselhou o Faraó para que acumulasse trigo e assim evitasse que a escassez futura prejudicasse o reino. O faraó beneficiou-se comprando barato e vendendo, posteriormente, a preços mais caros[362].

Tais autores reconheciam que o conhecimento e a sabedoria não podem ser castigados. O conhecimento ou a ignorância de uma pessoa não modificam "o preço justo". Os preços são afetados somente pela abundância ou pela escassez no mercado. Um indivíduo pode adquirir conhecimentos especiais de futuros carregamentos, ofertas, nova legislação ou variações no valor da moeda. O vendedor que

---

[362] ARAGÓN. *De iustitia*, p. 454. "*Villi pius emendo, & care postea vendendo Pharaonem ditavit*". LESSIO. *De iustitia*, p. 279.

possui estes conhecimentos tem o direito de lucrar com eles, inclusive quando a maior parte do público não se dá conta da importância destes fenômenos. Lessio assinalou que, se a justiça não possibilita que os vendedores com conhecimentos de futuras quedas nos preços vendam ao preço corrente, "[...] *seguindo o mesmo raciocínio, não se deveria permitir que os compradores adquirissem o produto ao preço corrente se sabem que o preço aumentará no futuro, e isto também é falso"*[363].

6 - A Teoria do Monopólio

Ao analisar o tema do preço justo, a maior parte dos doutores abordou o tema das atividades monopolísticas. Vários deles, por exemplo Miguel Salón e Luis de Molina[364], partiam da definição etimológica. Monopólio é uma palavra composta por *monos* (que significa um em latim) e *polium* (que vem de *pola,* que, em grego, significa venda). Molina declarou que, em um sentido estrito, há monopólio quando uma ou mais pessoas obtêm o privilégio exclusivo de vender um certo bem[365]. Ainda que em tal definição se assinale implicitamente que os monopólios sejam causados pelos privilégios, e que estes somente podem ser concedidos pelas autoridades, os escolásticos também descreveram um número adicional de atividades monopolísticas. Lessio distinguia quatro tipos de monopólio: os que são fruto de conspirações, os estabelecidos pelo príncipe, aqueles que resultam de

---

[363] Idem. *Ibidem.* "Alioquin emptor non posset emere pretio currente, si sciret pretium postea valde augendum, quod tamen falsum esse [...]. Abundantia praessens vel inminiens facit decrescere pretium, si passim sciatur; secus si ignoretur, non decrescit pretium unde potes tuas pretio antiquo eatenus usitato vendere".
[364] SALÓN. *Commentariorum,* p. 1992; MOLINA. *De iustitia et iure,* disp. CCCXLV.
[365] Idem. *Ibidem.*

tentativas de controlar o mercado[366] e os causados pelas restrições à importação[367]. Os trabalhadores, assim como os negociantes, também podiam conspirar para estabelecer monopólios. Os doutores criticavam ambos. Condenaram explicitamente os artesãos que pactuavam com a ideia de que o trabalho iniciado por um não podia ser terminado por outro, ou tinham acordos entre eles para não trabalhar, a menos que recebessem uma remuneração predeterminada[368].

Os escolásticos assinalavam que os monopólios estabelecidos pela autoridade competente somente poderiam se justificar caso beneficiassem a república. Forneciam como exemplo as leis de patentes e direitos de autor, que se justificavam devido ao benefício que impressores e escritores proporcionavam à república. Lessio especificou que, apresentando boas razões, o príncipe podia conceder privilégios[369]. Nestes casos, o juízo dos prudentes, com base em uma análise exaustiva das circunstâncias, deveria ajudar a identificar o preço justo[370]. Molina também justificou alguns monopólios estabelecidos com a permissão do príncipe, dizendo que, assim como o rei poderia exigir dos súditos que contribuam para a necessidade pública com sua ajuda, também pode submetê-los à taxação do monopólio, desde que este seja moderado e lhes cause menor incômodo e prejuízo[371].

No campo da ética econômica, Molina asseverou que, naqueles casos nos quais os monopólios estabelecidos são prejudiciais aos súditos, tanto a autoridade quanto os comerciantes que pedem os monopólios pecam mortalmente. Tais privilégios obrigam

---

[366] Comprar toda a quantidade ofertada de um bem para a seguir poder vendê-la a um preço superior.
[367] LESSIO. *De iustitia*, p. 95.
[368] MOLINA. *De iustitia et iure*, CCCXLV, qu. 2.
[369] LESSIO. *De iustitia*, p. 295; ROOVER, R. "The Concept of the Just Price". *Op. cit.*, p. 427.
[370] BÁÑEZ. *De iustitia*, p. 538.
[371] MOLINA. *De iustitia et iure*, disp. CCCXLV, qu. 3.

"os cidadãos a comprar as mercadorias das mãos de tais pessoas a um preço mais caro", impedindo-os de comprar do fornecedor mais barato. Tais práticas também violam os direitos de outros fornecedores potenciais[372]. Por esse motivo, tanto a autoridade quanto os monopolistas estão *"obrigados a compensar os súditos pelos prejuízos que ocorrerem contra a vontade desses mesmos súditos"*[373]. Ledesma notava que os monopólios prejudiciais eram abundantes[374], e Lessio acrescentava que os monopólios que não contribuem para o bem comum, assim como aqueles que são fruto de privilégios perversos, prejudicam o cidadão e não beneficiam a república[375]. Mariana também condenou os príncipes que estabeleciam monopólios sem a aprovação do povo. O príncipe, segundo esse autor, não tem autoridade legítima para tirar de seus súditos parte de sua propriedade[376].

Os escolásticos condenavam aqueles que tentavam monopolizar uma mercadoria encurralando o mercado. Aragón, contudo, esclareceu que a ação de um comprador que assumia o risco de adquirir toda a oferta de um bem, sem ter como objetivo o aumento

---

[372] Idem. *Ibidem*, qu. 1.
[373] Idem. *Ibidem*, qu. 3.
[374] LEDESMA, P. *Summa*. Salamanca, 1614, p. 518.
[375] Raymond de Roover assinalou corretamente que, na doutrina do monopólio de Lessio, *"[s]e aplica-se aos bens mais necessários, o príncipe deve ter cuidado extremo para manter o preço baixo, porém, se estão envolvidas trivialidades e bens extremamente luxuosos, pode ter boa justificativa para torná-los caros e restringir seu consumo"*. ROOVER, R. "Monopoly Theory prior to Adam Smith: A Revision". *Quarterly Journal of Economics*, vol. 65 (May 1951). p. 500. Edição castelhana em *Estudios* Públicos (verano 1987). p. 178. O texto de Lessio em latim é: *"Secus tamen si id concedar in mercibus, quae solum ad delicias & luxum pertinet, quas nemo cogitur emere, ut sunt picturae, varia genera tapetium, sericorum, pannorum, & holosericorum, oleo, fritilli, chartula lusoriae, latrunculi & similia. Cum enim in his nemo gravetur, nisi qui sponte vult, (nisi fonte pauci aliqui divites) facile potest princeps habere iustam causam non impediendi ne iustum pretium excedant"*. De iustitia, p. 295.
[376] MARIANA. *Del rey y de la institución real*, p. 579.

de preços ou a monopolização do mercado, não era condenável. Antonio de Escobar era da mesma opinião[377].

As análises escolásticas tardias das restrições às importações são muito semelhantes às realizadas hoje em dia por autores partidários do livre-mercado. Reconheciam que os monopolistas que buscavam conter a oferta de bens importados geravam um duplo dano, deterioravam a posição de outros comerciantes ao não lhes permitir que importassem bens necessários e prejudicavam a comunidade devido ao aumento nos preços, produzido pelas restrições. Antonio de Escobar foi explícito na condenação daqueles que restringiam as importações com o propósito de reduzir a oferta[378]. Azpilcueta, Salón, Aragón e Bonacina também chegaram a conclusões semelhantes.

Os escolásticos, ao longo de suas análises, raramente condenaram os monopólios *per se*. A existência de um só vendedor, ainda que suficiente para a definição etimológica, não era para provar a injustiça do príncipe ou do comerciante[379]. Como bem assinalava Aragón, um monopólio não é injusto se compra e vende a preços justos. Criticava, sim, os comerciantes que alcançavam sua posição monopolística mediante as restrições à importação e acrescentava que eles estavam errados ao antepor a utilidade privada à utilidade pública[380].

---

[377] ESCOBAR, A. *Theologia moralis*. Lyon, 1650, p. 163; ARAGÓN. *De iustitia*, p. 463. Este último texto diz: "*Caeterum, si ille, qui totam mercium quantitatem emit, nec cum aliquo fraudulenter convenit, nec animo. Pretium ultra iustum augendi, id fecit, sed suo periculo illas accipiens, nulla iniquitatem committet*".
[378] Idem. *Ibidem*, p. 163.
[379] SALÓN. *Commentariorum*, col. 1992.
[380] ARAGÓN. *De iustitia*, p. 463.

Capítulo VIII
Justiça Distributiva na Escolástica Tardia

N a análise da justiça distributiva, nota-se claramente, por parte dos autores escolásticos, a influência de Aristóteles e de Santo Tomás de Aquino. Aristóteles assinalava que a justiça distributiva *"ocorre nas distribuições de honras ou de riquezas ou de outras coisas que possam ser partilhadas entre os membros da república"*[381]. Entretanto, na concepção aristotélica, a justiça nas distribuições é alcançada quando elas se realizam atendendo ao mérito. Atribuir graus de mérito não é tarefa fácil, já que *"nem todos entendem que o mérito seja o mesmo. Os partidários da democracia entendem que é a liberdade; os da oligarquia, uns a riqueza, outros a linhagem; os da aristocracia, a virtude"*[382].

A distribuição deve ser proporcional com relação ao mérito. Este tipo de justiça refere-se às coisas comuns *"e é sempre de acordo com a proporção dita anteriormente. Caso se faça a distribuição das riquezas comuns, será de acordo com a razão que*

---

[381] ARISTÓTELES. *Etica Nicomaquea*. Versão espanhola e introdução de Antonio Gómez Robledo. Sexta ed. México: Editorial Pomea, 1976. Livro V, p. 60.
[382] Idem. *Ibidem*, p. 61.

há entre as contribuições particulares"³⁸³. Os bens privados não são objeto desta justiça.

Na *Secunda secundae*, Santo Tomás sintetizava o pensamento aristotélico da seguinte maneira:

> *Aristóteles estabelece duas partes ou classes de justiça e diz que uma orienta as distribuições, e a outra as comutações. Como já foi dito, a justiça particular é ordenada a uma pessoa privada que, com respeito à comunidade, é como uma parte do todo. Contudo, toda parte pode ser considerada em um duplo aspecto: primeiro, na relação de parte a parte, ao que corresponde na vida social a ordem de uma pessoa privada a outra, e esta ordem é dirigida pela justiça comutativa, que consiste nas trocas realizadas mutuamente entre duas pessoas. Outro é o do todo com relação às partes e a esta relação se assemelha à ordem existente entre a comunidade e cada uma das pessoas individuais, e esta ordem se dirige pela justiça distributiva que partilha proporcionalmente os bens comuns*³⁸⁴.

Este conceito de justiça distributiva está de acordo com o princípio geral de dar a cada um o que é seu. O Aquinate explica que:

> *Como a parte e o todo são, de certo modo, uma mesma coisa, é assim que o todo é, de certa maneira, da parte e, por isto mesmo, quando se distribui algo dos bens comuns entre os indivíduos, cada um recebe de certo modo o que é seu*³⁸⁵.

A esta altura, já podemos enfatizar a primeira conclusão: a justiça distributiva lida com a partilha dos bens comuns. Daqui,

---
³⁸³ Idem. *Ibidem*, p. 62.
³⁸⁴ "*Ordo eius quod est commune ad singulas personas*", no texto original.
³⁸⁵ AQUINO. *Summa theologica*, II-II, qu. 61, art. 1.

surge a questão de quem é o responsável pela existência da justiça distributiva. Santo Tomás assinala que *"o ato da distribuição que se faz dos bens comuns pertence somente ao que responde por estes bens comuns"*, ou seja, governantes, burocratas, ou todo aquele que é responsável pelo cuidado ou pela provisão de algum bem comum. No restante dos indivíduos, a justiça distributiva reside somente de maneira passiva:

> *A justiça distributiva reside também nos súditos a quem se distribuem aqueles, enquanto estão satisfeitos com a justa distribuição dos bens comuns, não de uma cidade, mas de uma só família, cuja distribuição pode ser feita pela autoridade de uma pessoa privada*[386].

Neste capítulo, analiso somente os bens comuns públicos, deixando de lado os ensinamentos escolásticos acerca da distribuição dos bens comuns familiares, realizada pelo pai de família. Como tema de política econômica, não parece ser de muita importância a maneira como se distribuem os bens dentro de uma família; em troca, é muito importante como ocorre o processo de produção e distribuição dos bens comuns.

Como se faz esta distribuição dos bens comuns entre os cidadãos? Aqui, Santo Tomás prossegue alinhado com Aristóteles. Estes bens devem se distribuir proporcionalmente.

> *Como já foi dito, na justiça distributiva se dá algo a uma pessoa privada, na medida em que o que é do todo se deve à parte, e isto será tanto maior quanto a parte tenha maior relevância no todo.*

---
[386] Idem. *Ibidem*.

> Por isto, na justiça distributiva se dá a uma pessoa tanto ou mais dos bens comuns quanto mais importância tem na comunidade. Esta importância determina-se na comunidade aristocrática pela virtude; na oligárquica, pelas riquezas; na democrática, pela liberdade; e em outras, de outra maneira. Disto se segue que, na justiça distributiva, não se determine o meio segundo a igualdade de coisa a coisa, mas segundo a proporção das coisas às pessoas, de tal maneira que, no grau em que uma pessoa exceda a outra, a coisa que não se dê exceda a que se dê a outra pessoa[387].

Enquanto a justiça distributiva regula as distinções, *"a comutativa dirige as trocas que podem ocorrer entre duas pessoas"*[388].

Os autores escolásticos que seguiram Santo Tomás de Aquino foram continuadores da linha aristotélico-tomista. Temas como os lucros, os salários e os juros eram abordados como tópicos de justiça comutativa. Os escolásticos chegaram à conclusão de que não era função do governo determinar salários, lucros e juros. Para analisá-los, utilizavam um procedimento idêntico ao que empregavam para estudar os preços dos bens, determinando que eles deveriam se estabelecer seguindo a estima comum realizada no mercado[389].

Chama a atenção que Raymond de Roover tenha assinalado que a justiça social era a principal preocupação dos autores escolásticos[390]. Na verdade, nunca utilizaram esse termo. De Roover foi, sem dúvida, um dos grandes especialistas em economia escolástica. Considero, contudo, que se comete um deslize ao assinalar que a jus-

---
[387] Idem. *Ibidem*.
[388] Idem. *Ibidem*, art. 2.
[389] Ver a discução sobre a temática no capítulo anterior.
[390] ROOVER, R. "Monopoly Theory prior to Adam Smith". *Op. cit.*

tiça distributiva *"regulava a distribuição de riquezas e receitas"*[391]. Em nenhum tratado de autores escolásticos tardios, pude encontrar o tratamento de salários, lucros e juros (*stipendium, lucrum, usuris*) como temas de justiça distributiva. Eram sempre analisados como questões de justiça comutativa.

Santo Antonino de Florença destacava que, pela justiça distributiva, *"os que governam são devidamente dirigidos na distribuição dos bens comuns, de acordo com a qualidade dos súditos"*[392]. Acerca da importância deste tipo de justiça, prossegue dizendo:

> *Na multidão, em que há muita diversidade de condições e méritos, a não ser que sejam distribuídos entre todos proporcionalmente pelo que governa as honrarias, dignidades e ofícios, além dos trabalhos e gastos, origina-se uma notável dissonância entre os que habitam juntos, e em consequência toda a ordem política desliza pouco a pouco para a corrupção [...]. O príncipe dos ladrões, se não partilhasse a pilhagem equitativa e proporcionalmente à astúcia e esforço dos ladrões, seria morto por seus companheiros, ou, pelo menos, deposto de sua potestade*[393].

Francisco de Vitoria opinava de maneira semelhante:

> *Se a justiça estabelece uma igualdade entre dois homens privados que compram e vendem, chama-se a isto justiça comutativa; entretanto, se a estabelece entre a república ou a comunidade e o homem privado, recebe o nome de distributiva. Além disso, nota-*

---
[391] Idem. *Ibidem*, p. 495.
[392] ANTONINO DE FLORENCIA. *Summa theologica*. Lyon, 1516. Parte 1, tít. 5, cap. 2.
[393] Idem. *Ibidem*, parte 4, tít. 5, cap. 3.

se que a justiça distributiva reside no príncipe em sua atuação e deve existir nos súditos de tal modo que sofram a distribuição de maneira equânime[394].

Domingo de Soto, assim como Francisco Vitoria, frisou em seu comentário à obra de Santo Tomás que a responsabilidade pela distribuição *"reside no chefe de Estado, a quem corresponde a partilha dos bens públicos"*[395]. Comentando a Ética de Aristóteles, considera apropriado que *"se chame de justiça distributiva àquela justiça particular com que o homem se mostra justo na repartição dos bens comuns"*[396]. Mais adiante, assinala que este tipo de justiça é a que *"medeia entre o todo e as partes, ou seja, a que partilha justamente os bens comuns entre os cidadãos"*[397]. Devido a este tipo de justiça, recebem-se os bens *"não por serem sua propriedade, mas por serem propriedade do todo do qual o homem forma parte. Porque o que é do todo pertence também, de certo modo, a cada uma das partes"*[398].

Esta distribuição não está isenta de dificuldades.

Mas quando o chefe de Estado, ou os dispensadores dos bens comuns têm estes bens em seu poder, é com muitíssima dificuldade que se pode convencê-los para que os distribuam, se têm a oportunidade de se apropriar deles para si. E uma ampla experiência nos diz que ocorre dessa maneira, tanto por parte dos governantes quanto por parte dos que se encontram diante

---

[394] VITORIA, F. *Comentarios a la II-II de Santo Tomás*. Salamanca, 1932. Vol. 2, p. 55.
[395] DE SOTO, D. *De la justicia y del derecho*. Madrid: Instituto de Estudios Públicos, 1968. Livro III, Questão Quinta, art. 1.
[396] Idem. *Ibidem*.
[397] Idem. *Ibidem*.
[398] Idem. *Ibidem*.

deles. E se confirma esta razão com a autoridade de Aristóteles, quem no livro 2 da Política *diz que os homens se sentem mais impressionados pelos bens próprios do que pelos comuns*[399].

Domingo de Soto termina com uma advertência:

Finalmente, os chefes de Estado hão de ter em conta, aqui, que, como a justiça distributiva é uma virtude que age entre dois extremos, encontra-se limitada por ambos. E, assim, nem permite que os bens sejam repartidos em tamanha abundância que deixe o tesouro público exausto, sendo extremamente necessário que esteja abastecido, nem permite que se mostrem tão austeros na distribuição dos bens, que não façam com eles favor algum aos cidadãos que, muitíssimas vezes, deles têm necessidade. E, sobretudo, hão de evitar sempre que os tributos e censos que se impõem ao povo com destino às necessidades públicas não se empreguem em usos estranhos; porque daqui nascem grandes perigos para a sociedade, e o povo, que não carece de privações, sente-se gravemente oprimido; já que isto sói ser a causa do aumento dos tributos dia após dia. Porém isto será tratado mais extensamente no final da questão seguinte.

Martín de Azpilcueta assinalou que os governantes, quando cobram impostos injustamente, violam a justiça distributiva. Ademais, enfatizou que o governante deve restituir se

[...] partilhou alguma quantidade de dinheiro imposta ao povo (para que se pagasse por casa e segundo a fazenda de cada um) e impôs mais ou menos a uns do que era razão em prejuízo de outros.

---
[399] Idem. *Ibidem*.

> M., segundo Santo Antonino, e todos; ainda que não o faça por ódio nem má intenção, se a ignorância do direito, e fato provável não o desculpo, porque violou a justiça distributiva, e deve restituir ao que foi prejudicado, naquilo que o prejudicou de acordo com todos. E o mesmo vale para aquele que partilha as coisas comuns e deu mais ou menos a alguém do que lhe correspondia, segundo Caetano[400], porque estes tiram do prejudicado o que lhe é devido[401].

Tais doutrinas sobre a justiça distributiva continuaram sendo ensinadas durante muito tempo. Pedro de Ledesma, catedrático de vésperas em Salamanca nos anos 1608 e 1616, e também professor em Segovia e Ávila, sintetizou em sua *Summa de moral* grande parte destes ensinamentos.

Para começar, *"a justiça distributiva há de ordenar o todo às partes [...]. Organiza o bem comum, em ordem aos particulares"*[402]. A justiça comutativa é mais perfeita que a justiça distributiva:

> [...] o que se dá pela justiça comutativa é devido absolutamente ao cidadão, e é coisa sua, à qual já tem direito adquirido. O que se dá e distribui pela distributiva não é desta maneira devido, nem é do particular, cidadão, se tem direito adquirido, mas, sim, se deve tornar seu conforme seus méritos e conforme sua qualidade[403].

Uma das atitudes típicas que violam a justiça distributiva é a acepção de pessoas. É uma injustiça que se comete na dis-

---

[400] Caetano, algumas vezes grafado como Cayetano ou Cajetan ou Gaetano, era o pseudônimo do cardeal Tomás de Vio (1468-1534), cujas obras exerceram influência notável sobre a escolástica hispânica.
[401] AZPILCUETA. *Manual de confesores y penitentes.* p. 226.
[402] LEDESMA, P. *Summa de moral.* Salamanca: A. Ramírez, 1614. p. 286.
[403] Idem. *Ibidem.*

tribuição dos bens comuns, quando se prefere um a outro: não pelos méritos que tem em ordem àquela coisa, mas por outra causa não devida. Por exemplo, dar parte dos bens comuns a um amigo ou parente.

> *Este vício não se pode cometer se não for com respeito àqueles aos quais os bens são comuns. Caso se distribuam os bens comuns de uma república, a acepção de pessoas há de se cometer com respeito aos cidadãos que são partes da república*[404].

O juízo varia quando não se trata de bens comuns:

> *Se alguém, por sua própria liberalidade, distribuísse seus próprios bens entre os cidadãos ou fizesse um convite, e da tal distribuição excetuasse seu inimigo: este sujeito, ainda que peque contra a caridade, não faz acepção de pessoas. Porque não distribui bens comuns*[405].

A acepção de pessoas não apenas é condenada por ser desvantajosa para a sociedade, mas, sim, eticamente:

> *A acepção de pessoas é a destruição da república e causa grande detrimento a ela e a seus cidadãos. Por sua natureza, é pecado mortal pernicioso para a República*[406].

Dentro deste campo, um dos pontos mais importantes para a política econômica é o que se refere à justiça na imposição de

---
[404] Idem. *Ibidem*.
[405] Idem. *Ibidem*.
[406] Idem. *Ibidem*, p. 287.

tributos. Os tributos e taxações públicas *"devem ser colocados de acordo com a forma da justiça distributiva"*[407].

Pedro de Ledesma reduz a três os tipos de impostos que se costumava cobrar naquela época:

1º) Censo: pensão que se paga ao príncipe em reconhecimento de sujeição; "significa soberba e grande tirania";

2º) Pecho: "paga-se ao príncipe, para seu sustento e para que preserve a paz da república, e pagam-no de alguma terra, ou vinhedo";

3º) Portazgo: *tributa o comércio; incluía os impostos conhecidos como alcabala e os tributos alfandegários.*

Para não violar a justiça distributiva, tais impostos deveriam cumprir cinco condições:

1ª) Que o impositor do tributo seja uma autoridade legítima. Estas podem ser:
– O Papa;
– O concílio;
– O imperador;
– O rei (incluindo as autoridades das repúblicas);
– Senhores que não reconhecem superior no âmbito temporal.

2ª) Que a causa final do tributo seja justa e que resulte no bem e na utilidade da república, como a conservação dos bens da

---
[407] Idem. *Ibidem*, p. 322.

república e o sustento dos príncipes ("que não devem pretender enriquecer, ou realizar outros gastos impertinentes").

3ª) "Os tributos serão proporcionados com a causa final pela qual são instituídos". *O uso dos tributos deve ser justo: convém gastar naquelas coisas pelas quais são criados (reedificar um muro, construir uma ponte).*

4ª) A matéria sobre a qual se impõe o tributo deve ser justa e decente. "Não se devem impor sobre aquelas coisas que se trazem para seus usos próprios"[408].

5ª) Que se mantenha a justiça no poder dos tributos:
A) *Os tributos deverão ser proporcionais às fazendas dos particulares* "quando se impõe um grande tributo, convém atentar para a necessidade e a pobreza dos vassalos. Porque isto importa para o bem do reino e, por conseguinte, para o bem do próprio rei. Porque se os vassalos se acabam e perdem, é necessário que se acabe e se destrua o reino e o próprio rei";
B) *Devem* "se colocar segundo a forma de justiça distributiva" (proporcionais ao mérito).

Pedro de Ledesma realiza outras considerações particulares, como condenar a sisa (imposto sobre o vinho e as carnes): *"os pobres têm mais necessidade de comprar estas coisas do que os ricos. Porque os ricos as têm como suas, e os pobres não: assim, tal tributo não é justo"*[409] Este tipo de imposto poderia ser cobrado somente em casos de:

---
[408] Idem. *Ibidem*, p. 323.
[409] Idem. *Ibidem*, p. 325.

1) Grande necessidade;

2) Por um tempo breve;

3) Com a condição de que sua taxa seja muito pequena.

De acordo com Ledesma, *"em ordem ao próprio bem público, o rei terá autoridade de liberar algumas pessoas de tal tributo ou dos tais tributos"*[410]. Isto somente se justificava caso existisse uma causa *"justa e razoável"*. O rei ou o príncipe tinham autoridade para eximir nobres e cavaleiros do pagamento de impostos (porque defendem a república do estrangeiro e do vulgo), assim como os eclesiásticos. Independentemente desta autoridade, o rei e o príncipe, *"para fazer graça e liberalidade para com uns, não pode sobrecarregar demasiadamente os outros"*[411]. Não apenas condenava aqueles que impunham os tributos injustos, mas também os "ministros", os quais cobram os tributos que sabem, certamente, que são injustos, *"pecam mortalmente contra a justiça comutativa e estão obrigados à restituição"*[412]. Além disso, os que votam um tributo injusto *"pecam mortalmente contra a justiça"*[413].

---

[410] Idem. *Ibidem*, p. 331.
[411] Idem. *Ibidem*, p. 325.
[412] Idem. *Ibidem*, p. 324.
[413] Idem. *Ibidem*, p. 325.

Capítulo IX
Os Salários

O tema dos salários era abordado pelos autores escolásticos como mais um tema de justiça comutativa. Frequentemente, incluia-se como um capítulo dentro dos livros que analisavam os aluguéis e arrendamentos *(locatione)*. Tudo o que era venda de um fator de produção analisava-se no mesmo capítulo e, por este motivo, era muito coerente tratar ali o tema dos salários. Luis de Molina[414], natural de Cuenca e com estudos em Salamanca, Alcalá e Coimbra (nesta última cidade, exerceu a docência), dizia que se *"pode arrendar não somente o seu, ou o que se lhe entregou para arrendar, mas também a si mesmo para servir a outro, para ensinar, para patrocinar os que hão de ser julgados e para exercer outros ministérios ou funções diversas"*[415].

Esta tradição de tratar os salários como um tema de justiça comutativa remonta, pelo menos, até Santo Tomás de Aquino, que assinalava que os salários eram a remuneração natural do trabalho, tal como se fosse o preço dele *(quasi quoddam pretium ipsius)*[416].

---

[414] Embora Molina tivesse grandes controvérsias com os tomistas, estas não se deveram às suas ideias sobre temas econômicos e jurídicos, mas, sim, sobre temas filosófico-teológicos. Sua obra mais polêmica foi MOLINA, L. *Concordia liberi arbitri cum gratiae donis, divina praescientia, providentia, praedestinatione et reprobatione ad nonullos primae partis D. Tomae artículos*. Lisboa, 1588.
[415] MOLINA. *De iustitia et iure*. Trat. 2, disp. 486, vol. 2, col. 1064.
[416] AQUINO. *Summa theologica*. I-II, qu. 114, art. 4, resp.

São Bernardino de Siena tratou os salários da mesma maneira que os demais bens. Santo Antonino adotou uma atitude similar, brindando uma análise detalhada dos problemas específicos que surgiam em diferentes ocupações. O *quasi* desaparece da análise e, por isso, Raymond de Roover assinalou corretamente que a posição destes dois santos italianos era mais liberal do que a de Santo Tomás de Aquino[417]. Villalobos tratou o tema dos salários em seu capítulo sobre aluguéis. Pensava que, em matéria de salários, temos que julgar da mesma maneira como julgamos o preço dos demais bens[418].

De acordo com os doutores, a oferta, a demanda e os custos não são os únicos fatores determinantes dos preços. Sylvestre notava, em sua *Summa*, que a estima de um bem reflete a apreciação dele. Se é um bem produtivo (*rei fructuosa*), o preço deveria depender do rendimento (*reditus*) que pode produzir[419]. Implicitamente, Sylvestre apresentou, de modo rudimentar, a teoria da imputação[420].

1 - O Salário Justo

No tema laboral, o problema da justiça nos salários foi o que mais ocupou os escolásticos. Começaram a abordar este tema explicando a maneira na qual os preços e salários são determinados no mercado.

Santo Antonino demonstrou grande conhecimento do mercado de trabalho na indústria têxtil e foi muito claro em sua análise, demonstrando que o salário justo é aquele estabelecido pela estima comum

---

[417] ROOVER, R. *San Bernardino of Siena and Sant'Antonino of Florence. Op. cit.*, p. 24.
[418] VILLALOBOS, H. *Summa de la theología moral y canónica*. Barcelona, 1632. p. 397.
[419] PRIERO, S. *Sylvestrinae summae*. Antwerp, 1578. s. v. "Estimatio".
[420] A Escola Austríaca de economia desenvolveu este princípio para explicar o valor dos bens de produção. Para uma explicação mais detalhada, ver adiante, no último capítulo do presente livro.

na ausência de fraude[421]. Luis Saravia de la Calle deu continuidade a esta tradição, determinando que os salários devem ser analisados utilizando a mesma lógica empregada para analisar os preços[422].

Luis de Molina, na mesma linha de São Bernardino e Santo Antonino, enfatiza que o salário se determina assim como os demais preços:

> *Para fins de expressar minha opinião sobre o salário justo dos serventes, é necessário distinguir entre duas categorias de criados. Uns trabalham por um certo trabalho por eles combinado. Se não for mais claro que a luz que o salário pactuado, atendidas todas as circunstâncias concorrentes, franqueia os limites do preço justo ínfimo, e por conseguinte é abertamente injusto, não há de ser julgado injusto e não somente no foro externo, mas tampouco no da consciência. Por isso, tal servente não pode senão exigir como a ele é devido ou, caso não se lhe conceda, tomar ocultamente dos bens de seu senhor em recompensa por seus serviços. E se toma algo presumidamente contra a vontade do dono, ou com dúvidas acerca de se é contra a sua vontade, comete furto e está obrigado a restituí-lo, mesmo que este servente mal consiga se sustentar com este salário e viva miseravelmente, sem poder sustentar seus filhos e sua família; porque o dono somente está obrigado a lhe pagar o justo salário por seus serviços, atendidas as circunstâncias concorrentes, mas não o quanto for suficiente para seu sustento e muito menos para a manutenção de seus filhos ou sua família[423].*

---

[421] SANTO ANTONINO DE FLORENÇA. *Summa theologica*. Lyon: Johannis Cleyn, 1516. pt. III, título 8, cap. 2.
[422] SARABIA DE LA CALLE, L. *Instrucción de mercaderes*. Madrid: Joyas Bibliográficas S. A., 1949. p. 55.
[423] MOLINA. *De iustitia et iure*. Trat. 2, disp. 506, vol. 2, col. 1146.

A prova de se este salário está ou não dentro dos limites da justiça não é dada pelo nível de subsistência, mas pelo salário mais baixo geralmente pago por ocupações semelhantes. Molina prossegue:

> *Tudo isto é verdade, tanto para o que serve a qualquer outro por um estipêndio com ele combinado quanto para quem serve ao rei. Isto é evidente, pois, quando não consta a injustiça do contrato, há de se ater a ele; e o combinado por ambas as partes há de se estimar justo e, quando fosse constatada a injustiça do salário, por não chegar perceptivelmente aos limites do mínimo justo, então, a não ser que fosse inferior à metade do preço justo, certamente o dono não estaria obrigado a socorrer o servente no foro externo[424].*

Como vemos, eis aqui toda a teoria do preço justo, cuja essência é a voluntariedade, o livre consentimento, excluindo todo tipo de fraude ou engano. A necessidade do trabalhador não determina o salário, assim como a do proprietário não determina o preço do aluguel ou do arrendamento.

> *Existem muitos ofícios ou ministérios, que muitos (em confissão) declaram que serão assumidos por aqueles que, por um certo salário, anual ou mensal, ajustam-se livremente, ainda que este não lhes seja suficiente e muito menos baste para sustentar toda a sua família. Muitos se contratam livremente desta maneira pois, ainda que o salário não baste para seu sustento correspondente, entretanto é útil e basta, com outros bens possuídos pelo que se ajusta por este salário e com a indústria que em outros assuntos*

---
[424] Idem. *Ibidem*.

*pode exercer. Quando descobrem que se contrataram livremente por este salário, não se estimará injusto em relação com o cargo ou o ofício assumidos, ainda que se dê algum caso (*esto alicui detur*) para quem o tal salário não seja suficiente para seu sustento, talvez porque deseja viver de modo mais desafogado e com família maior (*cum maiori familia*)*[425].

Àqueles que tentam fazer justiça por seus próprios meios, porque consideram que seu salário é injusto, Luis de Molina lhes diz que, se aceitaram livremente este ofício por tal salário, consta que ele é justo. Por isso, "estão" obrigados a restituir o que usurparam desta maneira. A regra que deve ser seguida no tema do salário é a seguinte: se a pessoa leva em conta

o ofício em que se trabalha e, atendida a multidão ou escassez dos que se oferecem para exercer tal ocupação, a retribuição combinada há de ser considerada justa; e, consequentemente, se este criado usurpa alguma coisa ocultamente, que não conste, não é contra a vontade de seu dono, está obrigado a restituir[426].

Não estamos escolhendo um autor ao acaso, pois Molina apresentava a doutrina tradicional escolástica. Domingo de Soto, outro dos grandes teólogos da Escola de Salamanca, diz que "os criados, sejam dos príncipes ou dos senhores inferiores, por nenhum motivo podem se apropriar às escondidas de algo de seus senhores com o pretexto de que não recebem o suficiente por seus trabalhos e serviços", especialmente quando consentiram livremente esse tal salário.

---

[425] Idem. *Ibidem*.
[426] Idem. *Ibidem*.

"Porque não se comete injúria contra quem consente; e, portanto, se não queres viver por tal salário, manda-te" (et ideo si non vis illo pretio servire, abi)[427].

O franciscano Villalobos também criticou aqueles que queriam fazer "justiça" por seus próprios meios:

> *A razão é que, se o salário alcança o ínfimo preço justo, basta, pois não lhes devem mais e, se não chega, e não lhes consta, é certo que não o poderão tomar, e, se dissessem que não chega ao preço ínfimo, parece que não se lhes pode acreditar, pois, se achassem outro, que lhes desse mais, não serviriam àquele amo, e como não o acham, são como mercaderias que com elas se roga. Por isso valem menos, pois os serviços valem menos por falta de amos, bem como as mercadorias por falta de compradores, e assim não têm do que se queixar*[428].

De acordo com Villalobos, é totalmente justificável que os empregadores não queiram adquirir os serviços de trabalhadores muito caros e *"é contra a razão e a justiça querer que outro compre, ou alugue pelo preço que não quer, pois é livre"*[429].

Lessio também recorreu à oferta e à demanda como o padrão de salário justo. Nem sequer os salários daqueles que trabalhavam para o governo devem ser considerados tema de justiça distributiva. Além de repetir os argumentos de outros autores, Lessio esclareceu que, para determinar o limite do salário mínimo, não seria suficiente estudar a remuneração monetária.

---
[427] DE SOTO. *De la justicia y del derecho.* Livro V, qu. II, art. III.
[428] VILLALOBOS. *Summa de la theologia moral y canónica.* p. 407.
[429] Idem. *Ibidem.*

Em muitos trabalhos, o salário baixo vem recompensado pela honra que os acompanha[430].

Em certas circunstâncias, também se podia justificar um salário mais baixo do que o ínfimo. Um destes casos ocorria quando o empregador adquiria os serviços de um trabalhador por motivos de misericórdia e não por necessidade. Este empregador somente deveria proporcionar um pagamento além do custo da alimentação, caso o trabalhador proporcionasse mais do que custavam. O outro caso envolvia aqueles que queriam trabalhar para adquirir experiência e aprender uma arte. É justificável que estes aprendizes recebam salários abaixo do mínimo geralmente aceitável.

Villalobos adotou uma posição semelhante e ofereceu como exemplo os estudantes que trabalham por alojamento e comida, desde que possam contar também com tempo para estudar. Também mencionou o caso daqueles que estavam dispostos a pagar para trabalhar em um lugar onde poderiam aprender artes especiais[431].

O jesuíta Iosephi Gibalini (1592-1671) definiu o salário justo como aquele que leva em conta os serviços prestados pelo trabalhador, a abundância ou a escassez de trabalhadores em ocupações similares e o que se costuma pagar nesse lugar. Repetia, a seguir, os argumentos de Molina, inclusive aqueles que mais diferem do pensamento de alguns moralistas desse século: foi categórico em seu julgamento de que, para determinar o salário, o empregador

---

[430] "[...] non esse autem infra infimum, ex eo constare potest, si multi alii non deerunt, qui libenter tale munus, officium, vel obsequium pro tali stipendio sin praestituri; hoc enim manifestum est signum, talem mercedem, specctatis omnibus circunstantiis, non esse indignam tali functione: etsi enim fuctio aliqua multos labores coniunctos habeat; tamen si honores vel emolumenta alia ei coiuncta sint, stipendium poterit esse parvum, nam honor & commoda coniuncta, sunt veluti pars stipendi". LESSIO, L. De iustitia et iure. Antwerp, 1626. Livro II, cap. 24, d. IV, p. 326.

[431] VILLALOBOS. Summa de la theologia moral y canónica. p. 407.

não deveria levar em consideração as necessidades do trabalhador ou a família[432].

O cardeal Juan de Lugo determinou que o salário do servente é justo se, ao menos, for similar ao mais baixo que em geral se paga por um trabalho semelhante. Advertia que não era necessário levar em consideração o salário que os nobres ricos pagavam a seus serventes. Assim como muitos dos outros escolásticos, Lugo manifestou que o salário justo não estava relacionado com as necessidades dos trabalhadores.

Assim como Covarrubias, Sylvestre, Molina e outros doutores, Lugo julgou que, a menos que o contrato estipulasse o contrário, o trabalhador não teria nenhum direito a receber seu pagamento nos casos de ausência por motivo de doença[433]. Outros escolásticos tardios mencionaram diversos elementos que poderiam fazer com que os salários variassem, como o custo de aprender uma arte ou uma profissão. São Bernardino sublinhou que, quanto maior o período de treinamento e aprendizado para um emprego, menor tende a ser o número de trabalhadores que podem oferecer seus serviços. Daí que o salário que se lhes deve pagar seja mais elevado[434]. Os escolásticos reconheceram que os custos poderiam influenciar nos preços através de mudanças na oferta. *Caeteris paribus,* um bem será tido em mais alta estima quanto maior for a habilidade necessária para produzi-lo. Eis aqui a razão pela qual um arquiteto sói ganhar mais do que um simples cavador de poços. Os escolásticos utilizaram uma mesma

---

[432] GIBALINI, I. *De usuris, comerciis, deque aequitate & usu foro lugdunensis.* Lyon, 1657, p. 27. O texto latino diz: "*Non igitur ad hanc aequitatem, suamque familiam sustentare; non enim tenetur herus dare quantum valent obsequia sibi praestanda attentis omnibus circumstantiis*".

[433] LUGO, J. *De iustitia et iure.* Lyon, 1642. n. 57. Citado por Gibalini em *De usuris*, p. 38.

[434] "Devido à escassez na oferta em seus ramos de trabalho, os advogados, médicos, cavadores de valetas e lutadores profissionais podem vender seus serviços por preços altos". S. BERNARDINO DE SIENA. *Opera omnia, de evangelio aeterno.* Veneza, 1591. Sermão XXXV, art. 2, caps. 2 e 3.

lógica para explicar por que os medicamentos elaborados pelo homem custavam mais do que as ervas medicinais[435].

2 - Práticas Trabalhistas Condenadas

Os escolásticos condenaram práticas injustas tanto do lado do trabalhador quanto do empregador. Um típico exemplo de prática fraudulenta por parte destes últimos é o pagamento em espécie, ou mercadoria, quando o contrato estipulava que o pagamento deveria ser feito em dinheiro[436]. Santo Antonino acrescentou que, se fosse o caso, um contratante deveria vender seus bens com prejuízo para poder pagar os salários da maneira estipulada nos contratos vigentes[437]. Os doutores também censuraram a prática de pagar salários com moeda desvalorizada, embora os contratos tivessem sido realizados anteriormente à desvalorização. De Roover notou que, na época de Santo Antonino, esta prática era bastante comum[438].

No pensamento escolástico também eram denunciadas as práticas injustas dos trabalhadores. Estes moralistas criticavam as agremiações e os monopólios e condenavam o roubo miúdo de retalhos por parte dos trabalhadores têxteis[439]. Outra prática censurável era a dos operários que danificavam ou arruinavam intencionalmente as ferramentas de trabalho. Declarando que tanto os empregadores quanto os empregados tinham obrigação de cumprir com seu contrato, Villalobos decretou que

---
[435] Idem. *Ibidem*.
[436] Convém observar que era totalmente justo estipular o pagamento de salários em bens. O que se discute aqui não é a forma do pagamento, mas, sim, o cumprimento dos contratos.
[437] SANTO ANTONINO DE FLORENÇA. *Summa theologica*, parte II, título 1, cap. 17, num. 8 e também parte III, título 8, cap. 4, num. 4.
[438] ROOVER, R. *San Bernardino of Siena and Sant'Antonino of Florence. Op. cit.*, p. 27.
[439] Idem. *Ibidem*.

aquele que se alugou por jornada para trabalhar algum dia e não trabalhou fielmente, de tal sorte que o trabalho não valeu pelo que lhe deram pelo julgamento de homens prudentes, ainda no preço rigoroso se vê obrigado a restituir o que faltou, bem como também as perdas e ganhos que correspondiam àquele que o alugou[440].

No que diz respeito ao ato de receber salários como recompensa por ações imorais, os escolásticos condenaram a ação imoral em si e não a recompensa. As prostitutas pecavam pela violação do sexto mandamento, mas não por cobrarem por seus serviços[441].

Não se deve acreditar que a atitude de vários escolásticos para com aqueles trabalhadores que recebiam salários muito baixos era fruto de uma falta de consciência social. O bem-estar dos trabalhadores e dos consumidores foi uma preocupação permanente destes autores. Suas condenações aos monopólios, às fraudes, à coerção e aos impostos altos dirigiam-se a proteger e beneficiar os trabalhadores. Entretanto, nunca propuseram que se estabelecesse um salário mínimo suficiente para sustentar o operário e sua família. Convencidos de que um salário acima da estimação comum produziria injustiças e desemprego, recomendavam outros métodos para ajudar os necessitados[442].

A razão nos permite distinguir entre meios e fins. Assim como ocorre com os pensadores de diversas escolas, um dos objetivos das recomendações político-econômicas dos escolásticos era o melhoramento econômico dos trabalhadores. Deram-se conta de que muitas

---

[440] VILLALOBOS. *Summa de la theologia moral y canónica.* p. 401.
[441] Para uma descrição detalhada deste ponto, ver p. 211 e p. 212.
[442] Domingo de Soto ocupou-se especialmente deste problema em: SOTO, D. *Deliberación en la causa de los pobres.* Madrid: Instituto de Estudios Políticos, 1965. p. 35.

práticas de intervenção nos mercados seriam prejudiciais para os fins desejados. Suas propostas baseavam-se em suas análises racionais, e não em sua falta de caridade. Aqueles que criticam uma suposta falta de compaixão demonstram que ignoram o funcionamento do mercado.

Há como melhorar mais a condição dos trabalhadores do que a proteção da propriedade privada, a promoção das trocas e o incentivo do comércio, a redução dos impostos e dos gastos supérfluos do governo e a aplicação de uma política monetária sadia? Para aqueles casos inevitáveis de pessoas incapacitadas para trabalhar, os escolásticos propunham uma ativa caridade privada. Segundo eles, e de acordo com as sagradas escrituras, os ricos têm obrigação moral de ajudar os pobres. A riqueza seria melhor utilizada se os endinheirados reduzissem seus gastos supérfluos e aumentassem suas esmolas. Entre as recomendações concretas, os doutores recomendavam que, em vez de alimentar os cachorros, deveriam ser alimentados os pobres. Algumas das soluções propostas por eles produziram grandes debates. Talvez a que originou mais disputas na Espanha de meados do século XVI tenha sido a recomendação de vários conselhos da Igreja de proibir os mendigos estrangeiros. Domingo de Soto opôs-se a tais medidas, assinalando que elas violariam o direito natural de imigração. Seus argumentos aparecem em sua *Deliberación en la causa de los pobres*. As pessoas não podem ser privadas de seu direito de pedir esmolas ou de buscar trabalho em terras estrangeiras.

De Soto, Rebelo, Molina e outros autores escolásticos tardios, assim como Navarro, não consideram os salários (nem sequer o salário familiar) como tema de justiça distributiva. Não cabe à autoridade determinar quais deveriam ser as receitas dos trabalhadores[443].

---

[443] Acerca deste tema, pode-se consultar as obras: WEBER, W. *Wirtschaftsethik am Vorabend des Liberalismus*. Münster: Aschendorf, 1959; ROOVER, R. *San Bernardino of Siena and Sant'Antonino of Florence. Op. cit.*, p. 26.

Hoje em dia, é frequente escutar moralistas que assinalam que o fato de que pessoas com poucos escrúpulos morais obtenham salários mais altos do que aquelas que se dedicam a trabalhos mais nobres é uma afronta contra a justiça distributiva. Contudo, os autores escolásticos tardios, ao analisarem as receitas das meretrizes, não apenas as incluíram como tema de justiça comutativa, mas também chegaram à conclusão de que os atos pecaminosos podem ser colocados à venda e que aquele que os realiza pode inclusive recorrer à justiça para cobrar o que se lhe deve:

> *Mas os pecados, ainda que por razão de culpabilidade não somente são desprezíveis e indignos de todo preço, mais ainda, devem de ser, pelo mesmo motivo, aborrecidos e execrados, mas, por motivo do consentimento daquele que coloca seus atos em aluguel e em razão do prazer daquele que os contrata, porquanto são aplicáveis a usos humanos, podem ser conseguidos com recompensa e com dinheiro. Assim, uma mulher que faz entrega do uso de seu corpo pode receber salário por causa do prazer que o homem desfruta com isso[444].*

Algumas linhas mais adiante, De Soto assinala que quem não pagasse à meretriz o preço determinado *"poderia ser obrigado pelo foro judicial"*[445]. Esta atitude dos escolásticos tardios para com este tema tão delicado demonstra sua amplitude de critérios. Sabiam analisar logicamente um problema sem se deixar levar por seus desejos ou

---

[444] DE SOTO. Livro IV, qu. VII.
[445] Idem. *Ibidem*. A maioria dos autores escolásticos tardios chega às mesmas conclusões. Ver: SANTO ANTONINO DE FLORENÇA. *Repertorium totius summe auree domini Antonini Archipresulis florentini ordinis predicatoris. Summa theologica*, parte III, título IV, cap. III; SUMMENHART. *De contractibus*, n. p., 1515, Trat. I, Qu. VII; e AZPILCUETA. *Manual de confesores y penitentes*, p. 198-199.

sentimentos. Aborreciam o pecado, porém isto não modificava suas conclusões acerca da justiça nos contratos salariais.

Embora no pensamento escolástico tardio não se encontre a justificativa de um sistema de seguridade social e de aposentadorias e pensões nas mãos do Estado, poderia-se argumentar, com razão, que, em uma sociedade na qual a legislação estabelece sistemas dessa natureza, tanto a exação dos fundos quanto a distribuição dos mesmos deveria ser regida, ao menos em parte, por critérios de justiça distributiva.

… *Fé e Liberdade*

Capítulo X
Lucros

Assim como em outros temas, a principal preocupação dos escolásticos acerca dos lucros era seu *status* moral. Os ganhos podem surgir tanto de atividades comerciais quanto industriais. Os doutores claramente assinalaram que a produção e a negociação *per se* não justificavam os ganhos. Estes somente eram justos quando resultavam da compra e da venda a preços justos (preços de mercado sem fraude, coerção ou monopólios)[446]. Duns Scotus parecia defender a noção de que era função do "bom príncipe" zelar para que os mercadores obtivessem preços suficientemente elevados para compensar seus custos[447].

Suas opiniões foram rebatidas pela maioria dos autores escolásticos tardios, inclusive por seus companheiros da ordem franciscana. São Bernardino de Siena, por exemplo, concluiu que é impossível estabelecer legalmente um nível "justo" de lucros. Se é legal perder,

---

[446] Ver, dentre outros, as seguintes análises: ROOVER, R. "Economía escolástica". *Estudios* Públicos, n. 9, verano de 1983, p. 88-121; GRICE-HUTCHINSON. *El pensamiento económico en España, 1177-1740. Op. cit.*; POPESCU, O. *Aspectos analíticos en la doctrina del justo precio en Juan de Matienzo (1520-1579)*. Buenos Aires: Macchi, 1982; ZORRAQUÍN DE MARCOS, L. *An Inquiry into the Medieval Doctrine of the Just Price. Op. cit.*; CHAFUEN, A. *An Inquiry into Some Economic Doctrines Postulated by Late Scholastic Authors*. Tese de Doutorado. Los Angeles: International College, 1984. Esses autores chegam à conclusão de que o preço justo era o preço de mercado assim definido.
[447] DUNS SCOTUS, J. *Cuestiones sutilísimas sobre las sentencias*. Antwerp, 1620. p. 509.

deve ser legal ganhar[448]. Citando o exemplo de um mercador que comprou um bem em uma província a um preço corrente de 100 e a seguir o transportou para outra província onde o preço corrente era 300, chegou-se à conclusão de que ele poderia ficar com esse lucro. Da mesma maneira, deveria perder se, ao chegar a essa província, descobrisse que o preço de mercado caiu para 50. Faz parte da natureza dos negócios: às vezes se ganha, às vezes se perde[449]. A maioria dos autores escolásticos tardios chegava a esta mesma conclusão: o lucro resulta das variações nas estimativas do mercado. Não era função do governo nem questão de justiça distributiva determinar quanto o mercador deveria lucrar.

Sarabia de la Calle foi categórico em seu juízo de que a atividade empresarial e o comércio deveriam, por definição, estar sujeitos a perdas e lucros e que estes deveriam depender da evolução dos preços. Quando há muita abundância de bens e mercadorias, é provável que os preços caiam e os comerciantes sofram perdas[450].

> *Não é justo o preço como lhes custou, nem se há de ter em conta seus custos, nem trabalhos, nem indústrias, mas, sim, a abundância de mercadorias, e a falta de mercadores e dinheiro. Isso porque estas coisas são a causa de que o preço justo seja menor do que lhes custou, e neste caso é justo que percam, pois de outro modo não se daria o caso no qual os mercadores justamente perdessem, mas, sim, que sempre ganhassem[451].*

---

[448] SÃO BERNARDINO DE SIENA. *Opera omnia*. Livro IV, Sermão XXX, p. 135.
[449] Idem. *Ibidem*.
[450] SARABIA DE LA CALLE, L. *Tratado muy provechoso de mercaderes*. Madrid, 1949. p. 51.
[451] Idem. *Ibidem*.

O oposto ocorre quando são opostas as condições de oferta:

O preço justo não é o que diz respeito aos gastos e trabalhos dos vendedores, mas, sim, o que nasce da falta de mercadorias e abundância de mercadores e dinheiros; e, neste caso, os mercadores podem lucrar justamente, bem como no primeiro justamente hão de perder[452].

Juan de Medina foi um dos críticos mais loquazes da ideia de que os mercadores sempre deveriam poder vender seus bens a preços que garantissem um lucro "justo". Assinalava que, quando os preços aumentam, os mercadores podem obter um lucro importante mesmo com custos e trabalhos insignificantes ou nulos. Quando os preços baixam, os mercadores devem sofrer uma perda, embora tenham incorrido em grandes gastos[453].

Seria injusto que os mercadores somente fossem responsáveis pelos lucros, e não pelas perdas. Aqueles que, por sua própria vontade se dedicam aos negócios, devem estar expostos às perdas e aos lucros, e não é justo que queiram imputá-los aos consumidores ou à república[454]. Nos únicos casos em que se poderia considerar um lucro justo seria quando o governo fixava os preços de venda. Quando um mercador realiza uma tarefa a pedido do rei, este deveria zelar justamente para que seus custos fossem cobertos e sua obediência fosse recompensada. Para Medina, estava claro que a prática de subsidiar perdas não somente prejudicava os consumidores, mas também a sociedade em geral (a república).

---
[452] Idem. *Ibidem*.
[453] MEDINA, J. *De contractibus*. Salamanca, 1550. Qu. XXXVIII, p. 109.
[454] *"Qui enim propria voluntate negotiations huiusmodi suscipit, utrique pariter se debet exponere, lucro, scilicet, & damno. Quod si aliquando damno sentiat, non emptoribus, aut reipub., sed sibi imputandum"*. Idem. *Ibidem*.

Mariana era da mesma opinião:

> *[...] aqueles que, vendo arruinada sua fazenda, aderem à magistratura assim como o náufrago à rocha, e pretendem sair de seus apertos às custas do estado, os homens mais perniciosos, todos estes devem ser rejeitados, evitados com o maior cuidado*[455].

García criticava os mercadores que sempre se consideravam com direito a um lucro:

> *[t]êm nisto um grande erro os negociantes e mercadores, parecendo-lhes que vendendo suas mercadorias, têm direito a sempre lucrar e nunca perder, e assim sempre querem vendê-la com lucros. Isto é um engano muito grande e uma persuasão muito diabólica: porque a arte dos negociantes, e dos que granjeiam comprando e vendendo, deve estar igualmente sujeira à perda e ao lucro, assim como dispuser a fortuna*[456].

Assim como a fortuna poderia proporcionar lucros, também poderia produzir perdas. O jogo e a sorte também foram analisados pelos escolásticos. Seus escritos, com respeito ao jogo por dinheiro, são outra prova de que para eles os ganhos não são objeto da justiça distributiva[457]. De acordo com Domingo de Soto, *"por direito natural, qualquer um pode, mediante o jogo, entregar seus bens para outro"*[458]. Baseia-se em Santo Tomás de Aquino para demonstrar que o jogo por

---

[455] MARIANA. *Del rey y de la institución real*. p. 532.
[456] GARCÍA, F. *Tratado utilísimo de todos los contratos, cuantos en los negocios humanos se pueden ofrecer*. Valencia, 1583. p. 251.
[457] Ver, por exemplo, DE SOTO. *De iustitia et iure*. Livro IV, qu. V, artículo II. "Si el juego es origen del dominio".
[458] Idem. *Ibidem*.

dinheiro pode, inclusive, chegar a ser uma virtude (para reparar as forças do espírito e do corpo)[459]. Se não se condena ganhar dinheiro jogando dados ou cartas, é óbvio que não se condene aquele que ganha dinheiro produzindo ou com o comércio. Se o ganho do jogo não se mostra matéria de justiça distributiva (já que se considera como um contrato), é natural que tampouco os ganhos comerciais sejam objeto de justiça distributiva. O jogo costuma satisfazer necessidades menos urgentes do que por outras atividades humanas.

Mais adiante, Domingo de Soto assinala:

As coisas adquiridas com o jogo passam para o domínio de quem as ganhou [...]. Ninguém pode duvidar que, de acordo com o direito natural, qualquer um pode transferir para outro o domínio de seus bens mediante o jogo: pois, conforme dito acima, não há mudança de domínio que esteja em maior conformidade com a natureza do que a que se faz por livre vontade[460].

Mas a razão não é somente esta já que, se quisessem, *"os dois jogadores podem doar seus bens gratuitamente"*. No caso do jogo, prossegue De Soto, há um certo contrato:

Do ut des. *Ou seja: exponho meu dinheiro para que exponhas o teu. E o perigo é tão grande tanto para o dinheiro de um quanto para o do outro. E tampouco há de se condenar que o assunto seja encomendado a uma sorte duvidosa, isto é, a um sucesso cuja causa seja conhecida somente por Deus; pois, deste modo, a palavra sorte não significa nada de absurdo entre os cristãos.*

---

[459] Idem. *Ibidem.*
[460] Idem. *Ibidem.*

Certamente, muitos outros assuntos humanos que são lícitos costumam se confiar à incerteza da sorte[461].

Muitas vezes, os empresários ganham dinheiro devido à sorte, e para os escolásticos esse lucro justamente lhes pertence. Os lucros, em si mesmos, são moralmente indiferentes. Podem ser mal ou bem utilizados. De acordo com o Aquinate, é apropriado assinalar que os lucros são um fim imediato dos negócios (*negotiationis finis*). De Roover cita a opinião de Santo Antonino: *"como todo agente atua para alcançar um fim, o homem que trabalha na agricultura, na lã, em indústrias e outras atividades semelhantes, persegue o lucro como fim imediato"*[462].

Para Santo Tomás de Aquino, os lucros também poderiam ser justos quando:

1) Tinham por objeto cobrir os gastos da família do comerciante;

2) Destinavam-se a ajudar os pobres;

3) Garantiam que o país não ficasse desprovido de bens essenciais;

4) Compensavam o trabalho do negociante;

5) Resultavam de melhorias efetuadas no produto[463].

---

[461] Idem. *Ibidem*.
[462] SANTO ANTONINO DE FLORENÇA. *Summa theologica*. Citado em: ROOVER, R. *San Bernardino of Siena and Sant'Antonino of Florence. Op. cit.*, p. 14-15. Pedro de Aragón também escreveu que "o lucro é a finalidade dos negócios" (*"Lucrum st negotiationis finis"*). *De iustitia et iure*. Lyon, 1596, p. 455.
[463] AQUINO. *Summa theologica*. II-II, qu. 77, art. 4, resp.

Também legitimou os lucros produzidos pela variação nos preços e aqueles obtidos devido a mudanças produzidas pelo transcurso do tempo. Ademais, justificava os ganhos para compensar os riscos de transporte e armazenagem[464].

Afirmar que os lucros são um fim imediato legítimo para aqueles que se dedicam a negociar não contradiz a condenação escolástica daqueles que perseguem os lucros como fim último. Um dos temas mais difíceis que exploraram foi o das meretrizes e o direito que tinham de ficarem com os lucros resultantes da venda de seus corpos. A resposta era muito cautelosa. Embora enquanto moralistas condenassem o ato da prostituição, declararam que tais mulheres tinham direito a receber compensação monetária por seus serviços. Esta atitude diante de atos imorais resultava de colocar em prática o princípio tomista de que nem toda proibição, ou recomendação, da lei natural normativa precisa de uma lei positiva que a faça cumprir. Como bem assinalou o padre Frederick C. Copleston, S.J. (1907-1994):

> *Não decorre [da filosofia tomista] que cada preceito e proibição da lei natural moral deva ser incorporado à legislação; porque podem existir casos nos quais proceder dessa forma pode não conduzir ao bem público*[465].

Santo Antonino observou que muitos contratos pecaminosos (como a prostituição) são permitidos para a utilidade da república, e

---

[464] Idem. *Ibidem*. Os doutores repetiram estes argumentos com certeza notável.
[465] COPLESTON, F. *Thomas Aquinas*. London: Search Press, 1976. p. 20. De acordo com Santo Tomás, por não os reprimir, a lei humana corretamente permite certos vícios. Somente deveria proibir aqueles vícios que tornariam impossível a vida em sociedade: *"por esse motivo, a lei humana proíbe o assassinato, o roubo e coisas parecidas"*. AQUINO *Summa theologica*. I-II, qu. 96, art. 2.

de modo algum isto significava que tais ações eram boas[466]. Algumas décadas mais tarde, Conradus Summenhart escreveu em seu *De Contractibus* que as meretrizes *"que por acordo recebem um preço, pecam por se prostituir, mas não por receber uma remuneração"*[467]. Martín de Azpilcueta concordava:

> *De maneira que as mulheres públicas, que ganham com seus corpos desventurados, ainda que pequem por isso, porém não pecam recebendo seu salário, nem são obrigadas a restituí-lo, e ainda podem cobrar o que lhes fora prometido*[468].

Antonio de Escobar foi um dos primeiros autores que generalizou as conclusões escolásticas referentes aos lucros produzidos pela prostituição aos ganhos resultantes de outros ramos de negócios. Deduziu que, apesar da maldade intrínseca à venda dos favores da prostituta, eles produziam prazer; e as coisas que produzem prazer merecem um preço. Ademais, a tarifa da prostituta é algo que se dá livremente (ninguém pode argumentar que foi compelido a ir a um prostíbulo). Observando que a maior parte dos doutores compartilhava de seu juízo, Escobar estipulou que deveríamos raciocinar do mesmo modo ao analisar outros tipos de lucros: ninguém pode ser obrigado a restituir lucros obtidos sem

---

[466] SANTO ANTONINO DE FLORENÇA. *Repertorium totius summe auree domini Antonini Archipresulis Florentini ordinis predicatoris [Summa theologica]*. Lyon: Johannes Cleyn, 1516. pt. III, título IV, cap. III.
[467] SUMMENHART, C. *De contractibus*. Veneza, 1580. Trat. I, qu. VII.
[468] AZPILCUETA. *Manual de confesores y penitentes*. p. 198-199.

fraude, mentira ou extorsão⁴⁶⁹. Citando Santo Agostinho, como tantos outros, Pedro de Aragón concluiu que *"os malvados não são os negócios, mas, sim, os negociantes"*⁴⁷⁰.

---

⁴⁶⁹ "*Non debet restituere quia licet actus ille non sit vendibilis, cum non sit licite ponibilis, non est tamen contra iustitiam eius venditio, qua enim parte delectabilis est, dignus est pretio. Et quia dans meretrici mere libera donat [...]. Haec sententia communis quidem vera omnino est. Moneo tamen, hoc intelligendum de lucro, quod non per fraudem et mendacia ab amasio sit extortum*". ESCOBAR Y MENDOZA, A. *Universae theologiae moralis*. Lyon, 1662. d. XXXVII.
⁴⁷⁰ "*Vitia sunt negotiantis non negotii. Negotium, inquit Augustinus, non facit me malum, sed mea iniquitatis*". ARAGÓN. *De iustitia et iure*. p. 458.

Capítulo XI
Atividade Bancária e Juros

1 - A Condenação da Cobrança de Juros

Vários excelentes tratados modernos analisam a condenação escolástica do juro bancário[471]. Neste tema, como em tantos outros, tais moralistas utilizaram como base os argumentos tomistas que determinavam que:

1) O dinheiro é, em si mesmo, estéril;

2) O juro é o preço que o prestamista cobra pela utilização de um dinheiro que pertence ao devedor;

3) O juro é o preço do tempo, um bem possuído por todos.

Aristóteles já tinha introduzido o conceito da esterilidade do dinheiro. Santo Tomás, seus seguidores escolásticos e os canonistas compartilhavam dos ensinamentos aristotélicos. Diego Covarrubias

---

[471] DEMPSEY, B. W. *Interest and Usury*. Washington, D.C.: American Council on Public Affairs, 1943; DIVINE, T. F. *Interest: An Historical and Analytical Study in Economics and Modern Ethics*. Milwaukee: Marquette University Press, 1959; NELSON, B. N. *The Idea of Usury*. Princeton: Princeton University Press, 1949; NOONAN, J. T. *The Scholastic Analysis of Usury*. Cambridge: Harvard University Press, 1957; SCHUMPETER, J. A. *History of Economic Analysis. Op. cit.*, p. 101-07.

y Leiva apontava que o dinheiro, em si mesmo, não produz fruto algum e não dá origem a nada. Por isso, acrescentava, que é injusto e inadmissível reclamar uma soma maior do que a emprestada. Este montante adicional, segundo ele, viria da indústria e trabalho do devedor[472].

O segundo argumento começava a partir da definição de juro como preço pela utilização do dinheiro. Estes autores observavam que, devido à natureza do dinheiro, para usá-lo era necessário consumi-lo. Assim como ocorre com os bens perecíveis (por exemplo, pão ou vinho), a utilização do dinheiro é inseparável de sua essência. Uma casa, ao contrário, pode ser alugada e continuar sendo utilizada depois que o contrato de aluguel caducar. Seu uso, portanto, é diferente de seu consumo. Prosseguindo com esta teoria, o aluguel do dinheiro, ou cobrar por seu uso, constitui em cobrar por algo que, na realidade, não existe.

O terceiro raciocínio, aquele que condena a cobrança de juros porque o tempo, por não ser propriedade privada, não pode ser vendido, apareceu por primeira vez em uma obra intitulada *De usuris,* cuja autoria se atribui a Santo Tomás de Aquino. Se esta atribuição for justa, o Aquinate esteve a ponto de descobrir a natureza da taxa de juros (a preferência temporal). Sua crença de que ninguém deveria cobrar pela utilização do tempo pôde mais do que suas ânsias analíticas e Santo Tomás não prosseguiu desenvolvendo esta linha de raciocínio[473].

---

[472] COVARRUBIAS Y LEIVA. *Variarum resolutionum.* III, cap. 1, no. 5. Citado também por: BÖHM-BAWERK, E. *Capital and Interest.* South Holland: Libertarian Press, 1959. p. 14.
[473] Este tema é discutido por: BÖHM-BAWERK, E. *Capital and Interest. Op. cit.*

São Bernardino, no entanto, enfatizava que, em certos casos, o tempo pode ser vendido[474]. Distinguia dois aspectos no tempo: a duração *per se*[475] e a duração como parte da essência de um bem (por exemplo, um bem durável). São Bernardino concluiu que, neste segundo caso, o tempo pode se considerar como propriedade privada e, portanto, ser vendido[476].

Por outro lado, os escolásticos tardios, assim como os juristas romanos, reconheciam que os títulos extrínsecos (*damnum emergens, lucrum cessans e poena conventionalis*) podem justificar o pagamento de juros. Em casos de *damnum emergens,* contempla-se o direito do prestamista de pedir uma compensação, por parte do devedor, por motivo da perda (dano) causada (que emerge) pelo fato de ter emprestado dinheiro. De acordo com o princípio de *lucrum cessans* (lucro cessante), o prestamista pode pedir ao devedor um pagamento que compense pelo ganho perdido por não ter podido dispor de seu dinheiro[477]. A *poena conventionalis* estipulava uma multa pelo incumprimento nos pagamentos.

Devido a esta atitude paralela de condenar o juro e permitir exceções, os escolásticos viram-se envolvidos em intermináveis disputas e disquisições. Joseph Schumpeter bem assinalou que os doutores escolásticos diferiam tanto quanto os economistas modernos acerca do tema do juro[478]. De acordo com este autor, os

---

[474] "*Tempus proprium venditoris ab eo licite potest vendi, quando temporalem utilitatem temporali pretio apretiabilem in se includit*", SÃO BERNARDINO DE SIENA. *Opera omnia*. Sermón XXXIV, "De Temporis Venditione", p. 322.
[475] Idem. *Ibidem*. "*Quaedam duratio, et hoc modo tempus est quid commune onmium, et nullo modo vendi post*".
[476] Idem. *Ibidem*. "*Quaedam duratio applicabilis alicui rei, quae duratio, atque usus est alicui consensus ad eius opera excercenda: et hoc modo tempus est proprium alicuius [...] et huisimodi tempus licite vendi potest*".
[477] Este segundo título estava sujeito a limitações. Aceitá-lo sem condicionantes tornaria impossível condenar a cobrança de juros. Os escolásticos somente reconheciam o lucro cessante quando o empréstimo era concedido por comerciantes.
[478] SCHUMPETER. *History of economic analysis*, p. 104.

escolásticos foram os que deram o primeiro passo na longa história da teoria do juro[479].

Em 1637, o frei Felipe de la Cruz publicou um pequeno livro dedicado exclusivamente ao tema do juro[480]. Este autor era, sem dúvida, um dos poucos que abordava o tema de uma perspectiva liberal. Sua análise começa com uma situação hipotética:

> *Uma pessoa nobre tinha quantidade de fazenda, deu quatro mil ducados a um cavalheiro, que os pediu insistentemente para remediar uma grave necessidade, prometendo que os devolveria em prata, que era a moeda na qual os recebeu; e, enquanto não os devolvesse, pagaria 12% a cada ano: e tendo alguns pagado as receitas, depois, ao fazer a entrega do principal, disse que não devia tanta quantidade, como tinha recebido contando os rendimentos à conta do capital; e alegando que era usura levar coisa alguma por aquilo que foi emprestado*[481].

Condenando este raciocínio do devedor, De la Cruz assinala que é lícito esperar uma recompensa por motivos de justiça e gratidão. Santo Tomás tinha manifestado algo similar:

> *A compensação de um benefício pode se considerar de duas maneiras: primeiro, como dívida de justiça, ao que se pode estar constrangido por um determinado pacto, e esta dívida se mede de acordo com a extensão do benefício que foi recebido. Por conseguinte, o que recebeu um empréstimo em dinheiro ou em qualquer outra coisa semelhante, das que se consomem pelo uso,*

---
[479] Idem. *Ibidem*, p. 101.
[480] DE LA CRUZ. *Tratado único de intereses*, p. 1637.
[481] Idem. *Ibidem*.

somente está obrigado a restituir o que recebeu em empréstimo, e seria contrário à justiça obrigá-lo a devolver mais. Segundo, pode-se estar obrigado a recompensar o benefício por dever de amizade, e então se atende mais ao afeto com o qual se fez o benefício do que à magnitude do que foi dado. Esta espécie de dívida não pode ser objeto de uma obrigação civil, que impõe certa necessidade, o que faz com que a recompensa não seja espontânea[482] *[...] se a dádiva em serviços ou em palavras não é concedida a título de obrigação real, mas, sim, por benevolência, que é inapreciável em dinheiro, é lícito recebê-la, exigi-la ou esperá-la*[483].

Ninguém pode condenar alguém que, em sinal de gratidão, dá um presente a outra pessoa. Esta ação está de acordo com a lei natural e divina, e condizente com a justificação escolástica da propriedade privada. São Bernardino sustentava que, quando se empresta sem esperar recompensa, porém o devedor, com livre e espontânea vontade, deseja nos dar, por exemplo, 10%, temos o direito de aceitar esta retribuição[484]. Vitoria também entendia que, se um prestamista recebia compensação (sem tê-la anteriormente estipulado, explicitamente ou implicitamente, no contrato), não se pode condená-la, já que as doações não podem se tornar ilegais. Além disso, ninguém pode ser obrigado a emprestar dinheiro e, assim, piorar sua situação econômica. Luis Saravia de la Calle admitia que, nos casos em que prevalecia a boa vontade, o pagamento de juros poderia ser legítimo.

E para maior declaração hás de saber que, dado que as intenções do que dá e recebe não concorrem com desejos iguais de ambas as

---

[482] AQUINO. *Summa theologica*, II-II, qu. 78, art. 2, resp. obj. 2.
[483] Idem. *Ibidem*, resp. obj. 3.
[484] "*Si sua sponte, et liberalitate tibi dat aliquid, vel decem pro centenario de lucro tu potest accipere*". SÃO BERNARDINO DE SIENA. *Opera omnia*, lib. 4, Sermão XXX, p. 138.

> *partes, pode haver sã intenção por parte de quem dá e por parte de quem recebe; de maneira que o que dê não o dá por obrigação, mas, sim, por benevolência, e o que recebe também, e desse modo não há usura e nem [necessidade de] restituição*[485].

Molina, Rebelo, Bonacina e Salón enfatizavam que a gratidão pode se expressar em forma monetária.[486] Santo Antonino e Leonardo Lessio iam além, manifestando que o prestamista podia impor uma obrigação civil para recompensar sua generosidade[487]:

> *De maneira que aquele que dá o dinheiro pode aceitar qualquer promessa que o que o recebe fizer de sua vontade, mostrando-se agradecido ao benefício, e mercê que o fazem ao emprestar o tal dinheiro, dado que é uma correspondência devida por ambos os direitos natural e divino; e, assim, o que dá emprestado pode impor alguma obrigação civil (ainda que outros sustentem o contrário) à pessoa que recebe, do que há de acudir com algum agradecimento*[488].

Para De la Cruz, era completamente lógico que o código civil permitisse ações que são mandadas e ordenadas pela lei natural e divina *"porque não parece ser carga notável se obrigar com obrigação civil a cumprir aquilo que está obrigado a cumprir por lei natural e divina, que tanto encomendam o agradecimento e abominam a ingratidão"*[489]. Em defesa de suas asseverações, De la Cruz cita Báñez e sua definição

---

[485] SARABIA DE LA CALLE. *Tratado muy provechoso*, p. 78.
[486] DE LA CRUZ. *Tratado único*, p. 1.
[487] De la Cruz escreveu que Santo Antonino manifestava que não se pode obrigar o mercador a cobrar em fiado o mesmo preço que à vista. *Tratado único*, p. 2. Ver também LESSIO. *De iustitia et iure*, livro 2, cap. 20, p. 3-19.
[488] DE LA CRUZ. *Tratado único*, p. 2.
[489] Idem. *Ibidem*.

de que não é pecado esperar um lucro por motivos de gratidão[490]. Frei Luis de San Juan compartilhava destas ideias: *"Bem se pode esperar pelo empréstimo alcançar amizade, e agradecimento, e emprestar a outro com esta intenção principal, ou secundariamente"*[491]; e De la Cruz acrescenta *"que, se tal promessa a fizesse por escrito livremente, e tendo-a aceitado quem deu o dinheiro, depois a poderá cobrar por justiça e detê-la com sã consciência"*. Esta teoria também era confirmada pelo *"doutíssimo padre frei Pedro de Ledesma"*[492]. Após citar outras autoridades, Felipe de la Cruz se apoia em Pedro de Valencia para manifestar que tal dívida de gratidão pode se estipular em todo contrato voluntário: quando concorre *"à livre vontade de ambas as partes, é conhecido que se poderá pedir, e fazer escritura à qual se acudirá, a seu tempo, para pagar o que se houver prometido"*[493].

Este tipo de pagamento não somente está de acordo com o direito natural e divino, mas é também conveniente para a república e, por tal motivo, não se deve condenar, já que "é doutrina de Santo Tomás e muito louvada por Gersonii, que os contratos que se toleram na república, e lhe são proveitosos, não devem ser facilmente condenados"[494]. Nos empréstimos de longo prazo, existe uma razão adicional para justificar o pagamento de juros:

> *Se a obrigação de não voltar a pedir é por muito tempo, pode-se muito bem estimar com preço, e por motivo daquela obrigação*

---

[490] O texto latino diz: *"Intendere lucrum, sive principali intentione, sive minus principali, sive primaria, sive secundaria, non ex obligatione civili, sed ex gratitudine, nullum est omnino peccatum"*, BÁÑEZ, D. "De iustitia et iure decisiones". Salamanca, 1594, qu. 78, s. v. "Usura" fol. 586. In: DE LA CRUZ. *Tratado único*, p. 4.
[491] DE LA CRUZ. *Tratado único*, p. 2.
[492] Idem. *Ibidem*.
[493] Idem. *Ibidem*, p. 4.
[494] Idem. *Ibidem*, p. 7.

> se pode muito bem levar o preço justo sem usura alguma. Isto é ensinado pelos discípulos de Santo Tomás, porque a tal obrigação é estimável com preço[495].

De acordo com De la Cruz, neste caso não se está cobrando pelo empréstimo, *"mas, sim, pela obrigação de não voltar a pedi-lo por muito tempo"*. O caráter usurário de um empréstimo não depende da taxa de juros, já que esta

> *[...] não se pode dar [por] coisa fixa, certa, nem determinada, porque pode acrescer segundo a quantidade que se desse e emprestasse. Observando que o que se levasse além do principal seja moderado e segundo a prudência; pelo que se poderá regular observando o que se diz dos preços das mercadorias, porque o preço que se chama vulgar ou natural não consiste em indivisível, mas tem sua latitude, pelo que o dividem em rigoroso, caro, médio, ínfimo ou barato[496].*

Pode acontecer que, sem violar a justiça, um mesmo bem seja vendido por 8, 10 ou 12. Além disso *"em coisas como estas, facilmente varia o preço, como bem e a esse propósito dizem Medina, Báñez e Aragón"*[497]. O franciscano Villalobos aplicava este julgamento na análise dos preços dos bens dos vendedores ambulantes, e isto que ocorre *"com as mercadorias pode ocorrer com o dinheiro"*[498].

---

[495] Idem. *Ibidem*.
[496] Idem. *Ibidem*, p. 8.
[497] Idem. *Ibidem*.
[498] Idem. *Ibidem*. Àqueles que assinalam que um juro moderado (por exemplo, 5 %) não é usura, De la Cruz responde: "por que seria usura levar mais do que cinco e não o era levar os cinco? Pois, se se atende e se repara e se penetra bem na definição de usura, encontrar-se-á que não é outra coisa senão receber algo além do principal que se empresta: *est recipere aliquid extra fortem ratione mutui*". Idem. *Ibidem*, p. 14.

Ademais, vem ao caso a acertada crítica de De la Cruz à famosa frase aristotélica acerca de que pecunia non parit pecuniam:

> *Ainda que seja tão comum dizer: que o dinheiro não frutifica, nem causa dinheiro, penso que os que dizem assim seguiram um modo de falar, sem penetrar nem reparar em tal máxima. Porque, ainda que o dinheiro não frutifique por si mesmo, o faz com ajuda da indústria; e dizer o contrário é quando o têm nos cofres ou em segurança, e muito bem guardado: mas não enquanto com ele se trata e contrata; e se atendem a isto, não sei como podem dizer [pecunia], mas, sim, que querem completamente fugir de dar ouvidos à razão; pois o que se diz é ensinado pela experiência em todos os contratos. E se sabe que neles se multiplica o dinheiro, ajudado pela indústria humana, a qual, ainda que seja a maior causa, como se diz, não por isso se confessa como a causa total, pois alguma coisa se deve à árvore, à terra e às demais plantas de que se fala.*
>
> *O mesmo com o fruto do dinheiro, mas, como digo, não o total, pois alguma coisa se deve a ele, como se acaba de dizer, pois nem a terra, nem as plantas frutificariam não sendo cultivadas, aradas, cavadas e podadas, digo aquelas coisas que precisam disso, ou pelo menos não frutificariam tanto. E esta é a parte a que deve se atribuir ao dinheiro, e mais ainda estando presente, e prontamente, pelo que é digno de valor e apreço*[499].

De la Cruz entendia que o dinheiro presente vale mais que o ausente, e daí sua predisposição para desculpar os juros. Apoiava-se também no caso do reino de Valencia, que tinha permissão do Sumo Pontífice para poder cobrar 10, 12 ou 13%. E se isto se permite às

---
[499] Idem. *Ibidem*, p. 11-12.

cidades e a alguns grêmios: *"não vejo dificuldade em que não o possam fazer os particulares, de dar e receber como os outros"*[500].

Outro argumento a favor de sua teoria é o do caso daquelas pessoas que não podem ganhar a vida com seu trabalho. De acordo com ele, é muito mais natural que estas possam emprestar seu dinheiro a juros e viver de rendas, em vez de consumir aos poucos todo o seu capital. Com grande senso comum, assinala que, se aqueles que estão em situação de necessidade extrema podem tomar a propriedade alheia, com maior razão poderiam emprestar a juros para *"ganhar para comer honestamente"*[501].

Este autor também oferece vários argumentos para justificar a típica atitude mercantil de cobrar mais a prazo do que à vista. Após assinalar que os dinheiros ausentes valem menos do que os presentes, e que o dinheiro "é como mercadoria vendável"[502], encontra amparo na autoridade de Saa, Toledo e Navarro para descrever as diversas vantagens do uso do dinheiro:

> *Porque o pode contratar aumentando muitos ganhos; pode remediar mil necessidades que lhe podem acontecer, como curar uma grave doença, isentá-lo de alguma prisão, condenação ou sentença, as quais não se podem prevenir. E, por acaso se encontrando com estes trabalhos e sem dinheiros, pode ser que caia em uma grande ruína, que não padeceria se tivesse dinheiro em seu cofre: mas por tê-lo o outro, não há como ajudá-lo. Quem dirá que tal privação não é digna de algum prêmio e valor? E há de ser mais ou menos, de acordo com a quantidade e o tempo que dele carecesse*[503].

---

[500] Idem. *Ibidem*, p. 13.
[501] Idem. *Ibidem*, p. 14.
[502] Idem. *Ibidem*, p. 10.
[503] Idem. *Ibidem*, p. 11.

Luis de Alcalá também utilizava um exemplo hipotético para fundamentar seu juízo acerca das cinco condições necessárias para cobrar juros. *"Tenho cem ducados com os quais costumo e quero negociar. Rogas a mim que te os empreste, e os dou a ti com tal acerto de que me recompenses pelo que eu provavelmente poderia ganhar"*. Depois de se amparar na autoridade de Santo Antonino, Luis de Alcalá confessa que não pode pensar porque:

> *[...] tendo eu que negociar com meus dinheiros e emprestando-os a ti por teus pedidos e importunação (que é a primeira das cinco condições supracitadas) não te possa pedir a recompensa do que provavelmente por experiência de outras vezes, e descontando os gastos e perigos (que é a segunda condição), costumo ganhar não tendo tu tal necessidade e eu tal abundância que esteja obrigado a te socorrer sem nenhum interesse (como diz a terceira condição), e não o fazendo por causa de tal empréstimo, mas, sim, por meu interesse, como se coloca na quarta condição*[504].

Frei Luis de Alcalá sintetiza sua teoria com o ditame de que *"há de se julgar igualmente tanto o dinheiro quanto as mercadorias"*[505]. Convém talvez finalizar este ponto com o julgamento deste autor acerca de que estes temas morais estão *"sujeitos a mudança, segundo os tempos [...]. E dado que, em casos semelhantes, há tanta variedade, não será terrível admitir este modo de contrato"*[506].

---

[504] ALCALÁ, F.L. *Tractado en que a la clara se ponen y determinan las materias de los préstamos que se usan entre los que tractan y negocian: y de los logros y compras adelantadas y ventas al fiado*. Toledo: Casa de Juan de Ayala, 1543, fol. XXIII.
[505] Idem. *Ibidem*, fol. XXVIII.
[506] Idem. *Ibidem*, p. 13.

Luis de Alcalá foi uma exceção, e eram poucos os autores de sua época que compartilhavam de sua postura "liberal". Por isso, compartilho o julgamento de Raymond de Roover:

> A doutrina sobre a usura foi o calcanhar de Aquiles do pensamento econômico escolástico. Os homens desta escola dos séculos XVI e XVII, assim como seus sucessores, viram-se às voltas com dificuldades insuperáveis que contribuíram bastante para piorar a situação de sua doutrina geral[507].

2 - A Atividade Bancária

A análise que Luis de Molina fez sobre este tema tem grande importância porque se baseia no juízo de que os banqueiros são os verdadeiros donos do dinheiro que passa por suas mãos. Quando estes recebem um depósito, não adquirem o compromisso de devolver esse mesmo dinheiro, mas, sim, uma quantidade igual de dinheiro. A única obrigação legal deles é a de ter o dinheiro disponível no momento em que este é demandado pelos poupadores[508].

Legalmente, se um banqueiro não pode cumprir com suas obrigações (porque não manteve um nível adequado de reservas), não apenas deverá pagar todas as suas dívidas, mas também uma soma adicional que compense o devedor pelo dano sofrido por não ter recebido no prazo. Moralmente, este banqueiro peca por ter colocado em perigo sua capacidade financeira de cumprir com suas obrigações, inclusive naquelas ocasiões em que, devido ao êxito de suas especulações com o dinheiro de seus clientes, seus credores não sofreram dano algum[509].

---

[507] *International encyclopedia of the social sciences*. New York: Free Press, 1968, s. v. "Economic Thought, Ancient and Medieval Thought", por Raymond de Roover.
[508] MOLINA, L. *De iustitia et iure*. Maguncia, 1614. Livro 2, disp. 408, nn. 1-7.
[509] BELDA, F. "Ética de la criación de créditos según la doctrina de Molina, Lessio, y Lugo". *Pensamiento*, Vol. 19 (1963). p. 62.

Devido ao fato de Molina também justificar o desconto de documentos e outras operações bancárias, é possível compartilhar o juízo do padre Francisco Belda, S.J. (1923-2017) acerca de que Molina aprovava quase todos os mecanismos de criação de crédito[510]. Domingo de Soto foi um dos primeiros escolásticos a descrever e aprovar a criação bancária de créditos. É comum, enfatizava, que

> [...] se um mercador deposita no câmbio [com o cambista] dinheiro em caixa, por causa disso o cambista responde por uma quantidade maior. Entreguei dez mil ao cambista; pois então responderá para mim em 12, ou talvez 15; porque é um bom ganho para o cambista ter dinheiro em caixa. Tampouco nisso há vício algum. Pois fazer outro de fiador é valorável; portanto, o cambista pode fazer o mesmo pelo favor que recebe de tal depósito[511].

Os escolásticos também abordaram o tema do desconto de documentos (a compra de documentos ou letras de câmbio a preços abaixo de seu valor nominal). Unanimemente, respondiam que operações deste tipo não podem ser condenadas nos casos em que se possa argumentar a existência de *lucrum cessans, damnum emergens* ou *periculum sortis*. Nem todos, em troca, adotavam uma posição semelhante no que diz respeito a casos particulares. Caetano e Azpilcueta justificavam o desconto em diversas circunstâncias[512]. Citando o humanista Antonio Beccadelli (1394-1471), mais conhecido como Panormitano, o cardeal São Roberto Belarmino, S.J. (1542-1621) e Petrus Parra, Lessio determinou que a venda de documentos deveria ser analisada assim

---

[510] Idem. *Ibidem*, p. 70. O cardeal Juan de Lugo tinha ideias semelhantes.
[511] DE SOTO. *De iustitia et iure*. Livro IV, qu. 11, art. 1.
[512] BELDA, F. "Ética de la criación de créditos según la doctrina de Molina, Lessio, y Lugo". *Op. cit.*, p. 70.

como a de qualquer outro bem, pelo que seu preço seria estipulado pela estima comum: a oferta e a demanda. Concluía dizendo que o direito de receber dinheiro no futuro (dinheiro ausente) deve se estimar menos do que o dinheiro presente[513]. Como dizia Vitoria, *"mais vale um agora do que dois que te darei depois"*[514]. Caetano era um dos autores com postura mais "liberal" sobre o tema. Depois de especificar que a venda de documentos é como a de qualquer outro bem, prosseguia dizendo que ninguém está disposto a pagar uma soma em dinheiro no presente para adquirir uma soma igual no futuro[515]. O fato de não poder fazer uso de um bem até uma data futura forçosamente diminui o preço do bem. Isto ocorre, por exemplo, com o preço de um terreno que, no momento, não pode ser usado para produzir frutos, em comparação com outro que já está produzindo. Vários autores jesuítas criticaram esta análise, argumentando que, se a aceitassem, seria praticamente impossível criticar a cobrança e o pagamento de juros[516].

De acordo com estes críticos, caso se aceitasse a explicação de Caetano, seria muito fácil esconder contratos usurários. Podemos aceitar o raciocínio dos críticos sem compartilhar de sua condenação moral. A partir do século XVI, talvez desde antes, foi praticamente impossível conceder uma letra de câmbio sem incorrer em riscos e sem abrir mão de possíveis ganhos (*lucrum cessans*). Tornou-se cada vez mais fácil justificar o desconto de documentos com alguns destes argumentos. Lesso também era muito tolerante com o costume existente na Antuérpia de fixar uma taxa entre 6 e 12%, que o devedor deveria abonar como recompensa àqueles que "privavam" do uso do dinheiro. Luis de Molina

---

[513] LESSIO. *De iustitia*. Livro. 2, cap. 21, dub. 8, nn. 66-71.
[514] *"Plus valet hoc tribuo; quam tribuenda duo"*. VITORIA. *Opera omnia*. Livro IV, p. 170.
[515] CAYETANO. *Commentarium in Summam theologicam S. Thomae*. Lyon, 1568, qu. 77, p. 268-271.
[516] LESSIO. *De iustitia*. Livro 2, cap. 23, dub. 1, p. 315.

também considerava apropriado que se recebesse uma recompensa por servir como fiador para um empréstimo para um amigo. Caetano, Soto, Conradus Summenhart, Navarro e Covarrubias eram da mesma opinião. O serviço prestado pelo fiador tem um preço que pode ser estabelecido por estima comum. É um serviço oneroso e, portanto, o que o empresta pode receber, com toda justiça, uma recompensa. O custo desta atividade resulta da nova responsabilidade que recai sobre o fiador[517].

Vários autores escolásticos tardios (Molina, Conradus, Caetano, De Soto, Navarro e Medina) defendiam que o cambista cobrasse uma tarifa por seu serviço, desde que não cobrasse pela passagem do tempo. Entendiam que o dinheiro futuro tem valor menor do que o dinheiro presente, mas, para eles, este diferencial no preço não era causado pela mera passagem do tempo. Como bem observa Belda, isto não significa que Molina minimizasse a influência do fator temporal nas trocas econômicas[518].

Molina utilizava um exemplo muito claro para demonstrar o efeito pernicioso de algumas restrições à cobrança de juros. Este moralista perguntava-se acerca daquelas situações nas quais uma pessoa adiantava o dinheiro para uma feira. Pode cobrar uma tarifa proporcional ao tempo que deve transcorrer desde o momento de sua aplicação até o momento da feira? Se não se permitisse cobrar este prêmio, nenhum negociante estaria disposto a emprestar dinheiro. Como estes prêmios ou comissões variam de maneira inversamente proporcional à oferta de fundos emprestáveis, eles aumentariam e todos sofreriam. Os únicos que se beneficiariam seriam os negociantes desonestos, que não acatariam as proibições e poderiam cobrar um prêmio mais elevado[519]. De

---

[517] BELDA, F. "Ética de la criación de créditos según la doctrina de Molina, Lessio, y Lugo". *Op. cit.*, p. 5.
[518] Idem. *Ibidem.*
[519] MOLINA. *De iustitia et iure.* Livro 2, disp. 404, n. 6.

acordo com Molina, tal prêmio seria determinado primordialmente pela necessidade de fundos: quanto maior a necessidade, maior a taxa[520]. Martín de Azpilcueta também fez alguns comentários incisivos:

> *Tampouco é verdade que o uso do dinheiro, para ganhar com ele no câmbio, seja contrário à sua natureza. Porque, ainda que seja diferente do uso primeiro e principal para o qual foi criado, não o é menos principal e secundário para o qual é apto. Como o uso dos sapatos para ganhar deles tratando, diferente do primeiro para o qual foram criados, que é o calçar, mas nem por isso vai contra sua natureza*[521].

No que diz respeito à atividade bancária *per se,* os escolásticos determinavam que o preço justo da moeda era o preço de estima comum (a oferta e a demanda em um mercado aberto). Thomas F. Divine sublinhou que seria totalmente consistente com o pensamento escolástico utilizar a taxa de juros do mercado como critério para determinar o preço justo de uma troca de dinheiro presente por dinheiro futuro. Apenas assim, assinalava este autor, seria possível que tal troca fosse vantajosa para ambas as partes, "princípio este, reconhecido tanto por Aristóteles quanto por Santo Tomás"[522].

---

[520] BELDA, F. "Ética de la criación de créditos según la doctrina de Molina, Lessio, y Lugo". *Op. cit.*, p. 60. Estas doutrinas preservaram sua popularidade e, dois séculos após o apogeu da assim chamada "Escola de Salamaca", o jesuíta Pedro de Calatayud (1689-1773) catalogava Molina como um dos autores clássicos mais importantes. Indicava que sua aprovação dos mercados futuros (que envolvem descontos) era aceita como doutrina comum. CATALAYUD, P. *Tratados y doctrinas prácticas sobre ventas y compras de lanas merinas y otros géneros y sobre el juego de naypes, y dados.* 1758, p. 38.
[521] AZPILCUETA, M. *Comentario resolutorio.* Ed. 1965, p. 22-23. Citado também em: GRICE-HUTCHINSON. *El pensamiento económico en España, 1177-1740. Op. cit.*, p. 142.
[522] DIVINE, T. F. "Usury". *In*: *New Catholic Encyclopedia. Op. cit.*

Capítulo XII
A Economia Escolástica Tardia: Uma Comparação com as Perspectivas Liberais Modernas

As ações são resultado das ideias. Ao estudarmos a origem das ideias, estudamos também a origem das ações. As ideias que geraram a assim chamada "sociedade livre" não foram resultado de um processo súbito, de geração espontânea. *The Wealth of Nations* [*A Riqueza das Nações*][523], de Adam Smith, por exemplo, carrega a marca de várias obras anteriores, e estas, por sua vez, foram influenciadas por trabalhos ainda mais antigos. O caminho pelo qual as ideias influenciam os pensamentos e as ações posteriores nem sempre é reto e bem sinalizado. A análise é facilitada quando um autor cita outro e reconhece sua dívida. Entretanto, ocorre com frequência que as pessoas adotam as ideias de autores que lhes são desconhecidos. Onde somente encontrarmos grande similaridade entre os juízos dos diferentes autores, podemos concluir que um pôde ter

---

[523] SMITH, A. *Investigación sobre la naturaleza y causas de la riqueza de las naciones*. México: Fondo de Cultura Económica, 1981.

produzido efeito sobre o outro. Em certos temas, o caminho que leva do pensamento dos doutores até as ideias dos autores liberais se vê claramente. Em muitos outros, este caminho está encoberto.

Existem semelhanças interessantes, e, em certos casos contradições, entre o pensamento escolástico tardio e o de importantes autores liberais modernos. É inevitável estudar as obras de Hugo Grotius e de Samuel von Pufendorf, já que estas foram a via pela qual muitas das ideias dos pensadores católicos passaram para os autores da chamada Escola Clássica de Economia.

Os fisiocratas, Anne Robert Jacques Turgot e os economistas clássicos, assim como os economistas "austríacos" formam a medula da tradição liberal ocidental. Embora se reconheça a considerável distância entre o *laissez-faire* dos economistas franceses e as teorias austríacas, não é errado classificar todos estes pensadores e escolas como os que abraçam um mesmo ideal: o da liberdade humana.

As páginas que se seguem representam uma breve investigação sobre a origem incerta de muitas das ideias modernas dentro do extenso campo coberto pelos autores escolásticos. Muitos dos tópicos discutidos a seguir foram objetos de extensas análises[524]. Existe, contudo, um amplo campo para estudos novos e mais completos.

1 - A Propriedade Privada

Os escolásticos medievais declararam que, embora a propriedade privada estivesse de acordo com a lei natural, não encontrava fundamento nela. Acharam que a propriedade privada também

---

[524] Especialmente as análises escolásticas acerca da usura, da teoria do preço justo (por exemplo, as obras de Raymond de Roover, B. W. Dempsey e Marjorie Grice-Hutchinson) e o pensamento político (por exemplo, HAMILTON, B. *Political Thought in Sixteenth-century Spain*. Oxford: Clarendon Press, 1963).

estava de acordo com outros direitos naturais, como a vida e a liberdade. Depois de explicar que a lei natural se refere a princípios autoevidentes, Báñez estabeleceu que a propriedade privada não se fundamentava neles, mas, sim, em princípios utilitários, como *"os campos não serão bem cultivados"*[525]. É interessante notar que, ao tratar dos direitos naturais, Adam Smith chegou a uma conclusão semelhante:

> *A origem dos direitos naturais é bem evidente. Ninguém duvida de que uma pessoa tenha direito a que seu corpo não sofra dano, e que não se infrinja sua liberdade a menos que exista justa causa. Porém direitos adquiridos, como a propriedade, requerem mais explicação. A propriedade e o governo civil dependem um do outro [...]. O estado da propriedade deve sempre variar com a forma de governo*[526].

De certa maneira, seu argumento é comparável à conclusão escolástica de que o direito de propriedade é um acréscimo ao direito natural, e que mais corretamente deve ser tema do direito civil. Ludwig von Mises, um ferrenho defensor da sociedade livre, também argumentou que a propriedade privada se encontra fundamentada mais em argumentos utilitários do que no direito natural[527].

Economistas de grande prestígio continuaram utilizando muitos dos argumentos escolásticos na defesa da propriedade privada. Para Hans F. Sennholz (1922-2007), a propriedade privada é uma instituição natural que facilita a produção e a divisão

---

[525] Domingo de Soto também escreveu de maneira semelhante. *De iustitia et iure*. Livro III, qu. 3, art. 1.
[526] SMITH, A. *Lectures on Jurisprudence. Op. cit.*, p. 401. Ver, também: Idem. *Ibidem.*, p. 13.
[527] "A propriedade privada é uma instituição humana". MISES, L. *Ação Humana. Op. cit.*, p. 777.

do trabalho[528]. Friedrich von Wieser (1851-1926) argumentou que, se não existisse a escassez, a propriedade privada não teria nenhum sentido[529].

Um dos argumentos prediletos dos escolásticos era que a propriedade privada consistia em uma instituição que ajudava a alcançar uma paz social maior. Muitos libertários concordam. Ludwig von Mises escreveu que o direito é um instrumento de paz precisamente porque protege as posses privadas[530]. A teoria liberal clássica também mantém paralelos com os argumentos escolásticos acerca de que a propriedade privada estimula uma maior produção. De acordo com Mises, uma das principais razões para esta produtividade superior é a maior paz que existe nas sociedades que respeitam esse direito[531].

É comum ouvir argumentos contrários à propriedade fundamentados no princípio do "homem mau e pecador". Proclamam que, *"enquanto houver pessoas que não se importem em explorar o semelhante, não podemos respeitar a propriedade privada"*. Os escolásticos reconheceram que o homem é capaz de fazer o mal. No entanto, também se aperceberam de que, longe de ser uma solução, a propriedade comum incrementaria o mal existente na sociedade. Convencidos de que "os homens maus tirariam mais e contribuiriam com menos para o celeiro da comunidade", os escolásticos preveniram que, em tal sociedade, os homens malvados (os

---

[528] SENNHOLZ, H. F. *Death and Taxes*. Washington, D.C.: Heritage Foundation, 1976. p. 12. William Graham Sumner (1840-1910) escreveu que *"a propriedade privada da terra é simplesmente divisão do trabalho"*. SUMNER, W. Graham. *What social classes owe to each other*. New York: Harper & Row, 1883. p. 50-51.
[529] WIESER, F. "The Theory of Value: A Reply to Professor Macvane". *Annals of the American Academy of Political and Social Science II* (1891-1892): 600-28. Reimpresso em: GHERITY, J. A. (Ed.). *Economic Thought: A Historical Anthology*. New York: Random House, 1969. p. 315.
[530] MISES, L. *Socialism*. Liberty Fund, 1979. p. 31 (MISES, L. *El socialismo*. México: Hermes, 1961).
[531] Idem. *Ibidem*.

ladrões e avarentos, como observou Vitoria) tenderiam a alcançar as posições mais elevadas.

A atual doutrina católica reconhece que a propriedade privada é um direito natural[532]. Pode parecer paradoxal que aqueles que rejeitaram o "direito natural" à propriedade privada defendam a propriedade privada com mais determinação do que os que a defendem como um direito natural[533]. A perspectiva escolástica da propriedade promove uma teoria da função social da propriedade muito semelhante à exposta pelos autores liberais. Os escolásticos medievais favoreceram a propriedade privada porque isto permite que a propriedade seja utilizada de uma maneira mais benéfica. Acreditavam que uma sociedade baseada no respeito a tal direito seria mais pacífica, mais produtiva e, acima de tudo, mais moral.

Assim como os escolásticos, Mises definia o domínio como o poder de utilizar um bem econômico. Definindo o dono como aquele que dispõe de um bem econômico, também reconheceu que, a partir

---

[532] Como escreveu o papa Leão XIII (1810-1903) em sua condenação dos socialistas, *"possuir privadamente as coisas como suas é direito que a natureza deu ao homem"*. Ver: DENZINGER, E. *El magisterio de la Iglesia*. Barcelona: Herder, 1963 [De agora em diante DZ]. O homem, ao misturar seu trabalho com os bens da natureza, *"deixou tal como se fosse impressa uma espécie de forma de sua própria pessoa; de modo que é totalmente justo que aquela parte seja por ele possuída como sua, e que de modo algum seja lícito para ninguém violar seu direito"*, DZ, 1938. *"Possuir bens privadamente é direito natural do homem"*, DZ, 1938b.

[533] A ideia de que o uso correto da propriedade devesse ser forçado por intermédio de leis particulares contradiz o que foi dito pelo papa Pio XI (1857-1939) em sua carta encíclica *Quadragesimo Anno*: *"E a fim de pôr termo às controvérsias, que acerca do domínio e deveres a ele inerentes começaram a agitar-se, note-se em primeiro lugar o fundamento assente por Leão XIII, de que o direito de propriedade é distinto do seu uso. Com efeito, a chamada justiça comutativa obriga a conservar inviolável a divisão dos bens e a não invadir o direito alheio excedendo os limites do próprio domínio; que, porém, os proprietários não usem do que é seu, senão honestamente, é da alçada não da justiça, mas de outras virtudes, cujo cumprimento 'não pode se urgir por vias jurídicas'. Por isso, sem razão afirmam alguns, que o domínio e o seu honesto uso são uma e a mesma coisa; e muito mais ainda é alheio à verdade dizer, que se extingue ou se perde o direito de propriedade com o não uso ou abuso dele"*. DZ, 2255.

um ponto de vista jurídico, seria possível ser dono de um bem mesmo sem possuí-lo fisicamente[534]. Este economista austríaco distinguiu entre o domínio e o uso dos fatores de produção. Isto era particularmente correto nos bens que se fundamentam na divisão do trabalho:

> *A posse dos bens de produção apresenta-se sob um duplo aspecto [...]: um, que é físico imediato; e o outro, que é social mediato. Por um lado, o bem pertence a quem o detém e explora materialmente. Por outro lado, pertence a quem, sem ter a sua posse material ou jurídica, encontra-se capacitado para utilizar os produtos ou serviços deste bem mediante a compra ou o intercâmbio*[535].

Ou seja, a propriedade dos bens de produção está, na realidade, dividida entre o possuidor e a sociedade para quem produz. Em uma sociedade baseada na divisão do trabalho, ninguém é dono exclusivo dos meios de produção[536], e Mises concluiu dizendo que a propriedade deve ser privada para cumprir com a sua função social[537].

Quando se encontra protegida por privilégios (leis "privadas"), a propriedade perde sua função social. Os raciocínios dos escolásticos tardios em prol da propriedade privada suavizaram o caminho para as grandes transformações do século XIX. Em todas as épocas – e os séculos XX e XXI não são exceção –, muitos adquiriram propriedade através da força e do privilégio. Nas últimas décadas, tem havido uma tendência à interpretação da função social da propriedade de maneira muito diferente. Embora se tenha mantido o termo "propriedade privada", muitos pensadores modernos estariam dispostos

---

[534] MISES, L. *Socialism.* Op. cit., p. 23.
[535] Idem. *Ibidem*, p. 27.
[536] Idem. *Ibidem*, p. 28.
[537] Idem. *Ibidem*, p. 993.

a preservar tal instituição somente no nome. De acordo com eles, a "sociedade" deveria determinar como estes bens são utilizados. A chamada "teologia da libertação" e outras escolas de pensamento coletivistas adotam a teoria de que a força e a lei, e não as pessoas agindo no mercado, devem ditar qual é a função da propriedade. Assim, as teorias escolásticas são muito mais semelhantes às doutrinas de Ludwig von Mises do que à dos teólogos da libertação[538].

A responsabilidade privada desaparece em uma sociedade na qual os proprietários não podem decidir como utilizar seus bens. Quando a "sociedade" dirige o dono de uma fábrica para que invista em um certo campo, para que empregue uma determinada quantidade de operários sob um salário estipulado por lei e para que venda seus bens a um preço fixado pelas autoridades, o dono não pode ser responsabilizado se o negócio for mal. Esta teoria impõe que a sociedade deveria, então, suportar tal perda, e às vezes estipula inclusive que o proprietário teria direito a um "lucro justo". Os lucros e a propriedade perdem, desse modo, sua dependência da satisfação dos consumidores. O resultado paradoxal é que, ao tentar utilizar a força para promover a função social da propriedade, o governo torna esta função impossível. Em tal sociedade, as pessoas lutarão para obter os favores da lei em vez de satisfazer aos consumidores. A luta pelo poder e os conflitos e choques entre os grupos de pressão substituem a cooperação pacífica do mercado. Apenas em uma sociedade livre a *"propriedade dos meios de produção não é um privilégio: é uma responsabilidade social"*[539].

---

[538] Para um bom compêndio do debate acerca da teologia da libertação, ver AA. VV. *Teologia de la liberación: análisis y confrontación hasta libertatis nuntius*. Bogotá: Cedial, 1986.
[539] MISES, L. *Ação Humana. Op. cit.*, p. 372.

2 - Finanças Públicas

Acreditar na propriedade privada significa acreditar em um governo limitado. Os escolásticos tardios assinalavam que os governos não devem ser todo-poderosos nem estar acima do povo. A maior parte dos aspectos da vida humana deveria permanecer livre da intervenção estatal.

Os doutores, ao reconhecerem que as pessoas estão acima do governo, não estavam dizendo que o melhor governo é o da maioria, nem que o povo sempre tem razão. Reconheciam que, por mais apoio popular que possa ter, uma política injusta ou uma ideia errada continuariam sendo injustas e erradas.

Para os escolásticos, o termo "democracia" não era sinônimo de "república". A democracia era um dos muitos sistemas que as pessoas poderiam adotar para serem governadas. Os direitos que as pessoas podem desfrutar em uma dada sociedade são decididamente mais importantes do que o sistema. Desse modo, o julgamento de Mariana de que ocorreria progresso tanto em repúblicas ordenadas quanto em monarquias justas[540].

---

[540] Estes mesmos princípios orientaram diversos autores das constituições republicanas. Os "fundadores" da constituição norte-americana compreenderam os perigos de um governo ilimitado das maiorias ou de qualquer outro grupo. Definiram a tirania como *"a acumulação de todos os poderes, legislativo, executivo e judiciário, nas mesmas mãos, sejam de um, de uns poucos, ou de vários, por herança, autoproclamação, ou por eleições populares"*. The Federalist Papers, 47. As ideias escolásticas tardias referentes aos deveres do governo e os direitos do povo foram muito influentes na América Hispânica. Dois exemplos esta influência são a defesa ferrenha dos direitos dos ameríndios por parte dos sacerdotes (por exemplo: LAS CASAS, B. *Obras escogidas*. Madrid: Ediciones Atlas, 1957-1958), e os esforços destes na disseminação de ideias republicanas por quase toda essa região. Historiadores notáveis assinalaram que as ideias que orientaram muitos revolucionários durante a emancipação das colônias espanholas resultaram dos ensinamentos da escolástica tardia. O historiador e sacerdote Guillermo Furlong, S.J. (1889-1974) é um bom exemplo. Mencionou Vitoria, Mariana e Suárez como autores de grande influência na América Latina. FURLONG, G. *Nacimiento y desarrollo de la filosofía en el Río de la Plata 1536-1810*. Buenos Aires: Kraft, 1952. Ainda que as conclusões de Furlong sejam fortes, é indubitável que os escolásticos tardios não podem ser considerados como defensores do *status quo* ou de formas totalitárias de governo.

O objetivo de uma política, de acordo com os escolásticos, é a promoção do bem comum. Isto está de acordo com o princípio de que o bem-estar geral é mais importante do que os interesses individuais[541]. No pensamento de tais autores, a determinação do bem comum não era deixada aos caprichos do rei ou das maiorias. Sabiam que a elucidação dos objetivos das políticas e os meios apropriados para sua consecução sempre envolvem uma certa dose de arbitrariedade. Quando a pergunta é se devemos ter mais polícia, manter um exército mais poderoso ou construir um novo palácio para a corte, não há nenhuma solução "objetiva" ou regra fácil a ser seguida.

Observando que, em prol do bem comum, as políticas nunca deveriam ser contrárias à ordem natural ou aos direitos naturais da pessoa, os escolásticos tardios defenderam os direitos dos indígenas americanos à posse da propriedade, à troca de bens e à eleição de suas autoridades. Deram-se conta, contudo, de que os interesses individuais nem sempre promoverão o bem-estar geral. Este convencimento não é estranho ao pensamento liberal contemporâneo. Mises, por exemplo, argumenta que *"a política do liberalismo é a política do bem comum, a política de sujeitar os interesses particulares ao bem-estar geral"*[542]. As ideias dos doutores referentes à sociedade, ao governo e aos direitos da pessoa humana são muito semelhantes às que hoje são defendidas por autores liberais. Sua atitude diante do gasto governamental encontrava-se intimamente relacionada com suas ideias acerca da natureza do governo e não pode ser catalogada como frouxa. Condenaram os gastos elevados porque entenderam os

---

[541] HAMILTON, B. *Political Thought in Sixteenth-century Spain. Op. cit.*, p. 57. A autora analisa o pensamento da escolástica hispânica acerca deste ponto.
[542] MISES, L. *Socialism. Op. cit.*, p. 456. Na versão espanhola concebida por Luis Montes de Oca (finalizada por Gustavo R. Velasco), este julgamento de Mises está traduzido de maneira diferente e, na minha opinião, errada. Ver: MISES, L. *Socialism*. New York: Western Books Foundation, 1989. p. 523.

efeitos negativos que estes produziriam e porque podiam, inclusive, implicar uma violação dos direitos de propriedade.

A rejeição da inflação como método para superar dificuldades financeiras abriu o caminho para suas propostas de orçamento equilibrado. Na opinião dos escolásticos tardios, o monarca deveria se esforçar para equilibrar seu orçamento reduzindo gastos e subsídios e diminuindo o número de cortesãos. A elevada pressão tributária foi uma das principais preocupações destes pensadores e eles também se opuseram à política de financiar gastos incorrendo em dívidas públicas elevadas. De acordo com sua experiência, as elevadas dívidas do governo não somente não conduzem a uma redução dos gastos, mas também comprometem o futuro do reino.

Para os doutores, o objetivo dos impostos era arrecadar recursos para as atividades justas de um governo. Declararam que os impostos deveriam ser moderados e proporcionais, sem mencioná-los como mecanismos de redistribuição de riquezas. A maioria dos pensadores liberais contemporâneos também defende a ideia de que os impostos deveriam ser um mecanismo para obter receitas, e não para equilibrar posições patrimoniais[543]. Ademais, recomendam que os impostos sejam cobrados tendo em conta o princípio da neutralidade. Um imposto neutro é aquele que não modifica a atribuição natural dos recursos existente antes da imposição do tributo[544]. Reconhecendo que

---

[543] Uma das correntes do pensamento liberal, o "libertarianismo", opõe-se a toda restrição ao uso da propriedade privada e, portanto, rejeita a ideia da apropriação coercitiva dos bens pertencentes a uma pessoa ou a um grupo, por parte de outro grupo de pessoas (o governo), independentemente do tamanho dos grupos. O líder intelectual deste grupo é Murray N. Rothbard, que explicitou estas ideias nos seguintes livros: ROTHBARD, M. *Man, Economy and State: A Treatise on Economic Principles*. Princeton: Van Nostrand, 1962; ROTHBARD, M. *Power and Market: Government and the Economy*. Menlo Park: Institute for Humane Studies, 1970; ROTHBARD, M. *For a New Liberty: The Libertarian Manifesto*. New York: Collier Books, 1978.

[544] MISES, L. *Ação Humana. Op. cit.*, p. 837.

é impossível alcançar tal neutralidade, os autores liberais assinalaram que alcançar a maior neutralidade possível deve ser o princípio diretor das autoridades fiscais[545].

Clamando por moderação nos impostos, Navarrete percebeu que os impostos excessivos poderiam reduzir a arrecadação do rei, já que poucos poderiam pagar taxas tão elevadas. Em tempos recentes, alguns economistas têm argumentado de maneira semelhante, propondo reduções de impostos para incrementar a arrecadação impositiva, que seria o resultado de uma maior atividade produtiva.

Mises não estava distante desta ideia quando sublinhou que, após ultrapassar um certo patamar de taxas, tanto cada imposto específico quanto o sistema impositivo em sua totalidade começam a ficar contraproducentes, e a arrecadação total diminui. No campo da ética econômica, os escolásticos tiveram o cuidado de assinalar que algumas das leis que obrigam legalmente não o fazem em consciência.

3 - A Teoria Monetária

As teorias acerca da origem e da natureza do dinheiro influenciaram diretamente as discussões acerca do valor do dinheiro e as recomendações de política monetária. Aqueles que consideram que a moeda é um simples fenômeno legislativo estão mais predispostos a aceitar a intervenção do governo em temas monetários. Esta intervenção geralmente se direciona a tentar influenciar o valor da moeda.

Assim como os escolásticos, Pufendorf, Adam Smith e os economistas austríacos também explicaram a origem do dinheiro de maneira aristotélica. Os escritos de Pufendorf estão marcados pela tradição escolástica tardia. Explicava que, na medida em que

---

[545] Idem. *Ibidem*, p. 838.

as sociedades se desenvolveram, as trocas indiretas começaram a substituir as trocas diretas:

> [n]ão era fácil para os homens procurar bens que seriam desejados por pessoas dispostas a trocá-los por bens que desejamos, ou que fossem equivalentes aos bens de outro. E, em sociedades civilizadas, em que os cidadãos se encontram divididos em diversos setores da ordem social, deve haver necessidade de diversas classes de homens, que não poderiam minimamente subsistir, ou no máximo o fariam com a maior dificuldade, se este intercâmbio simples de bens e trabalho tivesse persistido. É perfeitamente claro que as nações que não estão familiarizadas com a utilização do dinheiro não compartilham dos avanços da civilização[546].

No que se refere aos fatores que influenciam no valor do dinheiro, Pufendorf deu mais importância à interação e ao consenso humano do que à natureza:

> Mas como esta função do dinheiro não decorre de nenhuma necessidade que emana de sua natureza, mas, sim, da imposição e dos acordos humanos [...], é óbvio que outros materiais podem ser utilizados e são utilizados sob a pressão das circunstâncias ou por simples preferência[547] [...]. No entanto, embora o valor do ouro e da prata, assim como o da moeda, dependa da imposição

---

[546] PUFENDORF, S. *De jure naturae et gentium libri octo*. Editado por J. B. Scott. London: Oceana, 1934, p. 690. O autor citava as ideias de Aristóteles referentes à moeda, inclusive que a moeda ajuda o comércio e que este mantém "unida a comunidade política". *Magna moralia*. Livro I, cap. XXXIV [XXXIII]. Idem. *Ibidem*, p. 691.

[547] Idem. Ibidem, p. 692. Grotius, por outro lado, observou que a moeda "adquire sua função de maneira natural". GROTIUS, H. *De iure belli ac pacis libri tres*. Editado por James Brown Scott. London: Oceana, 1964, lib. II, cap. XII, p. 354.

e dos acordos humanos, os governadores dos estados não têm a liberdade de modificar esse valor de acordo com sua vontade, mas, sim, necessitam em mente certas considerações [...]. A moeda também é criada para assistir melhor ao comércio, não somente entre os cidadãos de um certo estado, mas também para os que são de diversas nações. Portanto, se o soberano de um Estado fixou um valor escandaloso para sua moeda, torna-a inútil para ser usada por seus cidadãos em seus intercâmbios com estrangeiros[548].

Embora Turgot também tenha explicado a origem do dinheiro de maneira aristotélica, assinalou que o ouro e a prata se constituiram em moeda, e em moeda universal, sem nenhuma convenção arbitrária dos homens, sem a intervenção de lei alguma, mas, sim, *"pela natureza das coisas"*[549]. De acordo com Turgot, toda moeda é essencialmente uma mercadoria e qualquer bem econômico pode servir para trocas diretas[550]. O conceito de que *"uma moeda puramente convencional é, portanto, uma impossibilidade"*[551], levou-o à conclusão de que os metais – especialmente o ouro e a prata – seriam as mercadorias mais apropriadas para serem utilizadas como moeda[552].

---

[548] PUFENDORF. *De jure naturae et gentium libri octo*. p. 693.
[549] TURGOT, A. R. J,. "Refléctions sur la formation et la distribution des richesses". *In*: Écrits economiques. Paris: Calmann-Levy, 1970, prefácio de Bernard Cazes, p. 147: "Toda pessoa que tenha bens supérfluos, e que no momento não tenha necessidade de outro bem para seu uso, apressar-se-á a trocá-los por moeda, com a qual estará mais seguro do que com qualquer outra coisa para poder procurar o bem que quererá no momento no qual o desejar". Idem. *Ibidem*.
[550] Idem. *Ibidem*, p. 145.
[551] Idem. *Ibidem*, p. 146.
[552] Turgot relacionou todas as propriedades dos metais preciosos que os transformavam no bem econômico mais apropriado para ser utilizado como moeda. Entre estas propriedades, uma das mais importantes é a facilidade para obter uma qualidade homogênea do metal, pelo que se pode expressar o valor de cada mercadoria em uma certa quantidade de metal, com o resultante benefício para a clareza no comércio. Outra característica é o valor relativamente alto que apresenta com relação a seu peso e tamanho, sua inalterabilidade e sua escassez relativa. TURGOT. "Refléctions sur la formation et la distribution des richesses". p. 147.

Assim como Aristóteles sublinhou que a convenção e a natureza da troca indireta foram os fatores que mais influenciaram na origem na moeda, tanto Pufendorf quanto Turgot possivelmente desenvolveram suas teorias partindo das ideias do filósogo grego[553]. Os autores da Escola Austríaca também deram explicações semelhantes às aristotélicas[554]. Prosseguiram na linha de Turgot, que, de acordo com Carl Menger, foi fundada por John Law (1671-1729)[555]. A moeda surgiu espontaneamente, sem ser criada ou inventada por ninguém. O Estado ou a lei não criaram a moeda, porém, ao concederem caráter jurídico a um meio de troca em certas circunstâncias históricas, reforçaram alguns dos atributos monetários[556]. De acordo com a teoria subjetiva do valor, é correto compartilhar do julgamento de Mises de que os homens escolheram os metais preciosos como moeda devido às suas características mineralógicas, físicas e químicas, mas o fato de ter sido feita a escolha pelo ouro, e não por outra coisa, é *"apenas um fato histórico e, como tal, não pertence ao campo de estudo da cataláctica"*[557].

De acordo com os escolásticos tardios, o valor da moeda deveria ser determinado da mesma maneira com a qual se determina o valor de qualquer outro bem[558]. A utilidade e a escassez eram os fatores

---

[553] Encontra-se uma boa análise das ideias de Aristóteles sobre o dinheiro em: SCHUMPETER, J. *Historia de análisis económico. Op. cit.*, p. 99-100.
[554] Ver, em particular: MENGER, C. *Principles of Economics*. New York: New York University Press, 1981. p. 257-85. Ver, também, o apêndice J, p. 315-320.
[555] LAW, J. *Money and Trade Considered*. London, 1720. Menger observou que Law foi o fundador da teoria correta acerca da origem do dinheiro.
[556] MENGER, C. *Principles of Economics. Op. cit.*, p. 262.
[557] MISES, L. *Ação Humana. Op. cit.*, p. 545. A cataláctica é a ciência das trocas que ocorrem no mercado. Seu objeto de estudo são todos os fenômenos de mercado, suas origens, ramificações e consequências. Joseph Schumpeter catalogou as doutrinas monetárias aristotélicas como pertencentes *"ao grupo que o professor Von Mises chamou de teorias catalácticas da moeda"*. SCHUMPETER, J. *Historia del análisis económico. Op. cit.*, p. 99.
[558] Turgot assinalou que as mesmas coisas que fixam e que fazem variar o valor dos bens são as que fazem variar o valor do dinheiro. TURGOT. "Refléctions sur la formation et la distribution des richesses". *Op. cit.*, p. 149.

que mais influenciavam no valor da moeda, porém os escolásticos descobriram que sua utilidade guardava uma relação estreita com a quantidade: as pessoas reduzirão a demanda por uma moeda que sofre adulterações constantes. Uma redução no valor legal de uma moeda causará, portanto, um incremento de proporção semelhante nos preços. Também observaram que o valor da moeda tenderá a ser mais elevado onde for mais necessária para transações (como nas feiras).

Os doutores em geral – e Azpilcueta em particular – foram reconhecidos como os primeiros formuladores da *"teoria quantitativa da moeda"*[559]. As citações apresentadas no Capítulo V da presente obra são prova suficiente de que o prestígio das teorias monetárias escolásticas foi bem merecido. Tais autores tinham conhecimento de praticamente todos os fatores que podem influenciar o valor da moeda e, portanto, ele estava sujeito a flutuações. Apesar disso, esperava-se que o preço da moeda variasse menos que o preço dos demais bens. Turgot também reconheceu esta variabilidade natural no "preço" da moeda[560]. Reconheceu a estabilidade monetária como um fim desejável, mas também que não se poderia conseguir a estabilidade perfeita.

Devido a que os escolásticos tardios basearam suas recomendações e análises de política monetária em suas teorias do valor da moeda, não é de surpreender que, no campo da política econômica,

---

[559] GRICE-HUTCHINSON. *El pensamiento económico en España, 1177-1740. Op. cit.*, p. 147.

[560] *"Este valor é suscetível de se modificar e, de fato, modifica-se continuamente, de modo que a mesma quantidade de metal que corresponde a uma certa quantidade desta ou daquela mercadoria deixa de lhe corresponder e falta mais ou menos moeda para representar a mesma mercadoria. Quando se precisa de mais décimos do que as mercadorias, são mais caras. Já enquanto se precisa de menos décimos, são mais baratas; porém também se pode dizer que é o dinheiro que ficou mais barato no primeiro caso e mais caro no segundo"*. TURGOT. "Refléctions sur la formation et la distribution des richesses". *Op. cit.*, p. 148-49.

tenham chegado a conclusões semelhantes às dos liberais modernos. Estes moralistas reconheceram que as degradações monetárias produziam uma revolução nas fortunas, dificultavam a estabilidade política e violavam direitos de propriedade. Também criava confusão no comércio (interno e externo), levando à paralisação e à pobreza. A degradação da moeda, ao menos para Mariana, representou um instrumento tirânico de espoliação[561].

No campo da ética econômica, os escolásticos condenaram a utilização da inflação monetária como meio para um repúdio em massa da dívida pública. Mariana criticou severamente os príncipes que adulteravam os padrões monetários para, dessa maneira, poderem pagar suas dívidas. Outros escolásticos tardios especificaram que as dívidas deveriam ser pagas na moeda vigente à época do contrato[562].

Samuel von Pufendorf empregou argumentos semelhantes para criticar as políticas de degradação monetária[563]. Inclusive mencionou Mariana, porém sem citar suas obras. Pufendorf reconheceu que a adulteração monetaria prejudicaria seriamente os patrimônios privados. Declarou que, *"se se mistura tanto metal de baixa qualidade à moeda [...], elas chegarão a enrubescer diante de sua baixeza"*[564]. Pufendorf desculpou os reis que, em tempos de necessidade, utilizavam este dispositivo, desde que "uma vez desaparecida a necessidade, corrigissem o mal causado".

---

[561] Os economistas austríacos fizeram julgamentos semelhantes. Ver, por exemplo: SENNHOLZ, H. F. *Age of Inflation*. Belmont: Western Islands, 1979. p. 19.

[562] Depois de distinguir entre o valor intrínseco e o extrínseco da moeda, Pufendorf declarou que, quando se modificava o valor intrínseco (uma mudança na quantidade ou na qualidade do conteúdo metálico da moeda), as dívidas deveriam ser pagas na moeda que circulava quando o empréstimo foi realizado. Se o valor da moeda se modifica devido às condições do mercado, então deveria se utilizar a moeda corrente no momento do cancelamento do empréstimo. PUFENDORF. *De jure naturae*, p. 694.

[563] Idem. *Ibidem*.

[564] Idem. *Ibidem*.

A leitura cuidadosa das obras *Lectures on Jurisprudence* [*Lições de Jurisprudência*] e *The Wealth of Nations* [*A Riqueza das Nações*], de Adam Smith, revela que tais argumentos exerceram grande influência em seu pensamento[565]. Em suas Lectures, argumentou que este método inflacionário para pagar dívidas era muito predominante:

> *Quando, em certas circunstâncias, ou em ocasiões importantes, como o pagamento de dívidas, ou dos soldados, o governo precisa de dois milhões, porém não tem mais do que um, reclama todas as moedas e, misturando-as com uma quantidade maior de liga, transforma-as em dois milhões, tentando fazer com que se pareçam o mais possível com a moeda antiga. Muitas operações deste tipo ocorreram em cada país*[566].

Em *A Riqueza das Nações*, Adam Smith repetiu estes argumentos acerca de que a degradação monetária era o método mais comum pelo qual se ocultavam as bancarrotas governamentais. A maior quantidade de moeda nominal possibilita que se realizem pagamentos e que, pelo menos desde o ponto de vista jurídico, sejam saldadas as dívidas públicas[567]. Em ambos os livros, Adam Smith censura fortemente tais práticas.

4 - O Comércio

Enfatizando a importância do comércio e dos intercâmbios, e notando que a sociedade humana se beneficia com as transações de bens, os seguidores dos escolásticos tardios ofereceram provas ela-

---
[565] Ver: SMITH, A. *Lectures on Jurisprudence. Op. cit.*, p. 100-02.
[566] Idem. *Ibidem*, p. 502.
[567] SMITH, A. *La riqueza de las naciones. Op. cit.*, p. 29.

boradas da necessidade dos comércios interno e externo. Discerniam que se trata de uma necessidade enraizada nas limitações humanas e nas diferenças geográficas. Terras distintas oferecem diferentes produtos, e somente através do comércio um país pode desfrutar de uma provisão equilibrada e diversificada de bens.

Embora Pufendorf reconhecesse os benefícios do comércio[568], parecia muito mais predisposto a propor restrições do que os escolásticos hispânicos. Sua citação das *Orações III*, de Libanius (314-394), remonta a origem do comércio à vontade divina:

> *Deus conferiu-nos seus presentes a todas as regiões, porém as dividiu de acordo com cada zona, para inclinar os homens às relações sociais devido à necessidade de assistência mútua; e Ele abriu as avenidas comerciais, com a intenção de que toda a humanidade desfrute, em comum, das coisas produzidas por uns poucos*[569].

Ao contar que os antigos atenienses excluíram os megários de todos os seus mercados e portos, Pufendorf notou que estes últimos se queixavam de que isto contrariava as leis gerais da justiça. Não estava totalmente de acordo com esta reclamação e comentou que tal asseveração *"permite muitas restrições"*[570]. De acordo com sua opinião, o Estado tem o direito de prevenir que os estrangeiros façam comércio com aqueles bens que não são absolutamente necessários para sua existência, particularmente *"se nosso país, por causa disso, perdesse um ganho considerável ou, de alguma maneira indireta,*

---

[568] *"Do comércio, surge uma grande vantagem para todas as pessoas, que compensa a mesquinhez, por assim dizê-lo, da terra, que não é igualmente produtiva para tudo e em todos os lugares, e que causa* [o comércio] *que os bens de um lugar pareçam ter um habitat em todas as terras"*. PUFENDORF. *De jure naturae*, p. 368-369.
[569] Idem. *Ibidem*, 369.
[570] Idem. *Ibidem*.

*sofresse algum prejuízo"*⁵⁷¹. No contexto da popularidade das ideias protecionistas durante o século XVII, Pufendorf eximiu-se de censurar o país que, para favorecer a nação, proíbe a exportação de certos bens ou regula o comércio entre Estados. Considerava apropriadas as leis que restringem importações *"tanto porque o Estado pode sofrer uma perda, ou para incitar os cidadãos a uma indústria maior, quanto para evitar que nossas riquezas passem para mãos estrangeiras"*⁵⁷². Citando Platão (427-347 a.C.) em favor de sua opinião, criticou explicitamente a atitude liberal de Vitoria:

> *Por esta razão, a posição de Francisco Vitoria é certamente falsa quando sustenta que:* "A lei das nações permite que cada pessoa leve a cabo o comércio nas províncias de outros mediante a importação de mercadorias que lhes faltam ou pela exportação de ouro e prata, assim como também de outras mercadorias abundantes"⁵⁷³.

Fazia notar que, pela mesma razão que permite que se lhe cobrem impostos, as autoridades têm o direito de impor restrições ao comércio. Esta razão é "o bem da comunidade pública", e os cidadãos não têm o direito de exercer este direito⁵⁷⁴.

Sua postura, entretanto, era a favor do comércio: *"Seria desumano e injusto impedir que uma pessoa obtenha as coisas de que precisa mediante o intercâmbio dos bens que possui em abundância"*⁵⁷⁵. Foram os fisiocratas que cunharam a frase *laissez-faire, laissez-passer*, que descreve bem suas posturas favoráveis ao comércio; Turgot, con-

---
⁵⁷¹ Idem. *Ibidem.*
⁵⁷² Idem. *Ibidem*, p. 370.
⁵⁷³ Idem. *Ibidem.*
⁵⁷⁴ Idem. *Ibidem.*
⁵⁷⁵ Idem. *Ibidem*, p. 371.

temporâneo destes autores, assinalou que a diversidade de terras e a multiplicidade das necessidades levaram ao intercâmbio de produtos[576]. Explicou que o comércio beneficia a sociedade humana e que *"todos se beneficiam com tal arranjo, já que, ao se dedicarem a somente um tipo de trabalho, têm nele muito mais êxito"*[577].

A conclusão de Adam Smith acerca de que a divisão do trabalho é a causa principal da riqueza das nações brinda considerável apoio à justificativa dos intercâmbios domésticos e internacionais. Nem sequer ele, contudo, pôde se divorciar do clima da opinião mercantilista. Os inimigos de um mundo unido pelo livre-comércio costumam citar frequentemente sua defesa das tarifas protecionistas para a indústria naval[578].

Entre os economistas liberais modernos, Ludwig von Mises considerou que a divisão do trabalho e seu corolário, a cooperação social, são o fenômeno social por excelência[579]. Estabeleceu que o princípio da divisão do trabalho e, portanto, o comércio fundamentam-se nas leis naturais, e isso é o que torna a sociedade humana possível:

> *A sociedade humana é um fenômeno intelectual e espiritual. É a consequência da utilização deliberada de uma lei universal que rege a evolução cósmica, qual seja a maior produtividade da divisão do trabalho. Como em todos os casos de ação, o reconhecimento das leis*

---

[576] *"Aquele cuja terra é apropriada somente para os grãos, e não para o algodão ou o cânhamo, ficaria sem tecidos com os quais vestir-se. Outros teriam uma porção de terra apropriada para o algodão, mas que não produzirá grãos. Um terceiro ficará sem a madeira com a qual esquentar-se. A experiência logo ensinará a cada um qual é o tipo de produto que se adapta melhor à sua terra e se limitará a cultivar esse cultivo em particular, para dessa maneira procurar para si as coisas de que carece mediante as trocas com seus vizinhos; e estes, tendo também refletido da mesma maneira, terão lavrado os cultivos mais apropriados para seus campos e abandonado todos os demais"*. TURGOT. "Refléctions sur la formation et la distribution des richesses". *Op. cit.*, p. 4.
[577] Idem. *Ibidem*.
[578] SMITH, A. *La riqueza de las naciones. Op. cit.*, p. 408-09.
[579] MISES, L. *Ação Humana. Op. cit.*, p. 198.

da natureza é colocado a serviço dos esforços do homem desejoso de melhorar suas condições de vida[580].

Na opinião de Mises, a divisão do trabalho, além de produzir frutos econômicos, também faz com que brotem, *"entre os membros da sociedade, sentimentos de simpatia e amizade, e uma sensação de comunidade"*[581]. Não se pode dizer que as doutrinas dos escolásticos tardios estavam livres de crenças mercantilistas[582]. Apesar disso, eram favoráveis ao livre-comércio. A maioria deles estava ciente da miséria que as políticas mercantilistas espanholas produziam nas colônias americanas. Os relatos de seus companheiros de ordem, que retornavam da América Hispânica, descreviam estas penúrias com riqueza de detalhes. A visão de uma comunidade internacional livre e unida não estava distante da perspectiva de tais autores católicos.

5 - Valor e Preço

A teoria escolástica do valor e do preço influenciou fortemente o pensamento econômico posterior. Grotius, Pufendorf, Turgot, alguns dos escritores da escola escocesa e da tradição austríaca, analisaram temas utilizando análises semelhantes às dos escolásticos.

---

[580] Idem. *Ibidem*, p. 185.
[581] Idem. *Ibidem*, p. 184. Compare esta frase com a de Mariana.
[582] Para fomentar a imigração de pessoas habilidosas, Mariana, por exemplo, recomendou ao príncipe incrementar os impostos de importação. Acerca deste ponto, ver: LAURES, John. *The Political Economy of Juan de Mariana*. New York: Fordham University, 1928.

Pufendorf reconheceu a influência da *virtuositas*[583] e da utilidade[584]. Rejeitou a análise aristotélica de Grotius de que *"a necessidade é a medida do valor mais natural de alguma coisa"*[585]. Se isto fosse verdade, argumentava, aquelas coisas que somente servem para o ócio agradável deveriam ser gratuitas e, contudo, *"a humanidade impõe um preço a tais coisas"*[586].

As ideias dos escolásticos também encontraram eco entre os protestantes do Novo Mundo. John Cotton (1584-1652), o famoso clérigo puritano, oferece uma análise com muitas semelhanças. John Winthrop (1588-1649) contou que Cotton, em um de seus sermões, proporcionou uma lista de regras éticas para o comerciante:

> *1) Um indivíduo não deve vender acima do preço corrente: por exemplo, o preço que é habitual em um certo lugar e momento, e que algum outro (que conhece o valor do bem) esteja disposto a pagar se tivesse a ocasião de usar o bem; como o que chamamos de moeda corrente, que cada homem aceitaria tomar etc.;*

---

[583] *"Um grande diamante, deixando todo o resto constante, é mais valioso do que um pequeno, ainda que isto não seja sempre verdade com relação ao valor de bens de um tipo ou qualidade distinta. Por exemplo, um cão grande nem sempre é mais valioso do que um pequeno"*. PUFENDORF. *De jure naturae.* p. 676.

[584] *"Em si mesmo, o fundamento do preço é a aptidão de uma coisa ou uma ação, pela qual pode mediata ou imediatamente contribuir com algo para as necessidades da vida humana, ou para torná-la mais vantajosa e prazerosa. É por esta razão que na linguagem comum se costuma dizer que as coisas inúteis não têm nenhum valor [...] - e, assim, na fábula do galo que não valorizava a pérola que tinha encontrado, pois ela para ele não tinha valor [Phaedrus, III. XII]"*. Idem. *Ibidem.*

[585] GROTIUS. *De jure belli ac pacis libri tres.* Livro II, cap. XII, 14.

[586] PUFENDORF. *De jure naturae.* p. 676-677. Seu argumento é o seguinte: *"Se [Grotius] entende que o fundamento do preço é a necessidade, ou que uma coisa é valorizada pelos homens somente porque dela precisam, seu julgamento não teria validade universal. Pois, de acordo com esta teoria, não seria atribuído valor aos bens que servem ao ócio prazeroso e, no entanto, a luxúria sem limites da humanidade costuma lhes impor um preço. Mas costumamos dizer que precisamos somente daquelas coisas sem as quais padeceríamos sérios inconvenientes. Ver Mateus 5,12. Mas, por outro lado, se quer dizer que a necessidade do comprador faz com que aumente o preço, confessamos que, em geral, esse é o caso, embora ninguém de bom entendimento dirá que esta é a medida natural do preço, de modo que, quanto mais alguém se veja apertado pela necessidade, mais alto o preço que poderá ser dele extraído".*

2) Quando se perde dinheiro com sua mercadoria por falta de habilidade etc., deve tratar o fato como um erro ou uma cruz própria. Portanto, não deve sobrecarregar os demais com ela;

3) Quando se sofre perdas por uma calamidade no mar etc., trata-se de uma perda lançada pela Providência, e não se pode lançar sobre outro motivo; porque tal homem pareceria querer se livrar de todo feito divino etc., como se nunca pudesse perder; mas quando há escassez de um bem, aí sim se pode aumentar o preço; porque agora é a mão de Deus, e não a de pessoas, agindo sobre as mercadorias;

4) Não se pode pedir mais por um bem do que seu preço de venda, como Efrom assinalou a Abraão, "a terra vale muito"[587].

Regras semelhantes poderiam ter sido escritas pela maioria dos escolásticos tardios. A teoria do preço veraz (*prix veritable*) de Turgot também é muito semelhante à teoria escolástica do preço justo. De acordo com este autor, *"as necessidades recíprocas levaram às trocas do que se tem pelo que não se tem"*[588]. Acrescentava, além disso, outros elementos à sua teoria do valor e do preço:

Enquanto consideramos cada troca como isolada e em si mesma, o valor de cada uma das coisas trocadas não tem outra medida além da necessidade ou o desejo e os meios das partes contratantes,

---

[587] WINTHROP, J. *Journal*. Editado por J. K. Hosmer. New York: Scribner's, 1908, vol. 1, p. 315-18. Citado em: SPIEGEL, H. W. *The Rise of American Economic Thought*. New York: Augustus M. Kelley, 1968. p. 6.
[588] TURGOT. "Refléctions sur la formation et la distribution des richesses". *Op. cit.*, p. 28.

equilibrando um com o outro, e não fixado por nada que não seja o acordo de sua vontade[589].

Em um livro publicado em 1747, Francis Hutcheson incluiu um breve capítulo tratando do tema do valor, ou preço, e os bens. Seus argumentos mostram um certo paralelismo com os de Samuel von Pufendorf[590]. Talvez esta seja a razão pela qual durante um tempo, em suas aulas, Adam Smith tenha ensinado uma teoria dos preços muito semelhante às teorias escolásticas. A maioria dos historiadores modernos declara que a teoria do valor de Smith era uma teoria baseada no custo de produção[591]. Em suas *Lectures on Jurisprudence*, contudo, Adam Smith raciocinava de maneira diferente:

> *Quando um comprador vem ao mercado, nunca pergunta ao vendedor o montante dos custos nos quais incorreu para produzir o bem. A regulação do preço de mercado dos bens depende dos seguintes artigos:*
>
> *Primeiramente, a demanda, ou a necessidade do bem. Não há demanda para um bem de pouca utilidade; não é objeto de desejo racional.*

---

[589] Idem. *Ibidem*, p. 29. De acordo com este autor, a necessidade mútua é o fundamento da equidade nas trocas: *"Suporei que um tem necessidade de milho, e o outro de vinho, e que acordaram trocar um alqueire de milho por seis pintas de vinho. É evidente que, para cada um deles, um alqueire de milho e seis pintas de vinho são consideradas como exatamente equivalentes, e que nesta troca particular o preço de um alqueire de trigo é seis pintas de vinho, e que o preço de seis pintas de vinho é um alqueire de trigo"*. À luz do fato de que outros indivíduos podem acordar preços distintos, nenhum destes preços poderia ser considerado como o preço "verdadeiro" (*le prix veritable*). Idem. *Ibidem*, p. 28.

[590] Devo esta menção a Edwin Cannan (1861-1935), que a realizou em sua introdução às *Lectures on Jurisprudence*, de Adam Smith (p. XXVI). Hutcheson intitulou a obra *A Short Introduction to Moral Philosophy in Three Books, Containing the Elements of Ethics and the Law of Nature* [*Uma Breve Introdução à Filosofia Moral em Três Livros, Contendo os Elementos da Ética e da Lei da Natureza*].

[591] Esta opinião é apresenta em: SCHUMPETER, A. *Historia del análisis económico*. Op. cit., p. 190.

Em segundo lugar, a abundância ou escassez de um bem em relação com a necessidade que há dele. Se o bem for escasso, o preço aumenta, porém, se a quantidade é maior do que a necessária para satisfazer a demanda, o preço cai. Por isso, os diamantes e as pedras preciosas são caros, enquanto o ferro, que é muito mais útil, é muito mais barato, ainda que isto dependa principalmente desta última causa.
Em terceiro lugar, a riqueza ou a pobreza daqueles que demandam[592].

Estes parágrafos expõem uma teoria do valor que está quase em total acordo com os escritos dos escolásticos tardios. A necessidade, o uso, o desejo e a escassez são todos termos utilizados por estes autores para explicar a determinação dos preços. O terceiro fator mencionado por Smith tinha sido analisado por Conradus, e a escolástica hispânica também o aceitou. Raymond de Roover observou que *"na teoria escolástica do valor e do preço, não há nada basicamente incorreto. Repousava na utilidade e na escassez, e Adam Smith não pôde melhorá-la"*[593]. Somente após três séculos, com as contribuições da Escola Austríaca, a teoria do valor sofreu um melhoramento considerável. Em um artigo publicado em 1891, Eugen von Böhm-Bawerk (1851-1914) descreveu as qualidades distintivas da economia austríaca. Começou seu artigo assinalando que *"a província da economia austríaca é a teoria no sentido estrito da palavra"*. No campo da teoria positiva, o principal traço característico desta escola é a teoria do valor. A teoria da utilidade

---

[592] SMITH, A. *Lectures on Jurisprudence. Op. cit.*, p. 357-58.
[593] ROOVER, R. "Scholastic Economics". *Quarterly Journal of Economics*, Vol. 69 (May 1955), p. 173. Ver, também, os artigos: KAUDER, E. "The Retarded Acceptance of the Marginal Utility Theory". *Quarterly Journal of Economics*, Vol. 67 (November 1953): 564-575; KAUDER, E. "Genesis of the Marginal Utility School". *Economic Journal*, Vol. 63 (September 1953): 638-50.

marginal ou final, como costumava descrevê-la, é o marco do pensamento econômico austríaco. Depois de declarar que a ideia do valor *"se estende somente àqueles bens que não se podem obter em abundância suficiente para satisfazer a toda demanda possível"*, Friedrich von Wieser explicou a teoria marginal ou final do valor da seguinte maneira:

> *Um bem não é valorado de acordo com a utilidade que possui atualmente, mas, sim, pelo grau de utilidade que depende de um bem em particular, por exemplo o grau de utilidade que não poderia ser satisfeito caso não se possuísse o bem em questão*[594].

O exemplo de São Bernardino ilustra claramente o ponto de Wieser. Se comparamos o preço da água e do ouro em uma montanha, pode ser o caso de que a falta de água resulte na morte: o grau de utilidade ao qual se deve renunciar é extremo! Por isso, São Bernardino conclui que, nessas condições, a água pode chegar a custar mais do que o ouro[595]. Sem lugar a dúvidas, neste ponto os autores escolásticos foram precursores da economia austríaca[596]. Baseando sua teoria na utilidade, na escassez e na estima, apresentaram todos os elementos necessários para explicar o valor dos bens econômicos. Eugen von Böhm-Bawerk disse que um dos problemas teóricos de

---

[594] WIESER, F. "The Theory of Value: A Reply to Professor Macvane". *Op. cit.*, p. 315.
[595] BERNARDINO. *Opera omnia.* "*Secundum aestimationem fori ocurrentis, secundum quid tunc res, quae venditur, in loco isso communiter valere potest*". Livro II, Sermão XXXIII, p. 319.
[596] Bernard W. Dempsey destacou que os escolásticos tardios argumentaram contrariamente à teoria objetiva do valor econômico com *"objeções semelhantes às utilizadas pela Escola Austríaca contra a análise clássica dos custos"*. Ver: DEMPSEY, B. W. "Just Price in a Functional Economy". *American Economic Review*, Vol. 25 (September 1935). p. 483.

maior importância para um economista é o de resolver *"a relação entre o preço de mercado de um dado bem e a estima subjetiva que os indivíduos dele realizam, de acordo com seus diversos desejos e inclinações por um lado, e sua riqueza e seus rendimentos por outro lado"*[597]. De acordo com ele, os preços (ou o valor objetivo) são *"resultado das diferentes estimas subjetivas dos bens, realizadas pelos compradores e vendedores de acordo com a lei da utilidade final"*[598].

Os doutores concordavam em que o governo tem o direito de estabelecer preços legais. Não estavam de acordo, contudo, na conveniência de tais controles de preços. Baseando seus argumentos em pontos de vista utilitaristas, muitos economistas modernos não apresentam objeções ao direito da autoridade para fixar preços. Em troca, e de maneira semelhante a Azpilcueta, Molina ou Villalobos, argumentam que a fixação de preços não é um meio idôneo para conseguir bons resultados, e seria melhor viver sem eles[599]. Muitos liberais aceitam os impostos como uma inevitável restrição à propriedade privada, porém necessários para protegê-la. Contudo, consideram que os preços oficiais são uma restrição inadmissível ao direito de propriedade.

Nos casos em que o preço legal era injusto, os escolásticos eram categóricos: tais preços não obrigam em consciência. Seria estranho para estes autores condenarem a priori todas aquelas transações que

---

[597] BÖHM-BAWERK, E. "The Austrian Economists". *Annals of the American Academy of Political and Social Science*, Vol. I (1891): 361-384. Reimpresso em: GHERITY, J. A. (Ed.). *Economic Thought: A Historical Anthology*. New York: Random House, 1969. p. 288.
[598] Idem. *Ibidem*, p. 289.
[599] Ludwig von Mises defendeu a teoria de que os preços fixados pelo governo não são propriamente preços.

ocorrem na economia informal ou subterrânea[600]. Todo preço legal que não cobrisse os custos de produção era considerado injusto. Os escolásticos eram extremamente condescendentes com aqueles que violavam tais preços. Justificavam, inclusive, que se diminuísse o peso ou a qualidade de um produto para, dessa maneira, compensar a injustiça dos preços arbitrários[601].

Para a maioria dos autores liberais, um intercâmbio é considerado justo se os participantes agem de maneira livre e voluntária. Os autores escolásticos tinham uma postura semelhante, porém diferiam na definição de "ato voluntário". Para estes últimos, a inexistência de coerção não era suficiente para demonstrar que as partes atuaram voluntariamente. Seus argumentos baseavam-se no ditame aristotélico de que ninguém sofre dano voluntariamente (*volenti non fit injura*). Esta frase pode dar lugar a duas interpretações. A perspectiva ex ante abre espaço para julgamentos do tipo *"se fizeste esta transação voluntariamente, é porque pensavas ganhar; e, se a seguir descobres que não te convinha, não tens muito direito para te queixares"*[602]. A interpretação ex post, muito menos frequente, possibilitaria raciocínios do tipo "se depois de uma troca observas que te prejudicou, é claro que a transação foi involuntária, já que ninguém sofre prejuízos voluntariamente". Análises escolásticas determinavam que, em certos casos, a ignorância do comprador ou do vendedor pode tornar um intercâmbio involuntário. Embora reconhecessem o direito a lucrar devido ao conhecimento melhor do mercado, condenavam aqueles que obtinham vantagens dos consumidores ignorantes.

---

[600] Sobre as causas da economia subterrânea, ver o magnífico livro de DE SOTO, H; GHERSI, E. & GHIBELLINI, M. *El otro sendero: la revolución informal*. Lima: El Barranco, 1987.
[601] ESCOBAR Y MENDOZA. *Universae theologiae moralis*. Livro 39, cap. 1, p. 159.
[602] A admoestação de De Soto aos trabalhadores descontentes com seu salário é um julgamento deste tipo.

Os autores escolásticos tardios eram unânimes em sua condenação dos monopólios[603]. É importante notar que tais autores não condenavam os monopólios *per se*. O tamanho grande ou ser a única empresa ou negócio em um ramo particular da produção ou do comércio não eram argumentos suficientes para censurar a ação de uma companhia em particular. Condenavam atividades monopolísticas daqueles que tinham um privilégio oficial e daqueles que, secretamente, conspiravam para acumular toda a oferta de uma mercadoria[604].

Os escolásticos tardios notaram que toda vez que o rei permitia um monopólio, concedendo um privilégio exclusivo, abriam-se as portas para o abuso nos preços. É por isso que, nessas circunstâncias, reclamavam que a autoridade fixasse preços justos. A única regra que puderam manter era a política de fixar preços que cobrissem os custos, mais uma porcentagem de lucros (*cost plus*). Esta mesma regra é a que se usa, hoje em dia, para determinar os preços dos serviços e produtos da maioria das empresas governamentais ou paragovernamentais que contam com um privilégio monopolístico. De acordo com Raymond de Roover, não restam dúvidas de que as teorias da conspiração que fundamentam a legislação antimonopolística moderna tiveram sua origem nas doutrinas medievais do preço justo[605].

Hugo Grotius sustentou uma teoria monopolística muito semelhante à dos autores católicos, condenando-os porque violavam a lei natural. Os únicos monopólios que poderiam ser permitidos seriam:

---

[603] ROOVER, R. "Scholastic Economics". *Quarterly Journal of Economics. Op. cit.*, p. 184. Ver, também: HÖFFNER, J. *Wirtschaftsethik und Monopolie im Funfzehnten und Sechzehnten Jahrhundert.* Jena, 1941, p. 107.

[604] HÖFFNER, J. "Estática y dinámica en la ética económica de la filosofía escolástica". *Investigación económica*, México, Vol. 18 (1958). p. 653.

[605] ROOVER, R. "Monopoly Theory prior to Adam Smith". *Op. cit.*, p. 523-524. Existe, entretanto, uma grande diferença entre a doutrina antimonopolista da escolástica tardia e a dos autores da segunda metade do século XX. Entre estes últimos, é comum encontrar a postura de que o tamanho grande e a posição dominante de uma empresa em um mercado são sinônimos de práticas monopolistas injustas.

1) Aqueles estabelecidos pelo rei para uma causa justa e cujos preços eram fixados;

2) Os monopólios que não cobravam além do preço justo[606].

Dos quatro tipos diferentes de monopólio descritos pelos escolásticos[607], Samuel von Pufendorf considerava que os únicos que deveriam ser tidos propriamente como tais eram aqueles estabelecidos por lei:

> *No sentido próprio do termo, um monopólio não pode ser estabelecido pelos cidadãos privados, porque precisa da força do privilégio. Pois como pode um cidadão que não tem direito de ordenar e que não pode usar a força proibir que outros, cidadãos como ele, negociem com um tipo especial de mercadoria?[608]*

Os particulares podem somente estabelecer monopólios espúrios mantidos com base em *"fraudes e conspirações clandestinas"*. Pufendorf anotou as ações que poderiam gerar tais *"monopólios"*:

1ª) Impedir que outros cidadãos se aproximem do lugar na qual a mercadoria em questão é barata;

2ª) Dificultar que outros levem suas mercadorias ao mercado;

3ª) Tentar reter a totalidade da oferta[609].

---

[606] GROTIUS. *De jure belli ac pacis libri tres*. Livro II, cap. 12, 16; II, 353; I, 233-234. Ver também: ROOVER, R. "Monopoly Theory prior to Adam Smith". *Op. cit.*, p. 522.
[607] Ver a análise na sexta seção do Capítulo VII.
[608] PUFENDORF. *De jure naturae*, p. 739.
[609] Idem. *Ibidem*, p. 740.

Condenava todos aqueles mercadores que utilizavam estes meios para poder vender a "preços injustos". Também censurava os trabalhadores e artesãos que acordavam secretamente não vender seus serviços abaixo de um preço determinado[610]. Embora estivesse baseada no pensamento escolástico tardio, a análise de Pufendorf parece estar mais de acordo com as conclusões do liberalismo clássico. Os liberais do século XX geralmente condenam somente aqueles monopólios estabelecidos por leis que restringem a liberdade de entrada a um mercado em particular ou que concedem um privilégio exclusivo que torna a concorrência impossível (o que pode acontecer com as isenções impositivas ou os subsídios diretos). A maior parte dos analistas modernos concorda que a coerção ou a fraude tornam uma troca involuntária, mas, nos casos em que um monopolista se aproveita da ignorância alheia, há diversidade nos julgamentos[611].

O pensamento contemporâneo pode questionar algumas das recomendações de política econômica dos escolásticos (a aceitação de controles de preços e a condenação dos monopólios). Isto é verdade tanto para os que compartilham quanto para os que divergem dos princípios teóricos dos escolásticos. Este questionamento, entretanto, não desmerece as várias contribuições destes autores.

---

[610] Idem. *Ibidem*.
[611] De um ponto de vista estritamente positivo, o conhecimento é um bem escasso e, como tal, tem um preço de mercado. Embora isto seja correto, nenhum moralista que se preze de ser cristão pode assegurar que lucrar com a ignorância alheia é sempre justo. O livre-arbítrio, *per se*, não faz com que um ato econômico (ou outra ação humana) seja moralmente justificável. Os seres humanos podem, livremente, escolher o mal.

6 - A Concepção Escolástica da Justiça Distributiva: Uma Comparação com as Perspectivas Liberais Modernas

Atualmente, é comum confundir a ideia de uma "distribuição justa da riqueza" com o conceito de "justiça distributiva". Enquanto o primeiro termo se refere às posições patrimoniais dos indivíduos que integram uma sociedade (a quantidade de bens que os indivíduos possuem), o segundo remete-se (ao menos na concepção aristotélico-tomista) à justa distribuição dos bens comuns. Autores do calibre de F. A. Hayek (1899-1992) e Robert Nozick (1938-2002) criticam o ideal que se esconde por trás do primeiro conceito. Costumam negligenciar o fato de que, existindo bens comuns, sempre haverá lugar para a justiça distributiva, ou seja, para que se estabeleçam regras justas referentes à distribuição e à manutenção dos bens públicos.

Nas economias privatistas, apenas pode haver redistribuição onde previamente ocorre o confisco. Não se pode negar de que os impostos podem ser considerados, sob muitos pontos de vista, como um confisco (este termo vem da palavra latina *confiscare*, de *cum*, com, e *fiscus*, o fisco, e significa privar alguém de seus bens e aplicá-los ao fisco). Na concepção do Estado ideal de Nozick e Hayek, há espaço para os impostos. Então, não se pode concluir que os impostos devem ser cobrados de acordo com um critério de justiça e que este critério é distinto da justiça comutativa? Não se pode, então, concluir que a atribuição (distribuição) destes fundos deve se realizar seguindo algum princípio de justiça?

Os bens e serviços que se criam no mercado não são primeiramente produzidos e a seguir distribuídos. Parte desses bens, entretanto, é confiscada (passa ao poder do fisco) e a seguir é distribuída, alocando-se para a provisão de certos serviços prestados à margem do mercado. Estes bens, como está claro, devem ser proporcionados de uma maneira justa. Ludwig von Mises, por exemplo, critica as políticas impositivas "discriminatórias". Por acaso este conceito não é semelhante ao de "acepção" utilizado pelos escolásticos?

"O que defendemos", nos diz Hayek, *"é que o que o governo realize esteja em conformidade com a justiça"*[612]. Tal julgamento não difere da posição escolástica. Hayek, em outro parágrafo, aceita um princípio que, para "nossos" autores, seria de justiça distributiva:

> *A existência de uma organização governamental coativa e as normas pelas quais ela se rege permitem que, na justiça, possa se gozar do direito de participar nos serviços do governo, e inclusive justificar a aspiração a uma codeterminação equitativa do que o governo deva fazer*[613].

Estas relações do "todo" (governo) com as partes devem ser realizadas respeitando-se os critérios da justiça distributiva. Hayek começa seu capítulo sobre a justiça "social ou distributiva" com uma crítica de David Hume (1711-1776): *"Tamanha é a incerteza quanto ao mérito, tanto por sua nebulosidade natural quanto pelo alto conceito que cada indivíduo tem de si mesmo, que nenhuma norma de conduta pode nele se basear"*[614]. O economista austríaco inclui esta citação para assinalar o caráter subjetivo e incerto do conceito de mérito. Entretanto, não existe nenhum padrão objetivo e preciso para determinar qual é a forma "justa" de manter os bens comuns e suportar as cargas públicas. Os economistas são discrepantes acerca

---
[612] HAYEK, F. A. *Derecho, legislación y libertad*. Madrid: Unión, 1979. Vol. 2, p. 174.
[613] Idem. *Ibidem*.
[614] Idem. *Ibidem*.

de qual é a melhor maneira para determinar o imposto "justo" ou neutro (que não beneficie uns às custas de outros). Com base em qual critério será determinada a quantidade de impostos que cada cidadão terá de pagar? Serão levados em conta sua riqueza, seus rendimentos anuais, seus gastos, ou será aplicado um imposto *per capita*?

Uma coisa é dizer que é difícil atribuir méritos para aplicar critérios de justiça e outra coisa muito diferente é dizer que a ideia de mérito é inadmissível como critério de justiça. O termo "mérito" provém do grego: receber uma parte. Também significa adquirir o direito a uma recompensa, um prêmio ou uma honraria. Conforme assinalamos anteriormente, Hayek está de acordo em que, pelo fato de pagar impostos, adquirimos o direito de utilizar os bens e serviços que o Estado financia com esses fundos. Isso parece enfraquecer sua posição contrária à utilização do mérito como critério de justiça. A determinação dos princípios e as regras por intermédio das quais se decide a adjudicação destes direitos faz parte da justiça distributiva.

Voltando ao tema dos impostos, é doutrina comum entre os economistas que a estrutura impositiva nunca será neutra e sempre beneficiará uns às custas de outros. Diferentes tipos de impostos, além disso, terão efeitos díspares nos rendimentos e nos patrimônios dos indivíduos. Por causa disso, as discussões acerca do imposto ideal implicam uma discussão de justiça distributiva. Sem realizar julgamentos morais, não somente será difícil, mas, sim, será impossível provar que um imposto deve ser preferido a outro.

Do ponto de vista técnico, é possível, em troca, concluir que, para conseguir um determinado objetivo, um tipo de imposto pode ser mais econômico ou conseguir o objetivo mais rapidamente do que outro. Contudo, desta conclusão não podemos deduzir que, portanto, tal imposto também deve ser preferido por motivos de justiça.

Por um lado, podemos compartilhar da ideia de que o justo é aquilo que a maioria da população ou a autoridade estabelecida define como tal[615]. Por outro lado, podemos adotar a posição escolástica de que, para que os impostos sejam justos, eles devem estar de acordo com os princípios da justiça distributiva que emanam de um entendimento correto da natureza humana. Esta perspectiva pode partilhar da preferência dos economistas liberais por um sistema impositivo "neutro", porém não pode ser justificado com uma análise puramente positiva. Aqueles que, por intermédio da razão, pretendem justificar a cobrança de impostos, forçosamente precisarão recorrer a uma concepção de mérito e à de justiça distributiva[616].

Se desejamos nos aferrar à postura de que o mérito não se pode utilizar como regra de justiça porque não pode ser mensurado, devemos também abandonar toda tentativa de pretender justificar a cobrança de impostos (já que, sem falar em mérito, é impossível falar de justiça impositiva). F. A. Hayek critica John Stuart Mill (1806-1873) por assinalar que *"se considera universalmente justo que cada pessoa receba o que merece (seja bom ou mau) e injusto que receba um bem, ou que se lhe faça sofrer um mal que não merece"*[617]. Assinala, ademais, que Stuart Mill, ao relacionar o conceito de justiça social e

---

[615] Os autores da escolástica hispânica favoreciam a regra da maioria como princípio diretor da legislação, porém em nenhum momento assinalaram que ela pode servir como padrão de justiça, já que a legislação pode ser injusta (e, portanto, pode não obrigar em consciência).

[616] Economistas do calibre de Murray N. Rothbard consideram que os impostos (pagamentos involuntários a uma autoridade coercitiva) são injustos *per se*. Ver, por exemplo, ROTHBARD, M. *For a New Liberty: A Libertarian Manifesto. Op. cit.* Em uma sociedade em que toda propriedade é privada, a justiça distributiva somente compreenderia a distribuição de bens privados possuídos em comum. Se os impostos são considerados como um confisco injusto, a distribuição da arrecadação impositiva (os bens roubados) também será injusta, a não ser que cada pessoa receba a mesma quantidade que perdeu em impostos (em cujo caso os impostos seriam inúteis).

[617] MILL, J. S. *El utilitarismo*. Madrid: Aguilar, 1980. p. 83.

distributiva com o "tratamento" que a sociedade concede aos indivíduos de acordo com seus méritos correspondentes, cria um significado de justiça que conduz a um autêntico socialismo[618]. O parágrafo de Mill é como segue: *"A sociedade deve tratar igualmente bem aqueles que contraíram méritos iguais com ela... Este é o princípio abstrato mais elevado da justiça social e distributiva"*.

Hayek reconhece que o conceito de justiça que critica difere do conceito escolástico[619], porém combate fortemente o conceito moderno de justiça social. Muitos autores identificam a justiça social com a justiça distributiva, mas nem todos utilizam esta terminologia. Luigi Taparelli D'Azeglio, S.J. (1793-1862) foi um dos primeiros a utilizar o termo justiça "social" em uma acepção que pode ser compatível com o pensamento clássico-liberal.

"Da ideia do direito nasce espontaneamente a de 'justiça social' [...] *A 'justiça social' é, para nós, justiça entre 'homem e homem'"*. Esclarece que considera o *"homem"* em abstrato, o *"homem considerado quanto aos 'meros dotes' que entram na ideia de 'humanidade', do homem considerado como animal racional"*[620].

A partir deste ponto de vista, a relação entre homem e homem é de perfeita igualdade, já que ambos participam da essência humana. Daqui, conclui-se que *"a justiça social deve igualar, de fato, todos os homens no que diz respeito aos 'direitos de humanidade'"*, já que o Criador nos fez iguais em natureza.

Os homens, embora sejam iguais em essência, diferem entre si no que se refere à sua individualidade e à sua personalidade. Devido

---

[618] HAYEK, F. A. *Derecho, legislación y libertad. Op. cit.*, p. 114.
[619] Hayek menciona e cita as obras de Luis de Molina, Juan de Salas e Juan de Lugo.
[620] TAPARELLI D'AZEGLIO, S.J. Luigi. *Ensayo teórico de derecho natural apoyado por los hechos*. Madrid: Ortiz y Lara, 1866-1868. p. 353-54.

a tal desigualdade, Taparelli pergunta-se o que fazer quando *"dois ou mais indivíduos associados para uma finalidade comum [...] disputam entre si por algum ofício ou preeminência. Darás para todos, nesse caso, o que dás a algum deles?"*. Responde que isto seria ridículo e impossível de executar. Como se consegue a justiça nestes casos? De acordo com o autor, ela é alcançada equiparando *"os ofícios às capacidades, as recompensas aos merecimentos, os castigos às faltas e a ordem real às proporções ideais dos meios com o fim"*[621].

O reverendo William J. Ferree (1904-1985) realizou, há mais de sete décadas, uma análise da justiça social que é digna de se voltar a estudar[622]. Ferree baseia muitos de seus raciocínios na obra do Papa Pio XI (1857-1939), especialmente na encíclica *Quadragesimo anno,* promulgada em 15 de maio de 1931. Começa esclarecendo que o princípio fundamental de que "não roubarás" deve permanecer imutável, porém que existiram e existem regimes de propriedade muito diferentes[623]. Dada a natureza humana, todo sistema legal será imperfeito.

De acordo com Ferree, o conceito de justiça social utilizado por Pio XI é semelhante aos antigos conceitos de "justiça legal" ou "justiça geral". Segundo ele, este tipo de justiça é a virtude que tem o bem comum como objeto direto.

O primeiro exemplo indicado por Ferree é o do ponto 71 da *Quadragesimo anno,* no qual Pio XI assinala que se deve pagar a cada trabalhador um salário suficiente para sustentar a si mesmo e à sua família. Conforme Ferree, isto não significa que o Sumo Pontífice demanda um *"salário familiar"*, mas, sim, que reclama uma reorganização do sistema. *"Porque é o sistema como um todo que está mal*

---
[621] Idem. *Ibidem*, p. 357.
[622] FERREE, W. *Introduction to Social Justice*. New York: Paulist Press, 1947.
[623] Idem. *Ibidem*, p. 7.

organizado (socialmente injusto) quando priva os seres humanos de poderem prover suas necessidades comuns da maneira adequada".

A justiça social define-se como a organização que tem por objeto o bem comum. Pio XI referia-se a ela como uma justiça que vai além da justiça dos tribunais[624]. Em sua visão, a lei é uma destas instituições que se criam para o bem comum pela justiça social.

A justiça social, mediante uma organização adequada do sistema industrial, torna possível que sejam pagos salários "justos". No entanto, isto não significa, acrescenta Ferree, que o pagamento de um determinado salário seja devido à justiça "social". O pagamento de um salário justo somente pode ser requerido mediante a justiça comutativa: *"a justiça social não cria um direito adicional para reclamar um salário 'justo' independentemente das circunstâncias".* Ademais, a criação destas instituições não é função de um tirano, um partido ou um indivíduo isolado, mas, sim, da sociedade em seu conjunto.

Como podemos julgar se um ordenamento social específico está estruturado com base no respeito pelos princípios da justiça social? Ferree esclarece corretamente que o único critério utilizado por Pio XI é o de que, *"pelos frutos, conhecerás"*[625]. Se utilizamos este critério para comparar níveis de vida, possibilidades de emprego e capacidade de poupança, indubitavelmente as sociedades que mais respeitam a propriedade privada também são as que mais respeitam a justiça social.

Levando a análise de Ferree a termos mais concretos, podemos imaginar um típico país do terceiro mundo no qual os entraves, os impostos, as regulações e o protecionismo impedem o desenvolvimento econômico. Um empresário isolado pouco pode fazer para mudar esta situação. É necessário remover os obstáculos, conseguir uma mudança

---
[624] Idem. *Ibidem*, p. 17.
[625] Ver: PIO XI. *Divini redemptoris*. (19 de março de 1937).

institucional. Para isso, é necessária a ação de um grupo e a mudança das leis que afetam a sociedade em seu conjunto.

Este conceito de justiça social envolve, porém não se identifica, [com] o conceito escolástico de justiça distributiva. Ferree rebate aos que acreditam que *"a justiça distributiva é a virtude que avalia quem deveria pagar os impostos enquanto a justiça social é a virtude de pagá-los"*. Ambas essas ações, conclui Ferree, são distributivas e apenas se tornam justiça social quando promovem o bem comum.

O conceito de justiça distributiva é utilizado pela maioria dos autores modernos de uma maneira distinta da dos escolásticos. Todos os bens, e não somente os bens comuns, parecem ser objeto desta justiça. É assim que as teorias da justiça do já mencionado Robert Nozick[626] e de John Rawls (1921-2002)[627] tratam este conceito.

A doutrina de Rawls pode ser explicada da seguinte maneira. Imaginemos um grupo de indivíduos que não cooperam entre si e que vivem com seu próprio esforço. Chamemos este grupo de H. E chamemos de S à soma total dos rendimentos deste grupo. Se cooperassem entre si poderiam obter T, uma soma total maior. Para Rawls, a alocação e a distribuição do produto T (que é fruto da cooperação) constitui o problema da justiça social distributiva.

Os autores escolásticos têm, como já vimos, uma perspectiva distinta. O objeto de distribuição seria somente o conjunto dos bens comuns e cargas públicas necessárias para passar para uma situação de cooperação. Grande parte dos benefícios da cooperação $(T-S)$ vai parar nas mãos dos indivíduos sem que exista nenhuma autoridade encarregada da distribuição. Os custos e a alocação dos

---

[626] NOZICK, R. *Anarchy, State and Utopia*. Oxford: Basil Blackwell, 1980.
[627] RAWLS, J. *A Theory of Justice*. Harvard: Harvard University Press, 1971. p. 4.

recursos nas mãos da autoridade (que, com sua função, deveria facilitar a cooperação social) são, para os escolásticos, objeto da justiça distributiva.

Existe uma acentuada diferença entre a concepção escolástica de justiça distributiva e as ideias de John Rawls. As críticas que este último faz à distribuição que resultaria de um sistema de liberdade natural pode nos servir de exemplo. De acordo com Rawls, a distribuição que resulta de um ordenamento fundamentado em uma economia de mercado livre e na igualdade perante a lei será "incorreta". Neste sistema, o efeito acumulado de distribuições prévias de bens, as circunstâncias sociais, os acidentes ou a boa sorte modificarão as *"participações distributivas"*[628].

As modificações patrimoniais, fruto destes "acidentes", dificilmente seriam catalogadas pelos escolásticos como incorretas. À primeira vista, pareceria que aceitariam a recomendação de Rawls de que "aqueles que se encontram no mesmo nível de talento e capacidade, e que estão igualmente dispostos a fazer uso deles, devem ter as mesmas perspectivas de êxito, independentemente da classe na qual nasceram". Mas também se oporiam a ela, pois, tal como reconhece Rawls, para que isto fosse possível, seria necessário modificar radicalmente a ideia de família, e isto seria repudiado pelos escolásticos. Por acaso deveria ser proibido que os membros de uma família favorecessem e privilegiassem as relações e a colaboração mútua com os membros da mesma família?

A fortuna social e o sorteio de habilidades naturais, que tanto preocupava Rawls[629], não representam nenhum problema para a teoria

---

[628] RAWLS, J. "Justicia distributiva". *Estudios* públicos, N. 24 (Primavera de 1986). p. 67.
[629] NOZICK, R. *Anarchy, State and Utopia. Op. cit.*, p. 185.

escolástica. Ao questionamento de Nozick de por que razão a cooperação social cria o problema da justiça distributiva[630], os escolásticos responderiam dizendo que, em geral, a cooperação social implica a aparição de bens comuns (bens em propriedade comum) e que, ao existirem bens comuns, eles devem ser distribuídos de acordo com critérios de justiça distributiva. Geralmente, surgem regras comuns para promover e proteger a cooperação social. Estas regras precisam de instituições que as façam cumprir. Tais instituições estarão a cargo de homens que precisarão de recursos econômicos que devem provir daqueles que conformam a sociedade em questão. A arrecadação destes recursos econômicos, assim como sua alocação, deve ser realizada seguindo algum critério de justiça distributiva. Isto não desmente o fato de que costuma ser mais difícil determinar o que é o justo no campo das distribuições do que no campo das comutações. Devido, em parte, a esta dificuldade, é aconselhável que os bens comuns sejam tão somente uma pequena posição do total de bens que existam em uma sociedade. O conceito moderno de justiça distributiva (que é função da "sociedade" determinar os rendimentos de todos os cidadãos) é incompatível com uma ordem social baseada no respeito pela propriedade privada.

Vários temas de grande atualidade podem ser iluminados pelos princípios corretos de justiça distributiva e social. Alguns dos mais relevantes que vêm à minha mente são:

> *1) A tentativa de modificar as constituições nacionais para conseguir uma melhor convivência, como a tentativa de incorporar uma cláusula à Constituição dos Estados Unidos que obrigue a manter um orçamento equilibrado;*

---

[630] Idem. *Ibidem*, p. 68.

2) O movimento contrário à discriminação racial ou sexual por parte dos governos;

3) A privatização mediante a distribuição de ações.

Os autores da escolástica tardia abordaram o tema da conveniência dos orçamentos equilibrados[631] e também condenaram a discriminação. Os escolásticos estariam a favor da promulgação de leis que impeçam a discriminação ou o favoritismo por parte das autoridades. Não favoreceriam, contudo, leis que impeçam o favoritismo ou a discriminação na utilização da propriedade privada. Um príncipe que intencionalmente nomeia um incompetente para um cargo público poderia estar violando a justiça distributiva. Um empresário de uma empresa privada que realiza esta mesma ação, ou que discrimina entre seus clientes, poderia ser pouco caridoso, mas não estaria necessariamente violando a justiça distributiva[632].

As teorias acerca da justiça distributiva, expostas neste ensaio, podem servir em nossa argumentação a favor de um governo limitado. A enorme dificuldade para estabelecer o que é o justo em nossas relações com o governo (especialmente dada a natureza coercitiva dos impostos) consiste em uma razão a mais para limitar a atividade do governo.

Mediante a perspectiva liberal, a teoria escolástica da justiça distributiva dá-nos uma resposta somente parcial ao problema. Se a justiça distributiva tem como objeto regular a distribuição de bens

---

[631] Ver o Capítulo IV desta obra.
[632] Na perspectiva escolástica, um chefe de família injusto na distribuição de bens familiares também estaria violando a justiça distributiva. A família é vista como um todo cujas partes têm direitos e deveres mútuos. O respeito por estes direitos, contudo, não pode ser forçado mediante a promulgação de leis positivas.

comuns, resta-nos resolver o problema da definição dos bens comuns. Podemos imaginar uma sociedade na qual todos trabalham para o Estado e os salários passariam, então, a ser matéria de justiça (ou injustiça) distributiva.

Os escolásticos responderam a este dilema de maneira mais do que adequada. Em seus tratados, demonstraram que a propriedade, nas mãos privadas, será utilizada de uma maneira mais benéfica para a sociedade do que nas mãos da comunidade[633].

Por isso, favoreciam um governo limitado e impostos reduzidos. Não somente aqueles que acreditam em um governo limitado, mas, sim, aqueles que acreditam em um Estado mínimo devem lidar com o tema da justiça distributiva.

Aqueles que sustentam que os governos coercitivos nunca podem agir de maneira honesta assinalam que a propriedade comum dos bens é justa, desde que este arranjo não seja fruto da violência. O campo da justiça distributiva pode ser muito pequeno em uma sociedade sem governo coercitivo, ou com um Estado mínimo. Entretanto, por menor que seja este campo, é minha opinião que certos princípios de justiça distributiva que estão de acordo com as doutrinas católicas (como as ideias escolásticas, de Taparelli ou de Ferree) continuarão sendo úteis para aquele que buscam estabelecer um ordenamento legal fundamentado no respeito pela pessoa humana.

7 - Os Salários Justos

A teoria escolástica dos salários justos tinha os mesmos vícios e virtudes que sua teoria do preço justo. O aspecto mais positivo de sua análise foi a explicação dos preços dos fatores de produção

---

[633] Ver o Capítulo III desta obra, sobre a propriedade privada.

utilizando uma teoria geral. Reconhecendo que o preço dos fatores de produção é determinado pelas forças do mercado, os doutores trataram o preço do trabalho (salários) do mesmo modo que o preço de outros bens. Concluíram que o salário justo é determinado pela estima comum no mercado, resultado da interação entre a oferta e a demanda de trabalho[634].

A cadeia de raciocínio em Pufendorf era muito semelhante. Em seu *De jure naturae* [*Sobre o Direito Natural*], escreveu: *"O aluguel e o arrendamento, pelos quais em troca de um preço se fornece a outro a utilização de um bem ou de serviços laborais, são semelhantes à compra e à venda e governados praticamente pelas mesmas regras"*[635]. Sua perspectiva também era muito realista, pois acrescentou que *"quem quer que seja empregado estando previamente sem trabalho deverá se contentar com um salário modesto, enquanto aqueles cujos serviços são bastante solicitados poderão valorá-los mais"*[636].

Os escolásticos tardios não tinham uma visão pessimista acerca da influência da oferta e da demanda trabalhistas sobre os salários. Turgot, por outro lado, foi um dos primeiros a escrever que os trabalhadores estão condenados a receber salários de subsistência. De acordo com ele, *"em distintos ramos de ocupações, não pode deixar de ocorrer, e de fato ocorre, que os salários dos trabalhadores estão limitados pelo que é necessário para lhes proporcionar uma subsistência"*[637].

---

[634] ROOVER, R. *San Bernardino of Siena and Sant'Antonino of Florence*. Op. cit., p. 741.
[635] PUFENDORF. *De jure naturae*. p. 741.
[636] Idem. *Ibidem*, p. 742.
[637] TURGOT. "Refléctions sur la formation et la distribution des richesses". *Op. cit.*, p. 8. De acordo com este proeminente economista francês, a competição entre trabalhadores é o fator que limita seus salários a níveis de subsistência.

Os autores liberais clássicos também utilizaram a análise da oferta e da demanda para analisar a determinação dos salários. Seus raciocínios não se limitavam à oferta e à demanda laboral. David Ricardo (1772-1823), por exemplo, raciocinou que o preço natural é

> *o necessário para possibilitar aos trabalhadores subsistir e perpetuar sua raça, sem aumento nem diminuição. [...] aumentará com uma elevação do preço dos alimentos e das coisas necessárias e convenientes requeridas para o sustento do trabalhador e da sua família*[638].

Algumas décadas antes, Adam Smith desenvolvera uma teoria salarial que continha os rudimentos de uma teoria do mínimo de subsistência[639]. A transcrição das aulas de Adam Smith apresenta-nos a este dizendo que o preço natural do salário é estabelecido quando compensa exatamente o suficiente para sustentar a pessoa, recompensar os gastos de educação, o risco de falecer antes de recuperar seu investimento e a possibilidade de fracasso[640]. Smith também apoiou a ideia de um fundo de salários (destinar uma porção do capital para sustentar os trabalhadores), conceito desenvolvido a seguir mais extensamente por John Stuart Mill[641].

Ganhos, salários e aluguéis eram tema de justiça comutativa. Hoje em dia, há quem considere que estes são típicos assuntos da justiça distributiva[642]. Os autores clássicos analisaram a produção e

---

[638] RICARDO, D. *Princípios de economía política y tributación*. Madrid: Ayuso, 1973. p. 97.
[639] SMITH, A. *La riqueza de las naciones*. Op. cit, p. 71; SCHUMPETER, J. *Historia del análisis económico*. Op. cit, p. 232.
[640] SMITH, A. *Lectures on Jurisprudence*. Op. cit., p. 355; 495.
[641] SCHUMPETER, J. *Historia del análisis económico*. Op. cit, p. 232.
[642] Ou como pertencentes a um ramo da ainda mais equívoca "justiça" social.

a distribuição de maneira muito diferente, mencionando que ambos os fenômenos são governados por leis diferentes. É possível que tal maneira de tratar os preços dos fatores de produção de maneira muito diversa dos preços dos bens de consumo tenha influenciado no tratamento legal diferente de cada um deles[643].

O raciocínio de Adam Smith sobre a disparidade salarial assemelhava-se muito ao de São Bernardino de Siena. Os salários serão influenciados pela dificuldade de aprender a arte, as condições de trabalho e a honra de levar a cabo tais tarefas[644]. Sempre tenderá a haver diferenças entre os salários de um simples ferreiro com o de um fabricante de relógios. Enquanto o primeiro não precisa saber ler nem escrever para realizar sua tarefa, o segundo deverá conhecer *"aritmética, um pouco de geometria, trigonometria e astronomia"*[645]. Adam Smith citava Bernard de Mandeville (1670-1733), que atribuía grande importância à escassez como fator determinante dos salários[646].

Estas teorias de Smith parecem coerentes com sua teoria do valor baseada no custo de produção. São Bernardino, que tinha uma teoria do valor distinta, também manifestou que "caeteris paribus, *os trabalhos que demandam mais trabalho, perigos, arte e habilidade são os mais considerados pela comunidade"*[647]. Apesar disso, não é inconsistente que, em uma teoria geral do

---
[643] A influência política da ciência econômica já foi tratada nestas páginas.
[644] SMITH, A. *Lectures on Jurisprudence. Op. cit.*, p. 354.
[645] Idem. *Ibidem*. Para defender sua tese, de que, quanto maior o período de aprendizagem, maior o salário, Smith cita: CANTILLON, R. *Essai sur la nature du commerce en général*, 1755. p. 23-24.
[646] *"É mais comum que a escassez, e não a utilidade, faça aumentar o preço das coisas. Por isso, as artes e ciências mais lucrativas serão aquelas que não podem ser aprendidas senão em um longo período de tempo, com estudos tediosos e aplicação cuidadosa"*. MANDEVILLE, B. *Fable of the Bees.* pt. II, Dialogue VI, p. 423. Na nova edição, ver: MANDEVILLE, B. *Fable of the Bees.* Indianapolis: Liberty Fund, 1988. 2v. Vol. 2, p. 350.
[647] SÃO BERNARDINO DE SIENA. *Opera omnia.* Veneza, 1591. Cap. III, art. 2, p. 338.

valor econômico, fale-se da importância que os custos têm na determinação dos preços[648].

Outra das contribuições escolásticas é a análise de Sylvestre acerca de que os preços dos bens produtivos (*rei fructuosa*) dependem dos rendimentos (*reditus*) que se esperam deles. Tal raciocínio pode ser catalogado como uma teoria implícita da imputação, a mesma utilizada pelos economistas da Escola Austríaca para determinar o valor dos fatores de produção. Friedrich von Wieser ficou marcado como aquele que utilizou, por primeira vez, o termo "imputação" para descrever o conceito de que *"o grau de utilidade determinado pelos meios de produção depende e está fundamentado inteiramente nele"*[649]. Wieser acrescentou que, do ponto de vista da economia austríaca, *"a estima do valor deveria começar como a da utilidade, sobre a qual se baseia, com os produtos, e proceder depois aos meios de produção"*[650]. Wieser aplicou esta teoria para analisar o trabalho e o preço deste. A escassez de trabalhadores e a produtividade deles determinam os salários. É por isso que o fator trabalho pode receber uma recompensa inclusive quando não requer "gasto ou esforço algum". De acordo com Wieser, a estima humana é um elemento essencial na teoria do valor e do preço (inclusive o preço do trabalho). Um fator de produção perde valor assim que seus frutos deixam de ser estimados[651].

Wieser julgou de extrema importância que o valor das propriedades e os poderes produtivos antecipe o valor total esperado dos bens por estes produzidos[652]. Nos casos em que os bens produzidos

---

[648] De acordo com Friedrich von Wieser, os custos *"não são mais do que uma forma complicada do valor em uso"*. WIESER, F. "The Theory of Value: A Reply to Professor Macvane". *Op. cit.*, p. 319.
[649] Idem. *Ibidem*, p. 316.
[650] Idem. *Ibidem*.
[651] Idem. *Ibidem*.
[652] Idem. *Ibidem*, p. 321-22.

não podem ser vendidos, os contratos salariais devem ser cumpridos, recaindo a perda naquele que contratou os fatores de produção. Da mesma maneira, se os bens podem ser vendidos com grande lucro, é o empresário quem tem direito a ele. Portanto, a não ser que o contrato estipule o contrário, não tem obrigação de compartilhá-lo com os fatores de produção.

Tanto Adam Smith quanto os escolásticos criticaram igualmente as práticas injustas de empregados e empregadores no mercado de trabalho. Embora Smith, assim como Santo Antonino, tenha aceitado a legalidade dos salários pagos em espécie, o economista escocês considerou justas e equitativas as leis que obrigavam os empregadores a pagar os salários em dinheiro. Este requisito poderia ser evitado somente se existisse conformidade por parte dos trabalhadores[653].

Em matéria político-econômica, os economistas de mercado, especialmente os da Escola Austríaca, somente favorecem a coerção estatal quando esta tem como objetivo os direitos da vida e da propriedade. Todos se opõem aos esforços de trabalhadores ou empregadores para fixar salários em níveis diferentes dos do mercado. É por isso que a maioria se considera oposta às atividades coercitivas dos sindicatos. Não se condenavam, em geral, os sindicatos em si mesmos, e diversos autores clássicos olhavam com maior desprezo as confabulações de empregadores do que as de trabalhadores[654].

O conceito de salário familiar ganhou grande importância nas discussões de política econômica. Os doutores foram explícitos em

---

[653] De todos os escolásticos, Santo Antonino de Florença foi quem analisou com mais detalhes as práticas trabalhistas injustas. Opôs-se firmemente ao pagamento de salários com bens quando o contrato estipulava pagamentos em moeda. *Summa de confessio*, p. CXVII e CXVIII. (Esta antiquíssima e diminuta edição dos aspectos relevantes da obra de Santo Antonino encontra-se na Catedral de Toledo, na Espanha. Os mesmos julgamentos aparecem em sua *Summa theologica*, pt. II, título I, cap. 17).

[654] Ver: SENNHOLZ, H. F. "Ideological Roots of Unionism". *The Freeman*, 34 (February 1984): 107-20.

suas críticas à proposição de que o salário justo deveria determinar-se tendo em conta as necessidades do trabalhador e da sua família. Não ignoraram o tema do salário familiar. Rejeitaram-no com fundamento no fato de ele contradizer sua postura de que o salário justo era o estabelecido pela estima comum na ausência de fraude[655]. Os economistas liberais também estão de acordo com este princípio de que o trabalhador não pode se queixar de injustiça se recebeu um salário igual ao livremente pactuado entre ele e o empregador[656].

8 - Lucros

Os escolásticos medievais trataram o tema dos lucros e da remuneração do trabalho em capítulos diferentes de suas obras. Contudo, às vezes consideraram como lucros atividades que a maioria dos economistas contemporâneos consideraria como salários. Estes últimos definem como lucro puro, ou benefício empresarial, a recompensa pelo trabalho empresarial de antecipar corretamente os desejos dos

---

[655] Ver: WEBER, W. *Wirtschaftsethik am Vorabend des Liberalismus*. Münster: Aschendorf, 1959. Raymond de Roover argumentou que *"o sistema de atribuições familiares nasceu no século XX. Projetá-lo até a Idade Média é um simples anacronismo ou uma ilusão"*. Ver: ROOVER, R. *San Bernardino of Siena and Sant'Antonino of Florence. Op. cit.*, p. 26.

[656] Para aqueles que acreditam na enganosa lenda de que os escolásticos eram apologistas do *status quo*, convém recordar as legislações trabalhistas existentes na Europa medieval. Na Grã-Bretanha de 1563, a Rainha Elizabeth I promulgou seu famoso "Estatuto dos Trabalhadores", legitimando o trabalho forçado. O estatuto contemplava que *"(1) quem quer que tenha trabalhado na terra até cumprir 12 anos de idade será compelido a ali permanecer e a não ir trabalhar com outra coisa; (2) todos os artesãos, serventes e aprendizes que não têm grande reputação em seu campo serão forçados à colheita do trigo; e (3) os desempregados serão compelidos a trabalhar como peões agrícolas. O Estatuto, além disso, proibia aos trabalhadores que renunciassem a seu emprego, a não ser que tivessem um comprovante de que já haviam sido contratados por outro empregador. Além disso, os juízes de paz receberam a ordem de fixar salários máximos fundamentados nas mudanças no custo de vida"*. Citado por ROTHBARD, M. *Essays on Liberty, XI*. Irvington-on-Hudson: Foundation for Economic Education, 1964, p. 182.

consumidores e as condições do mercado. O acerto na estima destes eventos foi um argumento utilizado pelos escolásticos para justificar os lucros como resultado da compra e da venda a preços justos. Citavam o caso de um comerciante que comprava bens onde acreditava serem abundantes para vendê-los, onde estimava obter um preço alto. Suas perdas ou seus lucros dependeriam da certeza de suas expectativas.

Os escolásticos consideravam que o empresário podia ficar com os lucros procedentes de tal comércio sem levar em consideração seus trabalhos e custos. Foram explícitos em sua condenação da ideia de que os custos, o risco e o trabalho empregados eram justificativa suficiente para os lucros. Descartaram a viabilidade dos limites legais para os lucros. Fundamentavam sua posição em seu convencimento de que os ganhos justos eram os provenientes da compra e da venda a preços de mercado. Também por isso se opunham a garantir os lucros acima dos custos. Partindo de sua análise de que a atividade comercial deve estar aberta a lucros e perdas, condenaram como antinatural a ideia de obter lucros sem risco e censuraram os empresários que buscavam cobrir suas perdas com ajuda estatal.

Os autores liberais também condenaram tais atitudes. De acordo com Ludwig von Mises, o empresário,

> *Se pensa no destino de seus descendentes e se quer assegurar e consolidar sua propriedade contra o interesse da comunidade, deve se transformar em adversário da sociedade capitalista e pedir que se estabeleçam restrições de todo tipo à concorrência [...]. Todos os esforços cujo fim seja se opor à formação e ao crescimento dos patrimônios, em particular as medidas que tendem a restringir a liberdade econômica, deveriam ser aprovados pelo empresário, pois são de natureza adequada para*

consolidar, mediante a eliminação de novos competidores, uma receita que, de outra maneira, está obrigada a ganhar na luta diária enquanto a concorrência for livre[657].

Ao declarar que os lucros podem se justificar inclusive nos casos em que eram o resultado de ações imorais, e ao reconhecer como justos certos lucros provenientes do jogo, os escolásticos abriram as portas para a justificativa de todo tipo de atividade empresarial[658]. O mesmo se pode dizer da postura escolástica tardia diante dos lucros que decorrem da prostituição[659].

9 - A Taxa de Juros e a Atividade Bancária

A teoria escolástica do juro não deve ser considerada como um fator decisivo no desenvolvimento de teorias posteriores que justificaram a cobrança e o pagamento de juros. Entretanto, devido à ênfase que colocaram no fato de que *"o dinheiro presente tem mais valor do que o ausente"*[660] e à postura de alguns considerando o dinheiro como um bem produtivo, é possível que tenha promovido uma atitude favorável ao pagamento de juros. Mas eles mesmos esclareciam que seus argumentos eram insuficientes para justificar tais pagamentos.

---

[657] MISES, L. *El socialismo. Op. cit.*, p. 521-22.
[658] Exceto pelo que resulta da cobrança de juros.
[659] Os economistas modernos tratariam os lucros que são fruto da prostituição pessoal como uma remuneração laboral. Os escolásticos utilizaram o termo *lucrum* (lucro) para se referir a esses ganhos.
[660] Seguindo Thomas F. Divine: *"Em 1750, Ferdinando Galiani estabeleceu corretamente a importância da preferência temporal como um fator determinante da taxa de juros. Este conceito, repetido por Anne Robert Turgot, foi completamente desenvolvido em 1880 por Böhm-Bawerk"*. DIVINE, T. F. "Interest". *In: New Catholic Encyclopedia. Op. cit.*

O padre Felipe de la Cruz foi a exceção à regra. Embora De la Cruz tenha sido muito rigoroso e acadêmico em suas citações de autores escolásticos, é impossível catalogá-lo como expoente típico da teoria escolástica do juro.

As ideias de Pufendorf eram muito semelhantes às expostas por De la Cruz. Reconheceu que, graças à habilidade humana, o dinheiro transforma-se em algo extremamente útil para obter bens produtivos[661]. Também não era contrário à natureza das coisas alugar o que é seu[662], inclusive o dinheiro.

Durante seus anos como seminarista, Turgot foi bastante influenciado pelas doutrinas dos teólogos[663]. Estava em desacordo com as condenações da cobrança de juros e dedicou uma seção inteira de sua obra *Des richesses* à refutação das doutrinas escolásticas do juro[664]. Por não abordarem o estudo a partir de uma perspectiva correta, teólogos escolásticos (mais rígidos do que os iluministas) concluíram que a cobrança de juros é um crime. O dinheiro, considerado como uma substância física, não produz nada, porém, utilizando-o para realizar avanços nas atividades empresariais e comerciais, proporciona uma receita[665]. *"Com dinheiro, pode-se procurar um terreno que lhe produz uma receita"*[666].

Para Turgot, a verdadeira justificativa do pagamento de juros era dada pela aplicação do princípio da liberdade de fazer o que se quiser com o que é seu: *"pode-se exigir juros pela mera razão de*

---

[661] PUFENDORF. *De jure naturae*. p. 757.
[662] Idem. *Ibidem*, p. 758.
[663] Turgot recebeu seu título de bacharel em teologia pelo seminário de Saint-Suplice.
[664] TURGOT. "Refléctions sur la formation et la distribution des richesses. Erreurs des scolastiques refutees". *Op. cit.*, p. 165-67.
[665] *"L'argent, considéré comme une substance physique, comme une masse de métal, ne produit rien; mais l'argent employé en avances d'entreprises de culture, de fabriques, de commerce, procure un profit certain"*. Idem. *Ibidem*, p. 166.
[666] Idem. *Ibidem*.

que o dinheiro é seu"[667]. Se aquele que pede emprestado aceita o juro que se lhe cobra, evidentemente ambas as partes pensavam que a transação era conveniente.

Os escritos dos pensadores liberais clássicos John Locke (1632-1704), Adam Smith, David Ricardo e John Stuart Mill deram um grande impulso à legitimação dos juros. Todos consideraram tais pagamentos como um fenômeno natural. Correspondeu aos autores da Escola Austríaca realizar as contribuições mais importantes neste campo. Explicaram que a taxa natural de juros – ou "juro originário", de acordo com Eugen von Böhm-Bawerk – decorre do fato de os seres humanos valorizarem mais um bem no presente do que o mesmo bem no futuro. Esta teoria da preferência temporal considera o juro como algo inerente à natureza humana[668]. Embora muitos anos tenham transcorrido desde sua primeira edição, em 1880, a obra *Kapital und Kapitalzins* [*Capital e Juros*], de Böhm-Bawerk, continua sendo o melhor tratado sobre o tema. Posteriormente, outros economistas austríacos, em especial Ludwig von Mises, melhoraram e desenvolveram ainda mais as teorias de Böhm-Bawerk.

Este último dedicou um capítulo de sua obra às doutrinas medievais e medievais tardias do juro. Citou e criticou Santo Tomás de Aquino e alguns de seus seguidores. Atacou as ideias de Covarrubias y Leiva e relegou a uma obscura nota de rodapé a menção de que os escolásticos teriam determinado que o *"dinheiro presente tem um valor mais elevado do que o ausente"*[669].

---

[667] Idem. *Ibidem*, p. 167.
[668] *"O juro, em última instância, flui da natureza humana. Pessoas de todas as épocas e raças valorizam mais o dinheiro presente do que uma promessa de pagamento no futuro"*. SENNHOLZ, H. F. *Death and Taxes. Op. cit.*, p. 14.
[669] BÖHM-BAWERK, E. *Capital and Interest. Op. cit.* p. 14.

Os trabalhos dos teóricos que mais contribuíram para o avanço da teoria do juro não parecem indicar que os escolásticos tardios tenham tido uma influência positiva. É mais fácil situá-los como proponentes iniciais da grandemente defendida condenação do pagamento de juros[670]. Isso não significa que se possa culpar a escolástica pelo lento progresso da teoria do juro. Não se pode pretender que uma pessoa ou um grupo de acadêmicos encontrem solução satisfatória para todos os problemas que abordam. A pouca habilidade dos escolásticos tardios para formular uma teoria do juro consistente e coerente não desmerece suas outras contribuições. Atitudes desse tipo nos forçariam a não levar em consideração os ensinamentos dos economistas clássicos devido aos erros inerentes à sua teoria do valor.

Embora a falta de resolução do problema do juro tenha levado a uma análise insuficiente da função bancária, alguns dos estudos bancários ainda são de interesse para o economista contemporâneo. A observação de Molina acerca de que a única obrigação legal do banqueiro é a de ter o dinheiro disponível quando algum dos depositantes o reclama assemelha-se a alguns argumentos a favor da livre concorrência bancária e monetária, e contrária aos requisitos legais de reserva mínima. Ainda assim, é difícil falar em liberdade bancária quando os juros são proibidos por lei.

De Roover argumentou que, devido à proibição de emprestar a juros, *"os banqueiros encontraram outro caminho para obter lucros, comerciando no câmbio de moeda estrangeira"*. Reconheceu que, devido à lentidão nas comunicações, a compra de uma letra de câmbio ou a realização de um giro bancário, além de operações

---

[670] MISES, L. *El socialismo. Op. cit.*, p. 429-30.

de câmbio, quase sempre envolviam operações de crédito[671]. Indiscutivelmente, os bancos podem esconder pagamentos de juros dentro de suas operações de câmbio, porém se deve observar que tal tipo de atividades "obscuras" coloca em evidência uma postura contrária ao ato de pedir dinheiro emprestado em troca de um preço. Por esta razão, pode-se compartilhar da conclusão de De Roover: *"A doutrina da usura foi o grande ponto fraco da economia escolástica"*[672].

---

[671] ROOVER, R. "Economic Thought". *In*: *International Encyclopedia of the Social Sciences*. Op. cit. Este mesmo autor também escreveu que tal contrato *"envolvia o adiantamento de fundos em um lugar e seu reembolso em outro, e normalmente em outra moeda. Tecnicamente, não era um empréstimo. Assim, os banqueiros podiam emprestar dinheiro de maneira lucrativa sem serem catalogados como usurários. A prática da usura, portanto, não impediu o desenvolvimento da atividade bancária, porém modificou seu curso, porque as transações de câmbio eram legais e o desconto de documentos não o era".* ROOVER, R. "Scholastic Economics". *Quarterly Journal of Economics*. Op. cit.

[672] ROOVER, R. "Scholastic Economics". *Quarterly Journal of Economics*. Op. cit., p. 173.

Conclusões

É impossível provar que todos os escritos da escolástica tardia favorecessem o livre-mercado. Tampouco podemos concluir dizendo que, para ser um bom cristão, deve-se acreditar na economia livre. O fato de que pessoas santas defendam uma determinada teoria não é garantia de certeza. A análise dos escritos destes autores sugere que os modernos economistas defensores da liberdade econômica têm para com eles uma dívida maior do que a que imaginam. O mesmo podemos dizer a respeito da sociedade livre.

A partir esta perspectiva, o presente estudo omite diversas questões de grande interesse histórico. Por exemplo: se os escritores católicos do fim do medievo eram tão partidários da sociedade livre, por que o capitalismo evoluiu mais rápido nos países com maiorias protestantes? Depois da Revolução Francesa, muitos intelectuais afastaram-se da fé. Ao mesmo tempo, muitos dos crentes rejeitaram "a razão". Podemos chegar à conclusão de que a rivalidade entre a Igreja e "os liberais" se originou nestas posturas tão opostas?

Para a maioria dos autores liberais, a teoria subjetiva do valor é o ponto central da ciência econômica. Declarando que as leis que protegem os direitos de propriedade são fundamentais para a civilização, elevaram a liberdade ao *status* de padrão para todo julgamento ético.

O raciocínio escolástico levava a conclusões semelhantes. Diferiam, isso sim, nas regras a seguir para julgar uma nação eticamente. A liberdade era, para eles, um elemento essencial da ética cristã. Contudo, sabiam que a bondade ou a maldade das ações deveriam ser julgadas com relação ao fim da existência humana: Deus. De acordo com a ética cristã, será boa toda ação que nos aproxime de nosso Criador, e má toda a que nos afaste.

O colapso das economias e dos sistemas políticos fundamentados na falta de respeito aos direitos de propriedade privada indica que as análises dos escolásticos tardios foram, em grande medida, corretas. Lamentavelmente, tais análises também indicam que muitos dos que dizem defender a propriedade privada são os mesmos que acabam por enfraquecê-la. Desde os empresários que se apropriam dos lucros, mas pedem a socialização das perdas às autoridades, até os burocratas que, em prol de um suposto bem comum, regulam e tributam de maneira confiscatória todo tipo de posse, são incontáveis os que desvirtuam as bondades do sistema.

Os sucessos de hoje em dia não resultam de um plano misterioso. São o resultado da ação humana. Os economistas, moralistas e políticos, todos compartilham vergonhas e culpas pelos eventos que ocorrem. São suas ideias e a força irresistível da lei natural que fazem e influenciam a história. A liberdade e a civilização sempre serão uma conquista frágil e pouco duradoura se os moralistas e os economistas não reconhecerem os benefícios da sociedade livre. Ainda hoje, em muitos lugares, os inimigos da liberdade e dos direitos da pessoa são os que carregam o estandarte da justiça, da paz, do progresso, dos direitos humanos e da liberdade. Paradoxalmente, seus *slogans* contradizem seus ideais de sociedade. Em diversas nações, as severas restrições ao uso da propriedade estão transformando terras produtivas em desertos, a cooperação social em luta de classes e, o que é pior, seres livres em escravos de deuses políticos ou materiais.

Por volta do fim do século XX, percebiam-se muitas razões para ser otimista. Em vários países, campeões da liberdade também foram vistos como líderes morais. As defesas dos processos e sistemas sociais fundamentados na propriedade privada começaram a utilizar argumentos que eram mais do que puramente econômicos. Desse modo, as ideias dos autores escolásticos continuavam sendo um manancial de ideias positivas. No entanto, novos atos de violência em nível mundial, assim como desastres econômicos no início do século XXI, voltaram a colocar em dúvida muitas das formas nas quais os seres humanos estruturaram sua vida econômica e política.

Os ensinamentos dos autores apresentados nestas páginas podem revitalizar e enriquecer os sistemas econômicos deste século XXI. Sua visão do ser humano, criado à imagem e à semelhança de Deus, deve se transformar na peça central da economia. Uma economia baseada na propriedade privada e que se fundamenta na liberdade humana. Esta liberdade decorre da natureza humana que, como toda natureza, é criada por Deus. A propriedade privada é um pré-requisito essencial para o respeito das liberdades econômicas. Ela continuará sendo ameaçada em várias frentes, e sua defesa dependerá de uma nova geração de escolásticos, homens de boa formação no campo da filosofia moral e nas ciências sociais.

Posfácio do Autor à Edição Argentina de 2017
A Escolástica Tardia e as Raízes do Pensamento Econômico na Argentina

De acordo com o Dr. Oreste Popescu (1913-2003), grande mestre da história do pensamento econômico que passou por estes claustros, a contribuição dos escolásticos tardios

> *[...] impactou e segue impactando não somente os estudantes espanhóis, mas todos os que os leem novamente [...]. Estes são os autores acerca dos quais podemos dizer, de maneira menos incongruente, que foram os "fundadores" da economia científica*[1].

Qual deve ser o ponto de partida? Nas colônias, os primeiros escritos costumavam ser as narrações dos religiosos que vieram para

---

[1] POPESCU, Oreste. "Aspectos analíticos en la doctrina del justo precio de Juan de Matienzo (1520-1579)". In: *La economía como disciplina científica: Ensayos en honor del profesor Dr. Francisco Valsecchi*. Buenos Aires: Macchi, 1982, p. 63.

estas terras. Eu poderia começar com as primeiras obras dos frades dominicanos na ilha de Espanhola, que foram os primeiros, no continente, a escrever sobre economia. Foi, de fato, um privilégio para mim – e algo que considero providencial – que um dos primeiros trabalhos de pesquisa que me foi indicado pelo professor Oreste Popescu tenha sido estudar os escritos dos primeiros religiosos espanhóis que vieram para nosso continente. Pediam liberdade de comércio. Também poderia falar muito acerca de frei Antonio de Montesinos (1475-1540) e de sua luta em prol dos direitos humanos dos indígenas. Estas contribuições foram muito relevantes para o estabelecimento da tradição da Escola de Salamanca, sob a influência de Francisco de Vitoria (1483-1546), particularmente no que diz respeito ao que é a pessoa humana.

O que mais se recorda, talvez, seja a frase que pertence ao famoso sermão de Montesinos: *"Ego vox clamantis in deserto"*. Poucos sabem que um dos primeiros assuntos que abordaram foi o tópico do comércio exterior, queixando-se da necessidade de pedir permissão a Sevilha para poder comerciar, desde Espanhola, com os vizinhos do México e das demais colônias. Embora eu não tenha lido manuais de confessores de autores do Vice-reino do Rio da Prata, os moralistas da época decerto não condenavam o contrabando em todos os casos, especialmente quando consideravam injusta a lei que restringia o comércio.

Entretanto, começarei com os escritos e ideias de autores da escolástica tardia dentro do que hoje é o território da Argentina. Como o esforço colonizador começou ao norte do que hoje compõe este país, os trabalhos de Juan de Matienzo (1520-1579) podem ser um bom ponto de partida. Matienzo foi o grande jurista Ouvidor de Charcas. Dentro de Charcas, na cidade de Chuquisaca, que atualmente corresponde a Sucre, fundou-se uma universidade de influência notável: a Universidade San Francisco Xavier de Chuquisaca, criada pelos jesuítas em 1627. Influenciado por suas leituras dos escolásticos e professores de Chuquisaca, Popescu começou a falar acerca da "Escola de Chuquisaca", sem desperdiçar oportunidades para enfatizar que o nome "Escola de Salamanca" não seria o ideal para descrever esta corrente de pensamento. Preferia que falássemos sobre a escolástica hispânica. Popescu considerava que Matienzo foi um dos autores que mais contribuíram para o desenvolvimento da teoria quantitativa da moeda.

Charcas, naquela época, compreendia grande parte do que hoje compõe o território argentino. A incorporação da *gobernación*[2] do Rio da Prata ocorreu em 1566. Juan de Matienzo assumiu seu cargo em 1561.

Pedro de Oñate (1567-1646) foi provincial da Província Jesuíta do Rio da Prata, Paraguai, Tucumán e Chile entre 1615 e 1624. Seu tratado *De contractibus* ocupa três volumes com duas colunas, perfazendo um total de 3.586 páginas. O tratado de Diego de Avendaño (1594-1668), que também lecionou em Chuquisaca, chegava a 2.500 páginas. *"Uma coisa tem um certo valor quando se pode vendê-la"*, que é o fundamento do valor e do preço justo, serve mais como fonte do liberalismo econômico do que das doutrinas de justiça social, tão em voga na Argentina desde o advento do peronismo. Entretanto, assim como outros autores da escolástica hispânica, todos reconheciam que os governantes detinham autoridade para a fixação de preços. Se o preço fosse injusto, assim como toda lei injusta, considerava-se que nem sequer chegava a ser lei.

Um dos primeiros autores que se podem considerar como pertencentes a esta corrente é o padre José Cardiel, S.J. (1704-1782).

---

[2] *Gobernaciones* eram divisões administrativas do Império Espanhol. Embora o termo *gobernación* seja, às vezes, traduzido por "governorato", trata-se de uma forma não existente na língua portuguesa. Opto, portanto, por preservar o termo original. (N. T.)

Popescu dedica um capítulo inteiro de um de seus livros às contribuições de Cardiel à "economia" e à "política econômica", termos já empregados por Cardiel e que não eram tão comuns nas ciências sociais da época. Originário de Rioja, na Espanha, Cardiel chegou a Buenos Aires em 1729. Nos assuntos econômicos, não diferia dos escolásticos tardios. Em termos de política econômica, sua visão foi formada por seu papel de estudioso e proponente de sistemas de gestão para as missões indígenas. Era perito na língua guarani e acreditava que até os índios mais selvagens e nômades, que possuíam escassa noção de propriedade, poderiam ser educados nas missões.

Uma das conexões mais diretas da Escola de Salamanca se dá por intermédio de Manuel Belgrano (1770-1820). Belgrano estudou na Universidade de Salamanca e, por mais que sua vida estudantil tenha ocorrido dois séculos depois de Francisco de Vitoria, as teorias econômicas que se ensinavam eram as mesmas. Por exemplo, um dos manuais mais utilizados em Salamanca na sua época, *El compendio moral salmaticense* [*O Compêndio Moral Salmantino*], ensinava as mesmas teorias econômicas e chegava às mesmas conclusões que a opinião majoritária dos escolásticos dos séculos XVI e XVII, como Vitoria, Domingo de Soto, O.P. (1494-1560), Domingo de Báñez, O.P. (1528-1604), Henrique de Villalobos, O.F.M. (†1637), Francisco Suárez, S.J. (1548-1617) ou Leonardo Lessio, S.J. (1554-1623).

Popescu falava acerca de Belgrano em termos altamente elogiosos: *"o glorioso fundador de nossa nacionalidade"*[3]. O *"prócere da independência, o criador da bandeira foi, ao mesmo tempo, quem forjou a primeira doutrina de desenvolvimento da jovem República Argentina".*

---

[3] POPESCU, Oreste. *Estudios en la historia del pensamiento económico latinoamericano*. Bogotá: Plaza & Janés, 1986. p. 336.

Manuel Belgrano estudou direito em Salamanca e depois em Valladolid. Ao que parece, foi em 1793 que começou a estudar economia. Traduziu a obra *Maximes générales du gouvernement économique* [*Máximas Gerais do Governo Econômico*] de François Quesnay (1694-1774), publicado na Espanha em 1794 e, a seguir, escreveu *Principios de la ciencia económica-política* [*Princípios da ciência econômica-política*], lançado em Buenos Aires em 1796. Entre os autores que influenciaram Belgrano, Popescu citava Antonio Genovesi (1713-1769), Ferdinando Galiani (1728-1787) e Adam Smith (1723-1790).

A preocupação de Belgrano era com o desenvolvimento integral da pessoa. Ele considerava a educação como *"o fundamento mais sólido, a base, por assim dizer, e a verdadeira origem da felicidade pública"*[4]. Manter o povo ignorante era coisa de tiranos. Belgrano falava acerca de *"formar o homem moral"* e aceitava o axioma geral segundo o qual *"o interesse é a única coisa que move o coração do homem e, bem conduzido, pode proporcionar utilidades infinitas"*[5].

Belgrano defendia a *"total liberdade de comércio"* e empregava o termo "concorrência" advogando também em prol de sua plena liberdade[6]. *"A concorrência é o juiz que pode estabelecer o preço verdadeiro das coisas"*[7]. A riqueza familiar dos Belgrano veio do sistema mercantilista e, embora tenha beneficiado seu pai, Belgrano era um crítico contundente do sistema. Sua teoria dos preços incorpora todos os elementos ensinados pelos escolásticos tardios:

---

[4] Idem. *Ibidem.*, p. 336.
[5] Idem. *Ibidem.*, p. 338.
[6] Idem. *Ibidem.*, p. 355.
[7] Idem. *Ibidem.*, p. 359.

Não há fiel executor[8] nem razão melhor do que a concorrência; é o que nivela e acerta os preços entre o comprador e o vendedor; não há coisa que tenha valor real ou efetivo em si mesma; possui apenas o valor que lhe atribuímos [valoração comum?]; e este se relaciona precisamente à necessidade que dela tenhamos, aos meios de satisfazer esta inclinação [virtuositas], aos desejos de obtê-la [deseabilitas] e à sua escassez [raritas] e abundância[9].

Popescu assinala que Belgrano falava acerca do preço de concorrência perfeita. Discordo respeitosamente de Popescu, pois, naquela época, o conceito de concorrência perfeita era muito diferente do que foi desenvolvido pela economia neoclássica.

Mariano Moreno (1778-1811), outro homem público de relevância e intelectual argentino, admirador de Manuel Belgrano, estudou na Universidade de Chuquisaca. Alguns de seus professores, como o frei franciscano Caetano Rodríguez (1761-1823), tinham grande prestígio no mundo intelectual. Rodríguez deu a Mariano Moreno acesso à biblioteca de seu convento. Este "sacerdote rico do arcebispado da Prata", após ouvir uma exposição brilhante do jovem Moreno, decidiu ajudá-lo economicamente em seus estudos.

O cônego Matías Terrazas também abriu as portas de sua biblioteca para Moreno. Os autores que mais o impactaram foram, ao que parece, Juan de Solórzano y Pereira (1575-1655), assim como a obra do Primeiro Alcaide Victorian de Villalba y Aimar, fiscal da audiência real de Charcas e juiz de residência. Villalba escreveu *Discurso sobre la mita de Potosí* [*Discurso sobre a mita de Potosí*] – obra que

---

[8] Nos cabildos coloniais, o fiel executor era o indivíduo responsável pela fixação dos preços e pelo controle das balanças utilizadas pelos comerciantes. (N. T.)
[9] POPESCU, Oreste. *Estudios en la historia del pensamiento económico latinoamericano. Op. cit.*, p. 357.

não li –, no qual denunciava a escravidão brutal à qual os indígenas eram submetidos nos empreendimentos de mineração: *"Nos países de mineração, não se vê mais do que a opulência de uns poucos e a miséria de infinitos".*

No tema dos direitos humanos, Moreno foi claramente influenciado por estes autores:

> Entre 1803 e 1804, Moreno tinha exercido sua prática jurídica no escritório de Agustín Gascón, assumindo a defesa de vários indígenas contra os abusos de seus patrões. Em suas alocuções, acusou o intendente de Cochabamba e o alcaide de Chayanta[10].

É totalmente lógico e realista supor que Moreno possa ter lido as obras de Matienzo e outros em Chuquisaca. Juan José Castelli (1764-1812) também estudou ali. Sua escola de direito, a Academia Carolian, foi fundada em 1755. Primo de Belgrano, sucessor de Juan Hipólito Vieytes (1762-1815), não aceitou o convite para estudar com Belgrano em Salamanca e também foi para Chuquisaca.

Um livro muito bom de Ricardo Manuel Rojas nos recorda que Juan Hipólito Vieytes se destacou por seus escritos de economia, publicados no periódico que editou, o *Semanario de Agricultura, Industria y Comercio* (1802-1807) [*Semanário de Agricultura, Indústria e Comércio*]. Posteriormente, participou do *Correo de Comercio* (1810-1811) [*Correio do Comércio*], editado primeiramente por Belgrano e, a seguir, pelo próprio Vieytes. No livro *El pensamiento económico de Juan Hipólito Vieytes* [*O Pensamento Econômico de Juan Hipólito Vieytes*], Rojas também inclui a listagem de livros

---

[10] PIGNA, F. *Biografías. Mariano Moreno*. Disponível em: <https://www.elhistoriador.com.ar/biografias/m/moreno.php>. Acesso em: 6 ago 2018.

existentes na biblioteca de Vieytes. Entre eles, encontrava-se um livro com o debate entre Bartolomé de Las Casas (1484-1566) e Juan Ginés de Sepúlveda (1490-1573). Esta discussão foi essencial para sua compreensão dos direitos humanos, inclusive o direito à propriedade privada e ao livre comércio. A biblioteca não continha obras de outros escolásticos tardios, mas, sim, de muitos economistas que foram influenciados pelos escolásticos. Temos pouca informação a respeito de se, durante os vários anos que em que esteve no que hoje são a Bolívia e o Peru, Vieytes passou tempo em escritórios de advocacia ou em contato com seus amigos que estudavam em Chuquisaca. No entanto, poder testemunhar a indústria da mineração de perto e os costumes econômicos de sua época aparentemente foram fatores que reafirmaram suas ideias favoráveis ao liberalismo econômico, muitas das quais aprendeu com o *"sublime Adam Smith"*.

Como exemplo do quanto o pensamento econômico daquele tempo se assemelhava à escolástica tardia, vejamos o que foi escrito no *Correo de Comercio* em 1810, que costuma ser atribuído a Vieytes:

> *Não há coisa que tenha valor real ou efetivo em si mesma, possui apenas o valor que lhe atribuímos e este se relaciona precisamente à necessidade que dela tenhamos; aos meios de satisfazer esta inclinação; aos desejos de obtê-la e à sua escassez e abundância*[11].

O Dr. Popescu escreveu um livro sobre o pensamento de Esteban Echeverría (1805-1851) e também um artigo mais breve resumindo os pontos. Por mais que Juan Bautista Alberdi (1810-1884) tenha escrito que *"Echeverría foi o portador, nessa porção da América,*

---

[11] ROJAS, Ricardo Manuel. *El pensamiento económico de Juan Hipólito Vieytes*. Buenos Aires: Fundación San Antonio, 2010. p. 91.

do excelente espírito e das ideias liberais desenvolvidas em toda ordem pela revolução francesa de 1830", para Popescu a base do pensamento de Echeverría é a filosofia escolástica. Seu livro mais famoso, *El dogma socialista* [*O dogma socialista*] é muito distante do socialismo que causou tantos danos. Talvez o título devesse ser O solidarismo. Echeverría defende a propriedade privada: *"O indivíduo, por lei de Deus e da humanidade, é o único dono de sua vida, de sua propriedade, de sua consciência e de sua liberdade"*[12]. Em um parágrafo que nos lembra e que antecipa em mais de um século e meio o pensamento de Friedrich August von Hayek (1899-1992), Esteban Echeverría escreveu:

> Mas a razão humana, embriagada de orgulho, de ciência e de poder que acreditava ser seu, quis endeusar suas próprias concepções e se precipitou no caos, porque perdeu de vista as tradições luminosas que o gênio revelou no passado[13].

Talvez o que mais diferencie Echeverría e outros pensadores do século XIX do pensamento escolástico sejam as concepções distintas acerca do Estado e da nação. O socialismo argentino, aquele que se forjou antes do crescimento das doutrinas coletivistas, merece uma nova leitura e apreciação. A introdução de Alfredo Palacios (1880-1965) a uma das edições de *Las bases* [*As Bases*] de Juan Bautista Alberdi é uma verdadeira joia. O respeito intelectual que existia por parte de Palacios para com o grande intelectual liberal do Cone Sul

---

[12] POPESCU, Oreste. *Estudios en la historia del pensamiento económico latinoamericano*. *Op. cit.*, p. 529.
[13] Idem. *Ibidem.*, p. 529. Citando um ensaio de Esteban Echeverría sobre Marco Avellaneda (1813-1841), o governador da província de Tucumán e o pai do futuro presidente argentino Nicolás Avellaneda (1837-1885).

deve provocar nostalgia e talvez tristeza no observador da atualidade. Vale a pena recordar que Alberdi fez seus estudos secundaristas no colégio fundado por Manuel Belgrano. Em sua autobiografia, Alberdi menciona dúzias de autores para com os quais tem dívidas e nenhum é escolástico; porém muitos, como Adam Smith, receberam certa influência dos mesmos.

Um pensador argentino que, a menos que eu esteja errado, não foi estudado por Popescu e que emanou do socialismo é Federico Pinedo (1855-1929). Entretanto, não encontro uma conexão entre Pinedo e a Escolástica. Assim como louvou Manuel Belgrano, o Dr. Oreste Popescu louvou ainda mais, quase endeusando, Raúl Prebisch (1901-1986). Não vejo em nenhum escolástico a ideia de centro e periferia "à maneira de Prebisch", ou elogios à substituição de importações. Na realidade, o que havia mais era o oposto: reivindicações do direito de importar livremente. A visão dos escolásticos sobre a economia posicionava-se mais ao lado do interesse do consumidor do que do produtor ou vendedor. Se alguns pediam que as importações de bens de luxo fossem mais taxadas que as dos bens de consumo, isso era para arrecadar impostos e ajudar os pobres.

No que diz respeito à seção mais nova de meu livro *Fé e Liberdade,* publicada em versão mais extensa em ensaio publicado na revista *Cultura y valores* [*Cultura e Valores*], no tema dos bens da natureza dentro de uma ordem cristã de propriedade privada não pode haver grande diferença entre o pensamento econômico argentino e o pensamento escolástico. As grandes extensões e a população escassa faziam com que a natureza levasse a um preço muito baixo. Antes de aprender como preservar a carne, o gado era tão abundante que se abatia para obter o couro e o resto era jogado fora. No pensamento da escolástica, o ser humano é o centro e a finalidade da economia.

Um tema no qual existiu divergência é o das touradas, que foram proibidas por lei na Argentina em 1891 e condenadas apenas em um breve lapso pelo Vaticano.

Em sua autobiografia, Juan Bautista Alberdi não menciona nenhum escolástico tardio. De todos os que menciona, Adam Smith e John Locke (1632-1704) são duas figuras ilustres influenciadas pelos escolásticos. Meu colega já falecido, o historiador Leonard P. Liggio (1933-2014), assim como Donald J. Devine, classificava John Locke como neoescolástico[14]. Conforme mencionei anteriormente, a influência mais registrada dos escolásticos tardios sobre Adam Smith é a que se deu por intermédio de Hugo Grotius (1583-1645) e Samuel von Pufendorf (1632-1694), citados de maneira abundante nas *Lectures on Jurisprudence* [*Lições de Jurisprudência*] de Adam Smith, a coleção de suas notas de aula transcritas por seus alunos.

Um dos melhores livros sobre o tema da escolástica na América Espanhola é o de Carlos O. Stoetzer (1921-2011)[15]. O livro não entra muito no tema econômico, porém todos os hispano-americanos que leram estes autores e suas ideias filosóficas e políticas, inclusive os do Rio da Prata, sem dúvida leram também suas análises e sentenças em defesa da propriedade privada, dos impostos moderados e da noção de preço justo como sendo o preço de valoração comum. Stoetzer possui, inclusive, um ensaio mais interessante, mas que descreve uma influência indireta[16].

Os grandes intelectuais argentinos, não somente Juan Bautista Alberdi e Domingo Faustino (1811-1888), estudaram o desenvol-

---

[14] DEVINE, D. J. "John Locke: His Harmony Between Liberty and Virtue". *Modern Age* (Summer 1978): 246-56.
[15] STROETZER, C. O. *The Scholastic Roots of the Spanish American Revolution*. New York: Fordham University Press, 1979.
[16] STROETZER, C. O. *The Scholastic Roots of the US Constitution*. Disponível em: <http://www.hacer.org/pdf/RECN.pdf>. Acesso em: 6 ago 2018.

vimento constitucional dos Estados Unidos. Se a Constituição dos Estados Unidos da América tem origens escolásticas, o mesmo vale para as constituições latino-americanas inspiradas na dos Estados Unidos (recordemos que, quando se concebeu a primeira constituição estadual, a *Fundamental Orders* [*Ordens Fundamentais*] de Connecticut, John Locke contava com apenas 6 ou 7 anos).

De acordo com o emprego do termo liberal, os escolásticos tardios não eram liberais. Entretanto, na maior parte dos tópicos econômicos, suas doutrinas podiam ser completamente compatíveis com as ideias econômicas da Constituição Nacional de 1853. Uma exceção é o pagamento de juros pela simples passagem do tempo (o juro puro, fundamentado na preferência temporal), que era condenado pelos escolásticos tardios. Reconheciam que o governante tinha o direito de fixar preços, embora não o recomendassem como política geral. Defendiam o direito à guerra justa.

Carlos Hoevel, professor da Universidade Católica, perguntou se é importante refletir acerca de se as correntes econômicas do passado ajudaram a formar o pensamento econômico da Argentina de hoje. Os autores mais estudados e citados pelos argentinos, forjadores dos períodos mais progressistas, eram seus contemporâneos e precursores desde Jean-Jacques Rousseau (1712-1778) até Adam Smith, desde François Quesnay até Jean-Baptiste Say (1767-1832).

Há pouco em comum entre o pensamento escolástico e a etapa tão obscura na Argentina que começa nos anos 1940. A moralidade e a justiça eram o que norteava os escolásticos. A moralidade e a justiça foram as vítimas da "nova Argentina".

Não tenho apreço pelos rótulos políticos. No entanto, em temas como propriedade privada, teoria do valor, comércio internacional, salários e assim por diante, em todos eles os escolásticos se parecem bastante com os liberais moderados dos dias de hoje. São exemplos aqueles que defendem a economia social de mercado ou os conservadores mais liberais. Embora sejam economistas muito bons, Murray N. Rothbard (1926-1995) e Thomas Woods às vezes transmitem a impressão de que a maioria dos autores da escolástica tardia era libertária, o que não é correto. É verdade que sua teoria do valor era mais correta do que a de Adam Smith, e que eles defendiam fortemente a propriedade privada, mas também eram favoráveis à guerra justa por causas que os libertários jamais aceitariam, condenavam o pagamento de juros e aceitavam o direito do Estado de fixar preços (embora não recomendassem tal prática). Em temas morais, até Bartolomé de Las Casas ficaria escandalizado com as coisas que atualmente se passam por moral, inclusive entre pessoas educadas. Decerto Las Casas e Montesinos seriam, novamente, "vozes no deserto".

Os escolásticos hispânicos influenciaram na formação do pensamento argentino? Seria exagerado dizer que a atitude liberal de Matienzo com relação à produção, à distribuição e ao consumo da folha de coca exerceu alguma influência nos debates correntes acerca de legalização das drogas. Ou mesmo que as teorias de Cardiel sobre a equiparação entre o preço justo e o preço de mercado, assim como a condenação do padre Juan de Mariana (1536-1624) da desvalorização da moeda e da emissão de moeda de má qualidade, tenham influenciado muitos debates. Sempre há exceções, tal como o grande historiador do pensamento econômico argentino, Juan José Guaresti, que publicou uma análise espetacular sobre Juan de Mariana em seu volume sobre doutrinas econômicas em sua *Economía política* [*Economia Política*][17].

[17] GUARESTI, J. J. *Economía política: Las doctrinas económicas*. Buenos Aires: Guillermo Kraft Limitada, 1963.

O tema da "justiça social" às vezes se equipara ao da "justiça distributiva". Não há nada mais distinto do conceito de justiça distributiva dos escolásticos do que as doutrinas de justiça social predominantes na Argentina durante os últimos 75 anos. Os salários, os lucros e os rendimentos eram tratados como temas de justiça comutativa, nunca como temas de justiça distributiva. Assuntos como o favoritismo (acepção de pessoas, nepotismo), os impostos e as despesas eram temas de justiça distributiva e recomendavam a proporcionalidade. A "progressividade" se fazia presente somente na recomendação de cobrar impostos mais altos sobre bens de luxo e mais baixos sobre bens de consumo.

Fé e Liberdade

Índice Remissivo e Onomástico

A

Abad Pérez, padre Antolín (1918-2007), 51
Abadia de Fritzlar, 131
Abraão, 110, 287
Academia Carolian, 331
Acton Institute for the Study of Religion and Liberty, 58,
Afanasyev, Anton Alexandrovich, 55
Agostinho (354-430), Santo, 25, 32, 60, 68, 96, 97, 102, 172, 180, 187, 189, 247
Alberdi, Juan Bautista (1810-1884), 332, 333, 334, 335
Alberto Magno, Santo (1200-1280), 181
Albornoz, Bartolomé de (1519-1573), 106, 149, 157, 177
Alcalá de Henares, 31, 67
Alcalá, Luis de (c.1490-1549), 68, 259, 260,
Alemanha, 71, 131, 161,
Alexandre (356-323 a.C.), o *Grande*, 140
Alves, André Azevedo, 57
América Hispânica, 29, 31, 40, 57, 69, 285
América Latina, 41, 47, 71
Antiseri, Dario (1940-), 15
Antoine, Gabriel (1678-1743), 114
Antonino de Florença (1389-1459), Santo, 112, 129, 130, 183, 217, 220, 226, 227, 233, 244, 245, 254, 259, 312

Aquino, Santo Tomás de (1225-1274), 24, 25, 31, 33, 43, 60, 63, 66, 67, 69, 73, 74, 76, 93, 96, 108, 115, 121, 153, 166, 171, 179, 181, 187, 213, 216, 225, 226, 242, 244, 250, 318
Aragón, Pedro de (1068-1104), 68, 97, 247
Argentina, 10, 15, 51, 57, 325, 326, 327, 328, 335, 336, 338
Aristóteles (384-322 a.C.), 21, 25, 32, 44, 46, 69, 104, 153, 161, 165, 179, 180, 201, 205, 213, 214, 215, 218, 219, 249, 264, 278
Arimateia, José de, 96
Arrow, Kenneth J. (1921-2017), 81
Avendaño, Diego de (1594-1668), 327
Ávila, 121, 220
Azpilcueta, Martín de (1491-1586), conhecido como "Doutor Navarro", 55, 68, 124, 134, 155, 199, 219, 246, 264

B

Bacon, Francis (1561-1626), 21
Báñez, Domingo de (1528-1604), 68, 74, 121, 328
Barbeyrac, Jean (1674-1744), 17
Bases, Las [*Bases, As*], de Juan Bautista Alberdi, 333
Beccadelli, Antonio (1394-1471), 261

339

Belarmino, Roberto (1542-1621), 261
Belgrano, Manuel (1770-1820), 328, 329, 330, 334
Belloc, Hilaire (1870-1953), 63
Bento XVI, [Joseph Alois Ratzinger (1927-)], 265º papa da Igreja Católica, 54, 60
Bernardino de Siena (1380-1444), São, 31, 66, 73, 182, 226, 239, 310
Bethell, Tom (1936-), 52
Bloomsbury Academic, 57
Boeira, Marcus Paulo Rycembel, 58
Böhm-Bawerk, Eugen von (1851-1914), 25, 38, 289, 290, 317
Bonacina, Martino (1585-1663), 70
Bonifácio de Mainz (672-754), São, 130-31
Brady, Ignatius C. (1911-1990), 66
Braun, Carlos Rodríguez (1948-), 52
Brett, Annabel S., 57
Buenos Aires, 15, 38, 51, 67, 328, 329, 332

C

Caetano ver Vío, Tomás
Caeteris paribus, 158, 189, 191, 232, 310
Calle, Luis Saravia de la (fl. 1540), 46, 227, 253
Cannan, Edwin (1861-1935), 288
Cambridge, 19, 39, 57
Cardiel, José (1704-1782), 327, 328, 337
Casas, Bartolomé de las (1484-1566), 332, 337
Castelli, Juan José (1764-1812), 331

Centesimus Annus, encíclica de São João Paulo II, 11, 53, 54
Centro de Estudios sobre la Libertad, de Buenos Aires, 51
César, [Caio Júlio César (100-44 a.C.)], 140
Charcas, 326, 327, 330
Chicago, 13
Chile, 327
Chuquisaca, 326, 327, 330, 331, 332
Cidade de Deus, de Santo Agostinho, 180
Ciro, [Ciro II (600-530 a.C.)] da Pérsia, 21
Cochabamba, 331
Coimbra, 55, 68, 225
Colombo, Cristóvão (1451-1506), 24
Companhia de Jesus, 69, 200
Concílio de Constança (1414-1418), 102, 107
Concílio Vaticano II (1962-1965), 35
Cone Sul, 333
Connecticut, 38, 39, 336
Constituição dos Estados Unidos da América, 336
Constituição Nacional de 1853, 336
Contemptus mundi (desprezo do mundo), 34
Contractibus, De, de Conradus Summenhart, 246, 327
Correo de Comercio [*Correio do Comércio*], 331, 332
Copleston, Frederick C. (1907-1994), 245
Cotton, John (1584-1652), 286
Covarrubias, Diego de (1512-1577), 117

Cruz Vasconcillos, Felipe de la (fl. 1630), 69, 252, 255, 316
Cuenca, 225
Cultura y valores [Cultura e valores], 334

D

Damnum emergens, lucrum cessans e *poena conventionalis*, conceitos de prejuízos, 251
Defensio fidei, de Francisco Suárez, 39
Deliberación en la causa de los pobres, de Domingo de Soto, 235
Dempsey, Bernard W. (1903-1960), 26
Devine, Donald J. (1937-), 335
Diana, Antonino (1585-1663), 70
Direito Canônico, 66, 68
Discurso sobre la mita de Potosí [*Discurso sobre a mita de Potosí*], de Victorian de Villalba y Aimar, 330
Dogma socialista, El [*Dogma Socialista, O*], de Esteban Echeverría, 333
Domiciano, [Tito Flávio Domiciano (51-96)], 142
Doutrina Social da Igreja, 53
Do ut des, 243
Duns Scotus, Johannes (1265-1308), 13, 58, 196

E

Echeverría, Esteban (1805-1851), 332, 333

Economía política [Economia Política], de Juan José Guaresti, 337
Economic Thought, de J. A. Gherity, 10, 11, 57
Economic Thought Before Adam Smith: An Austrian Perspective on the History of Economic Thought [O Pensamento Econômico antes de Adam Smith: Uma Perspectiva Austríaca sobre a História do Pensamento Econômico], de Murray N. Rothbard, 11, 57,
Eduardo I (1239-1307), rei da Inglaterra, 132, 133
Efrom, 287
Ego vox clamantis in deserto, sermão de Antonio de Montesinos, 326
Eleonor da Provença (1223-1291), rainha da Inglaterra, 132
Elizabeth I (1533-1603), rainha da Inglaterra, 168
Escobar y Mendoza, Antonio de (1589-1669), 69, 70, 110
Escola Austríaca de Economia, 12, 46, 58
Escola de Salamanca e a Fundação Constitucional do Brasil, A, de Marcus Paulo Rycembel Boeira, 58
Escola de Salamanca, 31, 39, 41, 55, 57, 58, 59, 67, 116, 183, 229, 326, 327, 328
Escola Escocesa, 37, 71, 285
Escolástica hispânica, 67, 73, 122, 183, 197, 289, 327

Espanha, 29, 31, 39, 40, 41, 43, 46, 51, 57, 67, 68, 115, 129, 142, 156, 158, 160, 161, 178, 188, 235, 328, 329
Espírito do Capitalismo Democrático, O, de Michael Novak, 16
Estados Unidos, 12, 51, 58, 305, 336
Ética *Protestante e o Espírito do Capitalismo, A*, de Max Weber, 26
Europa, 39, 55, 131
Evelyn, John (1620-1706), 133
Évora, 31

F

Fajardo, Diego de Saavedra (1584-1648), 169
Fanfani, Amintore (1908-1999), 26
Faustino, Domingo (1811-1888), 335
Filipe II (1527-1598), rei da Espanha, 147
Felipe III (1578-1621), rei da Espanha, 39
Ferguson, Adam (1723-1816), 37, 71
Finnis, John (1940-), 76
Flandres, 161
Florença, 24, 129
Forbes, 16
Fordham University, 52
Fradejas, Fernando Hernández, 58
França, 17, 39, 46, 70, 156
Francisco de Assis (1182-1226), São, 93, 133
Francisco de Sales (1567-1622), São, 98
Friedman, Milton (1912-2006), 87

Fumifugium, de John Evelyn, 133
Fundamental Orders [Ordens Fundamentais] de Connecticut, 38, 336

G

Galiani, Ferdinando (1728-1787), 329
Geismar, 131
Gênova, 24
Genovesi, Antonio (1713-1769), 329
Georgetown University, 27
Gersonii, Joannis (1363-1429), 66, 73, 255
Gide, Charles (1847-1932), 84
Glauco, personagem mitológico, 21
Gobernación do Rio da Prata, 327
Grã-Bretanha, 46
Grice-Hutchinson, Marjorie (1908-2003), 57, 67
Gregório XIII, [Ugo Buoncompagni (1502-1585)], 226º papa da Igreja Católica, 133
Grotius, Hugo (1583-1645), 17, 25, 60, 70, 266, 293, 335
Grove City College, Pensilvânia, 9, 15, 51
Guaresti, Juan José, 337

H

Haeresibus De, de Santo Agostinho, 102
Henrique III, rei da Inglaterra (1068-1135), 132
Henrique III, rei de Castela (1379-1406), 148
Hessia menor, 131

Hobbes, Thomas (1588-1679), 17
Hoevel, Carlos, 336
Holanda, 39, 70
Hooker, Thomas (1586-1647), 39
Hus, Jan (1369-1415), 102
Hutcheson, Francis (1694-1746), 37, 41, 71, 288

I

Idade Média, 54, 61, 73, 132
Igreja Católica, 33, 35, 37, 46, 53
Ilha de Espanhola (Hispaniola), 326
Império Romano, 24
Índias, 156, 160, 161, 178, 188
Índias do Poente, 178
Indis et de iure belli relectiones, De, de Francisco de Vitoria, 175
Infame latrocínio, 166
Instituto Mises Brasil (IMB), 58
Investigação sobre a natureza e as causas da riqueza das nações, de Adam Smith, 38
Itália, 70, 71
Ius gentium, 108, 109, 175
Iustitia et iure, De, 68, 106, 126

J

James I (1566-1625), rei da Inglaterra, 39
João II, rei de Castela (1405-1454), 146, 148
João Paulo II, [Karol Józef Wojtyła (1920-2005)], São, 264º papa da Igreja Católica, 11, 53, 54, 59, 60
Júpiter, 131

Justiça geral, 301
Justiça legal, 151, 301
Justiça social, 216, 299, 300, 301, 302, 303, 327, 338

K

Kirk, Russell (1918-1994), 11
Kirzner, Israel M. (1930-), 15, 83, 84

L

Laissez-faire, 82, 266, 283
Laslett, Peter (1915-2001), 19
Las Vegas, 51
Law, John (1671-1729), 278
Lectures on jurisprudence [*Lições de jurisprudência*], de Adam Smith, 280, 288, 335
Ledesma, Pedro (1544-1616), 25
Lei de Gresham, 168
Leme, Og Francisco (1922-2004), 11, 12
Lessio, Leonardo (1554-1623), 25, 69, 70, 96, 110, 178, 254, 328
Libanius (314-394), 282
Libertatis Conscientia, declaração da Congregação para a Doutrina da Fé, 54
Libertatis Nuntius, declaração da Congregação para a Doutrina da Fé, 54
Liggio, Leonard P. (1933-2014), 12, 335
Livros bíblicos:
Evangelho de São Lucas, 95
Evangelho de São Mateus, 95
Genesis, 110, 129, 130, 204, 207
Levítico, 166
Provérbios, 97

Locke, John (1632-1704), 19, 38, 39, 317, 335, 336
Londres, 133
Luis XIII, (1601-1643), rei da França, 39
Lucrum cessans, damnum emergens ou *periculum sortis*, conceitos de risco, 261
Lugo, Juan de (1583-1660), 69, 126, 161, 190, 194, 232
Lynch, Alberto Benegas (1940-), 84

M

Macedo, Paulo Emílio Vauthier Borges de (1974-), 11, 20, 58
Macedo, Ubiratan Borges de (1937-2007), 11, 12
Madrid, 40
Magalhães, Fernão de (1480-1521), 24
Mammona iniquitatis, 35
Mandeville, Bernard de (1670-1733), 21, 310
Manual de confesores y penitentes [*Manual de confessores e penitentes*], de Martín de Azpicuelta, 68, 124
Mariana, Juan de (1536-1624), 13, 25, 58, 69, 104, 105, 133, 135, 159, 165, 173, 177, 199, 200, 337
Marx, Karl (1818-1883), 43, 179
Massachusetts, 39
Matienzo, Juan de (1520-1579), 69, 71, 326, 327
Medina, Bartolomé de (1527-1580), 134

Medina, Juan de (1490-1547), 68, 97, 134, 162, 195, 206, 241
Menger, Carl (1840-1921), 38, 81, 278
Mercado, Tomás de (c. 1525-1575), 44, 68, 103, 104, 159, 160
México, 326
Mill, John Stuart (1806-1873), 299, 309, 317
Mises, Ludwig von (1881-1973), 9, 26, 38, 84, 85, 89, 267, 268, 271, 284, 297, 314, 317
Mises: Revista Interdisciplinar de Filosofia, Direito e Economia, 13, 58
Molina, Luís de (1535-1600), 25, 69, 70, 106, 158, 176, 188, 208, 225, 227, 229, 260, 262
Montesinos, Antonio de (1475-1540), 326
Mora, José Ferrater (1912-1991), 78
Moreira, José Manuel (1949-), 57
Moreno, Mariano (1778-1811), 330

N

Nascimento Do Direito Internacional, de Paulo Emílio Vauthier Borges de Macedo, 58
Navarrete, Pedro Fernández de, 45, 142
Navarra, 55, 59
Navarro, Antonio Peinador, 78
Nino, 140
Novak, Michael (1933-2017), 9, 12, 14, 15, 16, 47
Novo Mundo, 24, 46, 158, 286

Novo Testamento, 66, 70
Nozick, Robert (1938-2002), 296, 303
Nummus ou *numisma* (moeda), 153

O

O'Brien, George (1889-1985), 26
Olivi, Pedro de João (1248-1298), 181
Oñate, Pedro de (1567-1646), 69, 71, 327
Orações III, de Libanius, 282
Ordem dos Cônegos Regulares de Santo Agostinho, 68

P

Paim, Antonio (1927-), 12
Palacios, Alfredo (1880-1965), 333
Paraguai, 327
Partido Whig, 19
Paulo, São, o Apóstolo, 23
Pensamiento económico en España, 1177-1740, El [*O pensamento econômico na Espanha, 1177-1740*], de Marjorie Grice-Hutchinson, 67
Período escolástico medieval, 65
Peru, 158, 332
Pinedo, Federico (1855-1929), 334
Pio V, [Antonio Ghisleri (1504-1572), São, 225º papa da Igreja Católica, 133, 134
Pio XI, [Ambrogio Damiano Achille Ratti (1857-1939), 259º papa da Igreja Católica, 301, 302
Pirâmides do Egito, 140

Platão, (427-347 a.C.), 21, 23, 32, 283
Plínio, *o Velho* [Caio Plínio Segundo (23-79), 149
Pontifícia Universidade Católica da Argentina, 57
Popescu, Oreste (1913-2003), 51, 57, 325, 326, 334
Popper, Karl (1902-1994), 75, 90
Porto, Rodrigo do (1480-1567), 55
Prebisch, Raúl (1901-1986), 334
Priero, Sylvestre de (1456/7-1523), 66, 116, 183
Principios de la ciencia económica-política [*Princípios da Ciência Econômica-Política*], de Manuel Belgrano, 329
Protoaustríacos a Menger, Dos: Uma Breve História das Origens da Escola Austríaca de Economia, de Ubiratan Jorge Iorio, 58
Pufendorf, Samuel von (1632-1694), 25, 41, 60, 71, 266, 280, 288, 294, 335

Q

Quadragesimo Anno, encíclica de Pio XI, 301
Quesnay, François (1694-1774), 329, 336

R

Rawls, John (1921-2002), 303, 304
Real Academia Espanhola, 80

Reditus (rendimentos), 226, 311
Rei fructuosa (preços dos bens produzidos), 226, 311
Reino de Valencia, 257
Reino Unido, 17
República, A, de Platão, 21
Respublica Christiana,
Restitution, De, de P. Navarra, 19
Revolução Comercial, 24
Revolução Francesa, 34, 62, 321, 333
Revolução Gloriosa, 19
Revolução Industrial, 24, 62
Revolução Inglesa de 1688-1689, 19
Reyna, Casiodoro de (1520-1594), 143
Ricardo, David (1772-1823), 25, 309, 317
Richesses, Des, de A. R. J. Turgot, 316
Rio Arno, 129
Rio Tejo, 129
Rioja, 328
Riqueza das Nações, A, de Adam Smith, 24, 38, 265, 281, 284
Rivas, León Gómez, 57
Robbins, Lionel (1898-1984), 82, 85
Rodríguez, Ricardo Vélez (1943-), 12
Rojas, Ricardo Manuel (1958-), 331
Roma, 129, 161
Roover, Raymond Adrien de (1904-1972), 26
Rousseau, Jean-Jacques (1712-1778), 336
Royal Society, 133
Rufino de Bolonha (1130-1192), 13, 58

S

Sacro Império Romano, 24
Sadowsky, James A., S.J. (1923-2012), 52

Salamanca School, The [*A Escola de Salamanca*], de André Azevedo Alves e José Manuel Moreira, 57
Salas, Juan de (1553-1612), 69
Salón, Miguel (1538-1620), 68, 97, 112, 114, 208
San Juan, Luis de, 255
Say, Jean-Baptiste (1767-1832), 336
Schall, James V. (1928-2019), 10, 13, 15, 27
Schumpeter, Joseph Alois (1883-1950), 26
Secunda secundae, de São Tomás de Aquino, 108, 214
Segovia, 220
Semanario de Agricultura, Industria y Comercio (1802-1807) [*Semanário de Agricultura, Indústria e Comércio*], 331
Senior, Nassau (1790-1864), 84
Sennholz, Hans F. (1922-2007), 9, 15, 51, 267
Sepúlveda, Juan Ginés de (1490-1573), 332
Sevilha, 158, 161, 326
Sicília, 144
Sisa (imposto sobre o vinho e as carnes), 223
Smith, Adam (1723-1790), 11, 24, 25, 37, 38, 39, 41, 57, 60, 71, 265, 267, 275, 281, 284, 288, 289, 309, 310, 312, 317, 329, 332, 334, 335, 336, 337
Sociedade Mont Pélerin, 59
Sócrates (469/470 a.C.-399 a.C.), 179

Solidarismo, O, de Esteban
    Echeverría, 333
Solórzano y Pereira, Juan de
    (1575-1655), 330
Sombart, Werner (1863-1941), 26
Sorbonne, 67
Soto, Domingo de, O.P. (1494-
    1560), 13, 25, 44, 58, 67,
    100, 102, 117, 125, 153,
    155, 161, 172, 218, 219,
    229, 235, 242, 243, 261, 328
Soto, Jesús Huerta de (1956-), 58
Steverlynck, Joris, 38, 39
Stoetzer, O. Carlos (1921-2011), 335
Suárez, Francisco, S.J. (1548-
    1617), 13, 17, 31, 39, 58,
    69, 328
Sucre, 326
Summa, 32, 67, 203, 220, 226
Summenhart, Conradus (1465-
    1511), 66, 73, 116, 183,
    184, 246, 263

T

Taparelli D'Azeglio, Luigi (1793-
    1862), 300
Tawney, Richard Henry "R. H."
    (1880-1962), 43, 62, 179
Terrazas, Matías, 330
Teodorico, *o Grande* (454-526),
    45, 143, 152
Teoria dos Sentimentos Morais, A,
    de Adam Smith, 37
Toledo, 51, 258
Termes, Rafael (1918-2005), 10,
    14, 40

Thor, 131
Tirano, tirania, 140, 141, 167,
    302, 329
Tito Lívio (59 a.C.-17 AD), 146
Tratado Contra los Juegos Públicos,
    de Juan de Mariana, 133
Tucumán, 327
Turgot, Anne Robert Jacques
    (1727-1781), 25, 70, 266

U

*Ultrum Poenitens Teneatur
    Restituere* [Se um Penitente
    está Obrigado a Restituir], de
    Johannes Duns Scotus, 58
Universidade de Cambridge, 57
Universidade de Glasgow, 37
Universidade de Navarra, 59
Universidade de Nevada, 51
Universidade de Salamanca, 39,
    55, 67, 68, 328
Usuris, 217, 250
Utilitarismo, *89*
Utilitas, 180, 195

V

Valencia, 255, 257
Valladolid, 329
Vaticano, 35, 335
Veneza, 24
Vice-reino do Rio da Prata, 326
Vieytes, Juan Hipólito (1762-
    1815), 331
Villalba y Aimar, Victorian de, 330

Villalobos, Henrique de (†1637), 68, 97, 116, 152, 184, 200, 201, 202, 226, 230, 231, 233, 256, 291, 328
Villalón, Cristóbal de (1505-1581), 68, 163, 176
Vio, Tomás de (1469-1534), conhecido como Cardeal Caetano, 31, 66, 183
Virtuositas, 182, 184, 286, 330
Vitoria, Francisco de (1480-1546), 25, 31, 45, 55, 67, 73, 107, 116, 122, 183, 186, 187, 201, 217, 326, 328
Volenti non fit injura (ninguém sofre dano voluntariamente), 292

W

Weber, Max (1864-1920), 16, 26, 33, 38, 62
Wiclef, John (1330-1384), 107
Wieser, Friedrich von (1851-1926), 268, 290, 311
Winthrop, John (1587/88-1649), 286
Woods Jr., Thomas E. (1972-), 15

X

Xenofonte (c.430 a.C.-355 a.C.), 179

Z

Zaqueu, 96
Zorroza, Idova, 59

A trajetória pessoal e o vasto conhecimento teórico que acumulou sobre as diferentes vertentes do liberalismo e de outras correntes políticas, bem como os estudos que realizou sobre o pensamento brasileiro e sobre a história pátria, colocam Antonio Paim na posição de ser o estudioso mais qualificado para escrever a presente obra. O livro *História do Liberalismo Brasileiro* é um relato completo do desenvolvimento desta corrente política e econômica em nosso país, desde o século XVIII até o presente. Nesta edição foram publicados, também, um prefácio de Alex Catharino, sobre a biografia intelectual de Antonio Paim, e um posfácio de Marcel van Hattem, no qual se discute a influência do pensamento liberal nos mais recentes acontecimentos políticos do Brasil.

Liberdade, Valores e Mercado são os princípios que orientam a LVM Editora na missão de publicar obras de renomados autores brasileiros e estrangeiros nas áreas de Filosofia, História, Ciências Sociais e Economia. Merecem destaque no catálogo da LVM Editora os títulos da **Coleção von Mises**, que será composta pelas obras completas, em língua portuguesa, do economista austríaco Ludwig von Mises (1881-1973) em edições críticas, acrescidas de apresentações, prefácios e posfácios escritos por especialistas, além de notas do editor.

No intuito de cumprir parte da missão da LVM Editora, de publicar obras de renomados autores brasileiros e estrangeiros nas áreas de Filosofia, História, Ciências Sociais e Economia, a **Coleção Protoaustríacos** lançará em português inúmeros trabalhos de teólogos, filósofos, historiadores, juristas, cientistas sociais e economistas que influenciaram ou anteciparam os ensinamentos da Escola Austríaca de Economia, além de estudos contemporâneos acerca dos autores que, entre a Idade Média e o século XIX, ofereceram bases para o pensamento desta importante vertente do liberalismo.

Acompanhe a LVM Editora nas redes sociais

 https://www.facebook.com/LVMeditora/
 https://www.instagram.com/lvmeditora/

Esta obra foi composta pelo Sr. Aranda Estúdio em
Caxton (texto) e Euphorigenic (título) e impressa
pela Rettec para a LVM em abril de 2019